hintergründe

1

Über das Buch:

Arbeitslosigkeit ist ein großes Problem – nicht nur für die Betroffenen, sondern auch für die Volkswirtschaft, den Staat, die Steuerzahler. Es gibt also genug Gründe, nach den Ursachen der Arbeitslosigkeit zu forschen und Abhilfen zu suchen.

Viele Leute haben einfache Erklärungen: „Die Löhne sind zu hoch", „Die Gastarbeiter nehmen Arbeitsplätze weg", „Es gibt zu viel Schwarzarbeit" , „Die Arbeitslosenunterstützung ist zu großzügig" aber auch „Die Gewinne sind zu niedrig". Entsprechende Patentrezepte werden angeboten, die alle Probleme lösen sollen.

Doch so einfach liegen die Dinge nicht, wenn auch alle diese Argumente irgendwie plausibel klingen. Welche sind richtig? Alle können es doch nicht sein.

Die Autoren dieses Buches diskutieren diese und andere Meinungen mit dem Leser und geben Antworten. Der Text ist leicht lesbar, fast amüsant geschrieben – trotz einer wissenschaftlich einwandfreien theoretischen Fundierung des Gesagten und trotz der Anforderung an den Leser zum Mitdenken.

Wer dieser Anforderung nachkommt, ist nach der Lektüre des Bandes in der Lage, die Ursachen der Arbeitslosigkeit zu erkennen, die Maßnahmen gegen Arbeitslosigkeit zu beurteilen und die Möglichkeiten der Arbeitsmarkt-, Beschäftigungs- und Sozialpolitik realistisch einzuschätzen.

Über die Autoren:

Wolfgang Brandes, Dipl.-Volksw., Dr. rer. pol., ist wissenschaftlicher Angestellter, Peter Weise, Dipl.-Volksw., Dr. rer. pol., ist Wissenschaftlicher Rat und Professor. Beide sind an der Gesamthochschule Paderborn tätig und beschäftigen sich vor allem mit Allgemeiner Mikroökonomie und Arbeitsmarkttheorien. Beide sind mehrfach als Autoren wissenschaftlicher Literatur hervorgetreten.

W. Brandes — P. Weise

Arbeitsmarkt und
Arbeitslosigkeit

Physica-Verlag · Würzburg—Wien
ISBN 3 7908 0500 9

CIP-Kurztitelaufnahme der Deutschen Bibliothek

Brandes, Wolfgang:
Arbeitsmarkt, Arbeitslosigkeit / W. Brandes;
P. Weise. – Würzburg, Wien: Physica-Verlag,
1980.
   ISBN-13: 978-3-7908-0500-0   e-ISBN-13: 978-3-642-99756-3
   DOI: 10.1007/978-3-642-99756-3

NE: Weise, Peter:

Planung: Arnulf Liebing
Lektorat: Olaf Kleinelanghorst
Redaktion: Haldis Liebing-Dobrosch
Umschlagentwurf: Physica-Verlag

©Physica-Verlag, Rudolf Liebing GmbH + Co., Würzburg, 1980
Das Buch oder Teile davon dürfen weder photomechanisch, elektronisch
noch in irgendeiner anderen Form ohne schriftliche Genehmigung des Verlags wiedergegeben werden.

                ISBN-13: 978-3-7908-0500-0

Inhaltsverzeichnis

Einleitung .... S. 7

1. Kapitel: Funktionsweise des Arbeitsmarktes .... S. 13

1. Arbeitsnachfrage S. 13 – 1.1 Arbeitslosigkeit und vergesellschaftete Produktion S. 13 – 1.2 Unternehmungsfunktionen im Theorienstreit S. 15 – 1.3 Arbeit und Arbeitsvertrag S. 18 – 1.4 Ziele der Unternehmungsorganisation: Stabilität einerseits und Anpassungsfähigkeit andererseits S. 22 – 1.5 Kriterien der Arbeitsnachfrage S. 25 – 2. Arbeitsangebot S. 27 – 2.1 Zum Verhältnis von Arbeitskraft- und Produktionsmittelbesitzern S. 27 – 2.2 Verschiedene Gruppen von Arbeitsanbietern S. 28 – 2.2.1 Unternehmungsinterne Arbeitsanbieter S. 30 – 2.2.2 Berufsfachliche Arbeitsanbieter S. 32 – 2.2.3 Unternehmungsexterne und zertifikatslose Arbeitsanbieter S. 35 – 2.3 Qualifikationserwerb und Humankapital S. 37 – 3. Der Arbeitsmarkt S. 41 – 3.1 Was ist ein Arbeitsmarkt? S. 42 – 3.2 Arbeitsmarktfunktionen S. 46 – 3.3 Gleiche und ungleiche Interessen von Arbeitsnachfragern, Anbietern und Gesellschaft S. 52 – 3.4 Arbeitsmarktsegmentation S. 56 – 3.4.1 Der betriebliche Teilarbeitsmarkt (betriebliches Segment) S. 58 – 3.4.2 Der berufsfachliche Teilarbeitsmarkt (berufsfachliches Segment) S. 61 – 3.4.3 Der offene oder externe Teilarbeitsmarkt (externes Segment) S. 63 – 3.5 Arbeitsmarktsegmentation und Arbeitslosigkeit S. 67

2. Kapitel: Formen und Ursachen der Arbeitslosigkeit .... S. 74

1. Definition der Arbeitslosigkeit S. 74 – 2. Formen der Arbeitslosigkeit S. 79 – 3. Diskussion der Argumente S. 86 – 3.1 „Der Lohn ist zu hoch" S. 87 – 3.2 „Die Ausbildung ist zu schlecht" S. 93 – 3.3 „Es gibt zu wenige Arbeitsplätze" S. 103 – 3.4 „Es wird zuviel rationalisiert" S. 105 – 3.5 „Wir haben zu viele Gastarbeiter" S. 109 – 3.6 „Den Arbeitslosen geht es zu gut" S. 114 – 3.7 „Die Gewinne sind zu niedrig" S. 118 – 4. Zusammenfassung S. 120

3. Kapitel: Was kann man gegen Arbeitslosigkeit tun?... S. 123

1. Einige grundsätzliche Bemerkungen S. 123 – 2. Diskussion der Maßnahmen S. 124 – 2.1 „Den Lohn senken" S. 124 – 2.2 „Die Ausbildung verbessern, umschulen und die Mobilität erhöhen" S. 127 – 2.3 „Gezielt Arbeitsplätze schaffen" S. 134 – 2.4 „Der Staat als Ersatzbeschäftiger" S. 138 – 2.5 „Kürzung der Arbeitszeit" S. 146 – 2.6 „Die Güternachfrage stimulieren" S. 155 – 2.7 „Senkung des Arbeitslosengeldes" S. 162 – 2.8 „Die Gastarbeiter nach Hause schicken" S. 165 – 3. Zusammenfassung S. 168

4. Kapitel: Blickfelderweiterung: Einige Gedanken zur Historie, Gegenwart und möglichen Zukunft des Arbeitsmarktes... S. 172

1. Kurieren an Symptomen S. 172 – 2. Probleme einer marktwirtschaftlichen Organisation S. 176 – 3. Vollbeschäftigung um jeden Preis? S. 180 – 3.1 Einige Fragen S. 180 – 3.2 Wie sich Arbeit quantitativ und qualitativ entwickelte S. 181 – 3.3 Arbeitsmarkt und Beschäftigungsprobleme entstehen S. 182 – 3.4 Alternativmodelle werden diskutiert S. 185

Literaturhinweise .... S. 188

Einleitung

Arbeitslosigkeit ist ein großes Problem. Ein hoher Prozentsatz aller Arbeitskräfte ist arbeitslos; bestimmte Gruppen wie Frauen, Junge, Alte, Personen ohne Schul- oder Berufsabschluß sind von der Arbeitslosigkeit besonders betroffen. In manchen Berufszweigen ist die Arbeitslosigkeit besonders hoch, in anderen Berufszweigen herrscht ein Mangel an Arbeitskräften. In manchen Jahren ist die Arbeitslosigkeit sehr hoch, in anderen Jahren wiederum ist sie sehr niedrig. Einige Länder kennen das Problem der Arbeitslosigkeit praktisch nicht, in anderen Ländern dagegen besteht anhaltend ein hohes Niveau an Arbeitslosigkeit. Historisch wechselten Perioden mit geringer Arbeitslosigkeit ab mit Perioden, in denen Massenarbeitslosigkeit herrschte. Warum ist dies so?

Manche Leute haben für alle diese Tatsachen eine einfache Erklärung: Der Lohn ist zu hoch, und schuld sind die Gewerkschaften. Besteht eine allgemeine Arbeitslosigkeit, so sagen diese Leute, das Lohnniveau sei zu hoch; daß Junge, Alte, Frauen und Personen ohne Abschluß von der Arbeitslosigkeit besonders betroffen sind, liege daran, daß die Löhne dieser Personengruppen relativ zu den Löhnen der Beschäftigten zu hoch seien; sind in manchen Berufszweigen überdurchschnittlich viele Personen arbeitslos, so sind eben deren Löhne zu hoch: Eine Lohnsenkung – und alle Arbeitslosigkeit ist vergessen. So einfach ist das.

Andere Leute sehen die Ursache der Arbeitslosigkeit darin, daß wir zu viele Gastarbeiter haben, die arbeitswilligen Inländern den Arbeitsplatz wegschnappen (und dabei natürlich den Preis, sprich: den Lohn, verderben): Ein Gastarbeiterstopp – und alles ist in Ordnung. Wieder andere Leute sagen, die Rationalisierung sei schuld; Mikroprozessoren und andere technologische Neuerungen vernichten Arbeitsplätze und verursachen somit die Arbeitslosigkeit: Eine Verlangsamung des technischen Fortschritts erhält auch die Arbeitsplätze. Anderen ist diese Erklärung zu kompliziert; sie führen die Arbeitslosigkeit auf zu hohe Schwarzarbeit zurück: Ein Verbot der Schwarzarbeit bei verstärkter Kontrolle würde ihrer Meinung nach die Arbeitslosigkeit stark vermindern.

Viele Leute sagen, den Arbeitslosen gehe es dank der Arbeitslosenversicherung zu gut, so daß sie gar nicht arbeiten wollten: Eine drastische Kürzung des Arbeitslosengeldes und die Arbeitslosigkeit ist wie ein Spuk vorbei. Es gibt Leute, die sagen, die Arbeitslosigkeit komme daher, daß wir einen zu hohen Wohlstand haben; es wird schon soviel produziert, daß es gar nicht mehr abzusetzen ist; es muß weniger gearbeitet werden, die wöchentliche Arbeitszeit muß gesenkt werden.

Manche Leute sagen, die Gewinne sind zu niedrig, so daß die Unternehmer keinen Anreiz haben, Arbeitsplätze bereitzustellen: Höhere Gewinne oder höhere Subventionen für die Unternehmer beseitigen auch das Problem der Arbeitslosigkeit. Andere sagen, das Ausland oder die Inflation oder der Kapitalismus oder der Staat oder die Akademiker oder womöglich alle zusammen seien schuld an der Arbeitslosigkeit. Fast alle denk- und undenkbaren Ursachen werden genannt und eine ganze Palette von wirtschaftspolitischen Maßnahmen wird vorgeschlagen.

Überblickt man noch einmal die Argumente, so ist man verwirrt. Alle hat man irgendwann schon einmal gehört, alle klingen plausibel; welches Argument ist richtig, sind alle richtig? Wir werden versuchen, auf diese Fragen eine Antwort zu finden. Wir sehen aber sofort: Ohne Theorie geht es nicht; sonst kann uns jeder was anderes erzählen, und wir glauben alles. Nur wenige Menschen fühlen sich dabei behaglich. Theorie muß aber nicht schwer verständlich sein; zumindest das, was wir im folgenden ausführen, ist keineswegs schwer verständlich – zumindest nicht allzu schwer. Dennoch müssen wir geradeheraus und ohne Umschweife sagen: Vom Leser wird die Bereitschaft verlangt, bei manchen Teilen unserer Ausführungen mitzudenken, auch wenn der Unmut über die Autoren anwächst. Aber keine Angst: Die Autoren kennen das ganze Buch und verdeutlichen ihre theoretischen Herleitungen immer wieder anhand von Beispielen und in unterschiedlichen Zusammenhängen. Außerdem werden wir unsere theoretischen Ausflüge immer wieder schnell abbrechen. Trotz allem kann man das Buch gemütlich im Fernsehsessel bei laufender Flimmerkiste lesen – falls eine Pop-Show läuft oder das Wetter ausgelost wird, nicht aber, wenn Dick und Doof das Programm aus dem Sumpf der Mittelmäßigkeit reißen.

Was erwartet den Leser? Zunächst das **erste Kapitel**: „Funktionsweise des Arbeitsmarktes". Das wäre an und für sich nicht schlimm, aber leider ist es gerade dasjenige Kapitel, das die meisten unserer theoretischen Herleitungen enthält; alle folgenden Kapitel dagegen durchweht der Atem der reinen Beschreibung. Verkaufspolitisch betrachtet ist dies natürlich eine unmögliche Gliederung unseres Buches; vom wissenschaftlichen Standpunkt aus ist sie allerdings notwendig. So haben wir eine wissenschaftliche Trotzhaltung eingenommen und das verkaufspolitische Argument verdrängt; deshalb ist das Buch so gegliedert, wie es ist. Für den Leser bedeutet dies, daß er mit dem ersten Kapitel beginnen muß, um sich einige allgemeine Argumente anzueignen; er muß aber nicht alles, was in diesem Kapitel steht, vollständig begreifen. Das meiste wird ihm in den folgenden Kapiteln anhand von konkreten Fragestellungen deutlich werden, so daß er nach dem Durchlesen des gesamten Textes noch einmal das erste Kapitel lesen sollte, um auch den Rest zu verstehen – und das wird ihm dann mit Leichtigkeit gelingen. Nicht umsonst heißt diese Reihe „Hintergründe"!

In diesem ersten Kapitel erarbeiten wir uns einige allgemeine Argumente zu einem besseren Verständnis des Arbeitsmarktgeschehens. Um zu begreifen, wie der Arbeitsmarkt funktioniert, müssen wir uns zunächst mit der Arbeitsnachfrage und dem Arbeitsangebot beschäftigen. In dem Abschnitt über die Arbeitsnachfrage diskutieren wir die Beweggründe und Kriterien derjenigen Leute, die Arbeitskräfte nachfragen: Wir erörtern die Funktionen einer Unternehmung, die Ziele einer Unternehmungsorganisation, die Bedeutung des Arbeitsvertrags und die Nachfragekriterien im engeren Sinne, also ein Gemisch aus furchtbar abstrakten und ganz konkreten Aspekten des Arbeitsmarktgeschehens. In dem Abschnitt über das Arbeitsangebot diskutieren wir, welche verschiedene Gruppen von Leuten es gibt, die ihre Arbeitskraft den Arbeitsnachfragern anbieten: Arbeitsanbieter, die bereits in einer Unternehmung beschäftigt sind, Arbeitsanbieter, die ein bestimmtes Zertifikat (z.B. Gesellen- oder Meisterbrief) erworben haben, sowie Arbeitsanbieter, die weder bereits in einer Unternehmung beschäftigt noch im Besitz eines bestimmten Zertifikats sind.

Im darauffolgenden Abschnitt fügen wir die beiden Seiten der Arbeitsnachfrage und des Arbeitsangebots zum Arbeitsmarkt zusammen und stellen uns Fragen wie: Was ist ein Arbeitsmarkt? Welches sind die Funktionen eines Arbeitsmarkts? Was erwarten Arbeitsnachfrager, Arbeitsanbieter und die Gesellschaft insgesamt vom Arbeitsmarkt? Wir stellen diese Fragen natürlich nicht nur, sondern bemühen uns auch, befriedigende Antworten zu finden. Anschließend diskutieren wir die Bedeutung unterschiedlicher Qualifikationen der Arbeitsanbieter für das Arbeitsmarktgeschehen und erkennen dabei plötzlich, daß es überhaupt keinen einheitlichen Arbeitsmarkt gibt: Der Arbeitsmarkt gliedert sich vielmehr in verschiedene Teilarbeitsmärkte, die nur lose miteinander verbunden sind. Solche Teilarbeitsmärkte sind der betriebliche, der berufsfachliche und der offene Teilarbeitsmarkt. Es macht uns Spaß, dies auch komplizierter auszudrücken: Das unternehmungsinterne Segment, das berufsfachliche Segment und das unternehmungsexterne Segment. Schließlich ziehen wir aus dieser Dreiteilung des Arbeitsmarkts einige Folgerungen für das Bestehen von Arbeitslosigkeit. Und dann haben wir auch endlich den theoretischen Husarenritt durch die Unternehmungs- und Arbeitsmarkttheorie abgeschlossen – und blicken nun nach Überwindung von wissenschaftlichem Gestrüpp und Gestein gemeinsam mit den verbliebenen Lesern auf die lieblichen Täler der empirischen Beschreibung. Frohen Mutes schreiten wir voran.

Im **zweiten Kapitel** beschäftigen wir uns mit den verschiedenen Formen und Ursachen der Arbeitslosigkeit. Wir mühen uns zunächst damit ab, eine Definition der Arbeitslosigkeit zu geben, auch wenn der Leser mit Recht denken mag: Wenn das noch nicht mal klar ist, was ist denn dann überhaupt an gesichertem Wissen bei den Autoren vorhanden? Doch gibt es hier tatsächlich Probleme. Danach erörtern wir die verschiedenen Formen der Arbeitslosigkeit und werfen dabei mit Begriffen wie saisonale, friktionelle, strukturelle und konjunkturelle Arbeitslosigkeit um uns. Schließlich überprüfen wir die üblicherweise vorgebrachten Argumente zur Begründung von Arbeitslosigkeit daraufhin, inwieweit sie stimmig und theoretisch korrekt sind. Im einzelnen diskutieren wir die Argumente „Der Lohn ist zu hoch", „Die Ausbildung ist zu schlecht", „Es gibt zu wenige Arbeitsplätze", „Es wird zuviel rationalisiert", „Wir haben zu viele Gastarbeiter", „Den Arbeitslosen geht es zu gut" sowie „Die Gewinne sind zu niedrig". Wir sind hiernach so weit, sowohl die vielfältigen Ursachen der Arbeitslosigkeit als auch die zu ihrer Begründung herangezogenen theoretischen Vorstellungen besser verstehen und beurteilen zu können. Dabei macht es sich auch bezahlt, daß wir seit dem ersten Kapitel über ein gehöriges Maß an Hintergrundwissen verfügen. Damit nach der Diskussion der verschiedenen Argumente nicht ein chaotisches „es kann so sein, aber auch anders" zurückbleibt, ziehen wir in einer Zusammenfassung dieses zweiten Kapitels das Wesentliche noch einmal unter einem einheitlichen Gesichtspunkt zusammen.

Klar, daß wir dann im **dritten Kapitel** die Fragestellung umkehren und uns mit den Maßnahmen gegen die Arbeitslosigkeit beschäftigen. Dabei beziehen wir uns auf die Argumente und Ausführungen des ersten und zweiten Kapitels, so daß wir sofort überprüfen können, wo die entsprechenden Maßnahmen ansetzen, wie sie wirken und warum einige Maßnahmen nicht die erwünschten Effekte haben. Im einzelnen diskutieren wir die Auswirkungen von Lohnsenkungen, Ausbildungsverbesserungsmaßnahmen, Erhöhungen der Mobilität, gezielten Einrichtungen von Arbeitsplätzen, Arbeitsplatzbereitstellungen der öffentlichen Hand, Arbeitszeitverkürzungen, Gastarbeiterstopps, Senkungen der Arbeitslosenunterstützung sowie allgemeinen Nachfrageerhöhungen. Auch hier fassen wir die Ergebnisse wiederum in einem gesonderten Abschnitt zusammen.

Nach diesem Kapitel wird der Leser ein Gespür dafür entwickelt haben, warum wirtschafts- und arbeitsmarktpolitische Maßnahmen oft wirkungslos sind oder zumindest nur eine recht geringe Wirkung haben. Die Gründe für diese Wirkungslosigkeit arbeiten wir heraus. Das bedeutet allerdings nicht, daß die Autoren etwa bessere Maßnahmen kennen und diese nun selbstsicher und überlegen darbieten. Wir bieten keine praktischen Lösungen an – dazu reicht es bei uns nicht. Wir bieten aber die Klärung von Voraussetzungen und Folgen bestimmter Arbeitslosigkeitsbegründungen und -politiken, d.h. die theoretischen „Hintergründe" der Arbeitslosigkeitserklärung und -politik. Das ist nicht alles, aber immerhin etwas.

Im **vierten und letzten Kapitel** geben wir einige unfrisierte Gedanken zum Arbeitslosigkeitsproblem zum Besten. Wir dehnen den Betrachtungszeitraum stark aus und schauen uns bei den Jägern und Sammlern der Urzeit um sowie bei den zukünftigen Generationen, die mit einer Welt immer knapper werdender Ressourcen fertig werden müssen. Wir erörtern die Auswirkungen einer vertieften Arbeitsteilung und Spezialisierung sowie der zunehmenden Verknappung von Rohstoffen auf die Beschäftigung und den Arbeitsinhalt. Dies schärft uns den Blick auch und gerade für die heutigen Beschäftigungsprobleme. Wir fragen uns, welche Arbeitspolitik längerfristig angebracht wäre und ob man langfristig wirklich eine Vollbeschäftigung um jeden Preis anstreben sollte.

Dann – so hoffen wir – haben wir als Autoren unseren Informationsvorsprung vor dem geschätzten Leser verloren, und Sie sind in der Lage, selbständig weiter zu denken (und insbesondere vielleicht bessere arbeitsmarktpolitische Maßnahmen vorzuschlagen als die heute praktizierten). Deshalb ist das Buch an dieser Stelle zu Ende.

Bevor wir jetzt endgültig beginnen, noch eine kleine Vorbemerkung. Eine Schwierigkeit einer jeden wirtschaftswissenschaftlichen Abhandlung liegt darin, daß sie Begriffe verwenden muß, die auch in der Alltags- und Umgangssprache verwendet werden, dort aber mit anderem Inhalt gefüllt werden. So benutzt man in der Alltagssprache Begriffe wie Kapital, kapitalistisch, Leistung,

Markt, Profit, Nachfrage, Angebot, Arbeit, Arbeiter, Unternehmer, Unternehmung usw.; genau die gleichen Begriffe benutzt man aber auch als Fachbegriffe, meint damit allerdings oft etwas anderes. In der Alltagssprache trennt man begrifflich den Arbeiter von dem Angestellten; in der wirtschaftswissenschaftlichen Fachsprache meint man mit dem Begriff Arbeiter jemanden, der Arbeit verrichtet, also damit auch den Angestellten (oder sogar den Beamten — aber das geht manchen Leuten sicherlich zu weit). Die Begriffe kapitalistisch und Profit sind alltagssprachlich ideologisch befrachtet; als Fachbegriffe werden sie ohne dieses ideologische Beiwerk verwendet. Wir werden alle verwendeten Begriffe erläutern, und wir verwenden alle diese Begriffe, ohne ideologisch etwas mit ihnen zu verbinden. Wir bitten daher den Leser, sich auf unsere Begriffsbestimmungen einzulassen und die Begriffe losgelöst von ihren alltagssprachlichen Bedeutungen zu sehen. Ein Naturwissenschaftler, der den Begriff Desoxyribonukleinsäure verwendet, hat diese Probleme nicht: Er verkürzt ihn gleich zu DNS und schenkt sich diese Vorbemerkung.

Eh' wir es vergessen und dann böse angeguckt werden und nicht wissen, warum: Wir danken für wertvolle Hinweise und Kritik unseren Freunden Christiane Brandes, Thomas Eger, Peter Liepmann, Maja Luksch und Gabriele Schakat.

1. Kapitel: Funktionsweise des Arbeitsmarktes

In diesem Kapitel wollen wir aus der Sicht der einzelnen Arbeitsnachfrager (Unternehmungen) und Arbeitsanbieter (Arbeiter) sowie der Gesellschaft insgesamt die Funktionsweise des Arbeitsmarktes beschreiben und uns theoretisch etwas klarer machen. Dies wird nicht ganz so einfach sein, denn der Arbeitsmarkt ist kein Markt wie jeder andere: Er hat einige wesentliche Besonderheiten.

Wir werden zunächst die Arbeitsnachfrage aus der Sicht eines einzelnen Arbeitsnachfragers und dann das Arbeitsangebot aus der Sicht eines typischen Arbeitsanbieters darstellen; anschließend werden wir beide Sichtweisen zusammenfassen und die Funktionsweise des Arbeitsmarktes aus der Sicht der Gesellschaft insgesamt erörtern.

1. Arbeitsnachfrage

1.1 Arbeitslosigkeit und vergesellschaftete Produktion

An und für sich dürfte es keine Arbeitslosigkeit geben; denn es gibt noch eine große Anzahl von Tätigkeiten, die sinnvoll durchgeführt werden könnten. Ja, in einer Welt voll Knappheit, d.h. in einer Welt, in der es grundsätzlich zu wenige Güter im Verhältnis zu den menschlichen Bedürfnissen gibt, ist Arbeitslosigkeit immer ein Anzeichen dafür, daß hier in der Organisation etwas nicht stimmt: Warum arbeitet ein Arbeitsloser nicht, wenn es doch genügend zu tun gibt?

In den Zeiten des Faustkeils gab es keine Arbeitslosigkeit – oder zumindest ist dies sehr schwer vorstellbar. Denn das Ausmaß an Bedürfnisbefriedigung war an die Arbeitsleistung eines jeden Mitglieds eines Jäger- und Sammlerstamms gekoppelt. Hatte man Jagd- oder Sammlerglück, brauchte man weniger zu arbeiten; hatte man dieses Glück nicht, so mußte man verstärkte Anstrengungen unternehmen, um das Überleben sicherzustellen. Jeder einzelne, der arbeiten konnte, mußte auch mitarbeiten; denn seine Arbeitsleistung trug direkt zum Lebensunterhalt des Stammes bei.

Diese direkte Beziehung veränderte sich im Zuge der wirtschaftlichen Entwicklung: Es entstand eine verstärkte Arbeitsteilung und Spezialisierung. Die Menschen wurden über immer größere Räume wirtschaftlich voneinander abhängig, indem sie nicht mehr alle für ihren Lebensunterhalt notwendigen Tätigkeiten selbst unternahmen, sondern Tätigkeiten für andere durchführten und im Austausch dafür Güter für ihren eigenen Lebensunterhalt erhielten. Und diese Tätigkeiten wurden immer spezialisierter; gleichzeitig hing die Durchführung solcher spezialisierter Tätigkeiten immer mehr davon ab, ob auch die entsprechenden Werkzeuge und Maschinen zur Verfügung standen. Aus einer Form des Wirtschaftens, in der jeder selbständig vergleichsweise unspezifizierte und ganzheitliche Tätigkeiten durchführte, entwickelte sich eine Form des Wirtschaftens, in der jeder spezialisierte und zerlegte Tätigkeiten in Abhängigkeit von allen anderen Wirtschaftenden zu erfüllen hatte, d.h. – um es abstrakt zu formulieren – die Produktion vergesellschaftete sich.

Daraus ergab sich ein sehr wichtiges Moment: Ob jemand arbeiten kann, hängt nun davon ab, ob er einen Arbeitsplatz bekommt, d.h. einen Platz, an dem er mit Hilfe bestimmter technischer Hilfsmittel vergleichsweise genau spezifizierte Tätigkeiten durchführen muß. Die Bereitstellung eines derartigen Arbeitsplatzes hängt aber nur sehr indirekt von den Entscheidungen des Arbeitsuchenden ab. Andere bestimmen nach gewissen Kriterien darüber, ob sie einen Arbeitsplatz anbieten oder nicht; wer diese anderen sind und nach welchen Kriterien sie bestimmen, werden wir noch erörtern.

Aus dieser Sicht wird nun deutlich, warum es so viele verschiedene Begründungen für Arbeitslosigkeit gibt. Da sich im Zuge der verstärkten Arbeitsteilung und Spezialisierung ein Netz gegenseitiger Abhängigkeiten (Interdependenzgeflecht) der wirtschaftenden Menschen herausgebildet hat, beziehen sich Argumente wie „die Löhne sind zu hoch", „die Gewinne sind zu niedrig", „die Ölscheichs geben uns zu wenig Öl" usw. immer nur auf Teilaspekte dieses wirtschaftlichen Interdependenzgeflechts. Schon eine Äußerung eines verantwortlichen Politikers wie: „Ich gehe davon aus, daß ich nicht ausschließen kann, daß die Zinsen demnächst steigen werden", kann dazu führen, daß weniger Arbeitsplätze bereitgestellt werden. (Denn höhere Zinsen verteuern die Investitionen allgemein und damit auch die Bereitstellung von Arbeitsplätzen im besonderen; wir gehen auf diesen Punkt weiter unten noch ein.)

Um den Ursachen der Arbeitslosigkeit besser nachspüren zu können, müssen wir daher vor dem Hintergrund des bisher Ausgeführten das Problem etwas genauer formulieren: Wer fragt Arbeitskräfte nach, d.h. wer bietet Arbeitsplätze an, und nach welchen Kriterien tut er dies?

1.2 Unternehmungsfunktionen im Theorienstreit

Beschränken wir uns bei der Beantwortung dieser Fragen auf die Betrachtung einer typischen Unternehmung in unserem Wirtschaftssystem. Eine derartige Unternehmung erfüllt im wesentlichen drei Funktionen:
— Güter für Konsumenten oder andere Unternehmungen zu produzieren;
— Arbeitsplätze bereitzustellen;
— Anlagemöglichkeiten für Geldkapital zu bieten.

Die Unternehmung ist über diese Funktionen mit den Konsumenten oder anderen Güternachfragern, mit den Arbeitskräften sowie mit den Kapitalanlegern und Investoren verbunden. In unserem Wirtschaftssystem wird diese Verbindung über Märkte hergestellt, nämlich über Gütermärkte, Arbeitsmärkte und Kapitalmärkte.

Gleichzeitig ist die Unternehmung selbst aber kein marktmäßiges Gebilde, sondern vielmehr eine hierarchische Organisation; darunter verstehen wir eine Organisationsform, die auf über die Zeit eingehaltenen Rangfolgen (z.B. bei Beförderungen, Einstellungen, Entlassungen), außerdem gleichzeitig bestehenden Über- und Unterordnungsbeziehungen sowie Stufenleitern (z.B. Meister, Vorarbeiter, Facharbeiter, Angelernte, Ungelernte) basiert. Wirtschaften innerhalb einer Unternehmung wird nicht marktmäßig, sondern über Autoritätsbeziehungen organisiert, d.h. über Beziehungen zwischen Personen derart, daß einige Personen anderen Personen gegenüber weisungsbefugt sind. Hierarchie und Autorität meinen nicht genau das gleiche: Der Begriff Hierarchie bezieht sich zunächst auf rein formal zu sehende Über- und Unterordnungsverhältnisse; der Begriff Autorität dagegen beinhaltet, daß Untergebene geringere Handlungsmöglichkeiten haben als Vorgesetzte, daß folglich eine Machtbeziehung vorliegt.

Dies ist überraschend, sagt man doch oft, der Markt sei das effizienteste Koordinationsinstrument. Denn der Markt führt Anbieter und Nachfrager eines bestimmten Gutes bei einem gegebenen Preis zusammen. Ist die Nachfrage bei einem gegebenen Preis höher als das Angebot, so steigt der Marktpreis solange, bis Angebot und Nachfrage dieses Gutes ausgeglichen sind; ist die Nachfrage bei einem gegebenen Preis niedriger als das Angebot, so sinkt der Marktpreis solange, bis Angebot und Nachfrage dieses Gutes ausgeglichen sind. Durch diesen Preismechanismus werden die Pläne der Anbieter und Nachfrager aufeinander abgestimmt, d.h. koordiniert. Da alle Märkte für alle Güter miteinander zusammenhängen, werden auch die Verkaufs- und Kaufentscheidungen hinsichtlich all dieser Güter aufeinander abgestimmt. Voraussetzung für das Funktionieren des Preismechanismus ist, daß die Preise flexibel sind, d.h. daß sie bei einem Überangebot tatsächlich sinken und bei einer Übernachfrage steigen, und daß sich Anbieter und Nachfrager mengenmäßig an Preisveränderungen anpassen. Ist dies der Fall, sind die Märkte für alle Güter fortlaufend geräumt; und der Markt- und Preismechanismus organisiert die arbeitsteilige Güterproduktion in einer Wirtschaftsgesellschaft. Das heißt insbesondere, daß sich Arbeitsnachfrager und Arbeitsanbieter auf Arbeitsmärkten treffen und daß diese Arbeitsmärkte durch Lohnveränderungen fortwährend ausgeglichen sind.

Durch einen Blick auf das reale Wirtschaftsgeschehen erkennt man aber, daß weder die Märkte laufend geräumt sind, noch daß die arbeitsteilige Produktion überwiegend marktmäßig organisiert wird. Vielmehr wird der größte Teil des arbeitsteiligen Wirtschaftsprozesses innerhalb autoritär-hierarchisch strukturierter Unternehmungen organisiert. Warum ist das so?

Hier gibt es verschiedene Antworten. Die allgemeinste Antwort ist die folgende. Jede Form der Organisation einer arbeitsteiligen Wirtschaft und jede Form der Koordination einzelner Handlungen von verschiedenen Wirtschaftssubjekten kostet etwas. Je nach der unterschiedlichen Kostenhöhe werden wirtschaftliche Handlungen einmal marktmäßig und das andere Mal autoritär-hierarchisch organisiert und koordiniert. Aber was heißt „einmal" und was heißt „das andere Mal"?

Bei der Beantwortung dieser Frage kann man grob zwei Theorierichtungen unterscheiden. Die eine Richtung sagt, daß Unternehmungen aus Effizienzgründen durch freiwilligen Zusammenschluß der Arbeiter entstanden sind. Durch gemeinsame Arbeit und eine hierarchische Arbeitsorganisation erhöht sich die Arbeitsproduktivität im Vergleich zu dem Fall, daß jeder allein für sich arbeitet und die entsprechenden Produkte am Markt gegen von ihm gewünschte Produkte eintauscht. Dadurch sind die Kosten eines in Unternehmungen organisierten Arbeitsprozesses niedriger als die einer über Märkte koordinierten Arbeitsteilung. Die Unternehmung setzt sich demnach als Organisationsform in einer Marktwirtschaft durch, wobei die Unternehmungen selbst wieder über Märkte miteinander und mit den Konsumenten und den anderen Arbeitern verbunden sind.

Die Vertreter dieser Theorierichtung behaupten, die Unternehmung sei zwar ein hierarchisches Gebilde, ein Gebilde, in dem Über- und Unterordnungsbeziehungen existieren, sie sei aber keine autoritäre Organisationsform, d.h. eine Organisationsform, in der Befehle gegeben oder Anordnungen getroffen werden, die man befolgen muß. Vielmehr herrschen vertragliche Beziehungen vor; jeder einzelne Arbeitsauftrag, jeder einzelne „Befehl", sei lediglich ein Angebot des Unternehmers, Managers oder Vorarbeiters an den „Untergebenen". Dieser hat dann die Alternative, das Angebot anzunehmen, d.h. dem „Befehl" stillschweigend nachzukommen, oder das Angebot abzulehnen, was gleichbedeutend damit ist, die Unternehmung zu verlassen. Nach dieser Theorierichtung ist die Unternehmung also eine organisatorisch und technisch effiziente Organisationsform eines Arbeitsprozesses auf freiwilliger vertraglicher Basis. Schlagwortartig können wir diese Sicht als das **Kontraktmodell** der Unternehmung bezeichnen.

Von den oben angeführten Unternehmungsfunktionen wird demnach die Funktion, produktive und angemessene Arbeitsplätze bereitzustellen, betont; die Erfüllung der Funktion, Güter zu angemessenen Preisen zu produzieren, entscheidet darüber, ob die Unternehmung am Leben bleibt; die Funktion, Anlagemöglichkeiten für Kapital zu schaffen, ist sekundär und dient wagemutigen Anlegern dazu, ihr Kapital in produktiven Arbeitsprozessen anzulegen. Es wird dann deutlich, daß aus dieser Sicht Arbeitslosigkeit selbst verschuldet ist; Arbeitslosigkeit entsteht nämlich dadurch, daß Arbeit auf Kosten der ersten und dritten Unternehmungsfunktion zu teuer wird, entweder aufgrund eines zu hohen Lohnes oder zu hoher Lohnnebenkosten oder zu guter Arbeitsbedingungen oder zu geringer Produktivität infolge minderer Qualifikation, so daß weder Güter zu angemessenen Preisen abgesetzt werden können noch Kapital einen Anreiz hat, in die Unternehmung zu investieren. Wir werden auf diesen Aspekt bei der Diskussion der verschiedenen Argumente zum Entstehen von Arbeitslosigkeit noch ausführlich eingehen.

Die zweite Theorierichtung leugnet nicht den Effizienzaspekt, bestreitet aber, daß die Unternehmung als freiwilliger Zusammenschluß der Arbeiter zwecks Erhöhung der Produktivität begriffen werden kann. Sie verweist darauf, daß Unternehmungen über die Vorläufer Verlagssystem (d.h. der Verleger beschafft die Rohstoffe und organisiert den Absatz, während die eigentliche Produktion in Heimarbeit durchgeführt wird) und Manufaktur (d.h. gleichartige und vervielfältigte handwerkliche Produktion innerhalb einer größeren Betriebsstätte) erst entstanden sind, als vergleichbare Handwerksproduktionen zu Grunde gegangen waren und als es für Kapitaleigner lohnend wurde, Geldkapital in konkrete Produktionsmittel (Maschinen, Anlagen, Gebäude) zu investieren. Dies bedeutet, daß die primäre Funktion einer Unternehmung darin zu sehen ist, Anlagemöglichkeiten für Geldkapital zu bieten. Die Funktion der Güterproduktion ist aus dieser Sicht eine abgeleitete, da sie lediglich darüber entscheidet, ob eine rentable Kapitalinvestition überhaupt möglich ist. Die Funktion, Arbeitsplätze zu angemessenen Arbeitsbedingungen bereitzustellen, ist demgegenüber sekundär. Schlagwortartig können wir diese Sicht als das **Herrschaftsmodell** der Unternehmung bezeichnen.

Daraus folgt, daß Vertreter dieser Theorierichtung den Autoritätsaspekt und den Entfremdungsaspekt des Arbeitsprozesses betonen. Innerhalb einer Unternehmung herrschen keine vertraglichen Beziehungen auf freiwilliger Basis vor; vielmehr sind die Arbeiter vom Kapital abhängig, da die alternativen Produktionsmöglichkeiten für vergleichbare Produktionen im Handwerk nicht mehr existent sind (und wenn sie doch existieren, haben sie große Kostennachteile). Aus dieser Sicht ist Arbeitslosigkeit nicht selbst verschuldet, sondern eine Folge der kapitalistischen Produktionsweise: Kapital entscheidet nach Renditegesichtspunkten darüber, ob Arbeitsplätze bereitgestellt werden oder nicht.

Damit haben wir die zwei wichtigen Theorierichtungen (auf Mischformen und Unterfälle gehen wir hier nicht ein) kurz skizziert. Sie merken bereits, daß aktuelle Äußerungen zur Arbeitslosigkeit und zur Funktionsweise unserer Marktwirtschaft zumeist stark geprägt davon sind, ob der Betreffende ein Anhänger der einen oder der anderen Theorie ist. Wie beurteilen Sie die beiden Theorien? Wir gehen im folgenden mehr ins Detail und analysieren exakt Arbeitsnachfrage und Arbeitsangebot, so daß Sie auch unschwer die Einschätzung der zwei Theorien durch die beiden Verfasser dieses Buches erkennen können.

1.3 Arbeit und Arbeitsvertrag

Wir haben bisher recht allgemein von Arbeit gesprochen. Was ist überhaupt Arbeit? „Arbeit" wird in verschiedenem Sinne gebraucht:
– als Arbeitskraft oder Arbeitsvermögen: „Inbegriff der physischen und geistigen Fähigkeiten, die in der Leiblichkeit, der lebendigen Persönlichkeit eines Menschen existieren und die er in Bewegung setzt, so oft er Gebrauchswerte irgendeiner Art produziert" (K. Marx);
– als Arbeit, d.h. die Verrichtung von Tätigkeiten;
– als Faktor Arbeit: Die herkömmliche (neoklassische) ökonomische Theorie begreift hierunter den Strom von Dienstleistungen (= Arbeitsleistungen), der von arbeitenden Menschen in den Produktionsprozeß einer Unternehmung eingebracht wird;
– als Arbeitsprozeß, als die Tätigkeit des Arbeitens in einer be-

stimmten Zeit, wobei der Mensch als lebendige Persönlichkeit und der Mensch als Arbeitskraft nicht trennbar sind;
— als Arbeitsplatz („Hast Du schon eine Arbeit gefunden?").
So ist zu erklären, daß für Gleiches höchst widersprüchliche Begriffe verwendet werden. So werden **Arbeitsanbieter** (Anbieter des Faktors Arbeit) auch als Arbeitnehmer (nehmen einen Arbeitsplatz), umgekehrt **Arbeitsnachfrager** auch als Arbeitgeber bezeichnet.

Wir verwenden folgende Synonyme (in Klammern weitere gebräuchliche Bezeichnungen):
für Arbeitsanbieter: Arbeitskraft oder Arbeitnehmer (Lohnempfänger, Gehaltsempfänger, Arbeiter und Angestellte, Lohnabhängige);
für Arbeitsnachfrager: Unternehmer oder Unternehmung, Betrieb, Arbeitgeber.

Arbeitsanbieter und Arbeitsnachfrager schließen zur Begründung eines Arbeitsverhältnisses einen Arbeitsvertrag. Ist dies ein Vertrag wie jeder andere?

Alle marktmäßigen Tauschakte beruhen auf vertraglichen Übereinkünften der Tauschpartner, die oft — aber keineswegs immer — schriftlich fixiert werden. Im allgemeinen regelt der Vertrag alle Details: An einem nach Qualität und Quantität bestimmten Gut tritt der Verkäufer gegen einen bestimmten Preis seine Eigentums- oder Verfügungsrechte an den Käufer ab. Jede Vertragsseite spezifiziert ihren Beitrag zum Tausch in Leistung und Gegenleistung.

Nicht so beim Arbeitsvertrag. Wir heben zwei Aspekte der Besonderheit des Arbeitsvertrages hervor:
— Fest umrissen ist hier nur die Leistung einer Vertragsseite, nämlich das vereinbarte Lohn- oder Gehaltentgelt. Demgegenüber ist für die Arbeitsleistung des Tauschobjekts „Arbeitskraft" lediglich ein Rahmen festgelegt; quantitativ etwa durch die Angabe der Arbeitszeit, qualitativ z.B. durch Berufs- oder Arbeitsplatzbezeichnung. Der konkrete Arbeitsinhalt ebenso wie die Arbeitsintensität bleiben in der Regel unbestimmt. Dies entspricht dem Interesse des Käufers, dem im Hinblick auf wechselnde Auftragslagen, technische Umstrukturierung der Kapitalgüter und Änderungen der Arbeitsorganisation daran gelegen ist, sich ohne Abschluß neuer Arbeitsverträge flexibel anpassen zu können. Der Arbeitsvertrag enthält insofern ein Versicherungsmoment gegen Unsicherheit.
— Der Verkäufer, wiewohl er Eigentums(= Nutzungs)rechte an seiner Arbeitskraft überträgt, bleibt dennoch als Person mit ihr

verbunden, d.h. er verfügt letzten Endes weiterhin über das Verkaufte. Der Arbeitsvertrag bewirkt nicht die Eindeutigkeit der Neudefinition von Eigentumsrechten, die aus anderen Tauschakten hervorgehen. Es entsteht vielmehr eine „Überlappung" der Dispositions- (d.h. Entscheidungs- und Verfügungs-) sphären von Käufer und Verkäufer, die Anlaß für immer neue Konflikte sind. Durch Kontrollaktivitäten innerhalb der Unternehmung wird die Leistung der Arbeitskraft definiert und sichergestellt. Kaufe ich beispielsweise ein Stück Butter, so gehen die Nutzungsrechte für den Butterverbrauch eindeutig auf mich über: Die Butter wehrt sich nicht, und auch der Verkäufer wird mir die Butter nicht mehr vom Brot nehmen. Die Arbeitsleistung dagegen wird durch den persönlich am Arbeitsplatz anwesenden Arbeitsanbieter erbracht. Je nach Tätigkeit sind die Kontrollkosten unterschiedlich hoch; denken Sie beispielsweise an Bandarbeiter oder an Beamte.

Diese Sichtweise wird auch von Juristen geteilt; so definiert das Handwörterbuch des Arbeitsrechts:

„Der Arbeitsvertrag ist der privatrechtlich-schuldrechtlich gegenseitige Vertrag, durch den sich der Arbeitnehmer zur Leistung von Diensten **in abhängiger Stellung**, der Arbeitgeber zur Leistung einer Vergütung verpflichtet. Das durch den Abschluß des Einzelarbeitsvertrages begründete und gestaltete Arbeitsverhältnis ist ein **Dauerschuldverhältnis**, das im Gegensatz zu den durch einmaligen Austausch von Leistung und Gegenleistung vollzogenen Schuldverhältnissen des täglichen Lebens (z.B. Kauf) seinem Wesen und seiner Zielsetzung nach auf einen längeren Zeitraum, in der Regel auf unbestimmte und bei Vorliegen besonderer Umstände für eine von vornherein befristete Zeit eingegangen wird. Wesentliches Merkmal des Arbeitsverhältnisses ist die **persönliche Abhängigkeit des Arbeitnehmers von dem Arbeitgeber bei der Arbeitsleistung**, insbesondere auch hinsichtlich der Arbeitszeit; eine allerdings meist gleichzeitige wirtschaftliche Abhängigkeit ist weder erforderlich noch ausreichend."

Aus diesen Überlegungen können wir eine wichtige Folgerung herleiten, die auch und gerade für eine Einschätzung der beiden oben diskutierten Theorierichtungen bedeutsam ist. Stellen Sie sich einmal vor, der Arbeitsvertrag würde auch jedes Detail der Arbeitsverrichtung und der Arbeitsleistung genau spezifizieren; was wäre die Folge? Jede kleinste Veränderung des Arbeitsprozesses durch technische oder arbeitsorganisatorische Neuerungen würde den Abschluß neuer Arbeitsverträge erfordern; immense Kosten der Vertragsneuformulierung und Arbeitsspezifizierung wären die Folge. Die Unternehmung würde nur noch Verwaltung produzieren und Spezialist in Vertragsregelungen werden. Die hierarchische Organisation der Unternehmung würde ersetzt werden durch einen Markt- und Verhandlungsmechanismus. Wir erkennen sofort, daß die Sichtweise, innerhalb einer Unternehmung herrschten Vertragsbeziehungen vor und Autoritätsbeziehungen gäbe es nicht, nicht korrekt sein kann. Die Unternehmung könnte aus Kostengesichtspunkten überhaupt nicht existieren, wenn jede Arbeitsanweisung als Aufforderung zur Formulierung eines neuen Arbeitsvertrags aufgefaßt würde. Der bekannte Nationalökonom und Nobelpreisträger *Arrow* drückt diesen Sachverhalt so aus: „Innerhalb des Spielraumes des (Arbeits-)Vertrages ist die Beziehung zwischen Arbeitgeber und Beschäftigtem nicht länger eine Marktbeziehung, sondern eine Autoritätsbeziehung. Natürlich wird der Spielraum dieser Autorität gewöhnlich durch die Vertragsbedingungen begrenzt sein; und er ist im Grunde begrenzt durch die Freiheit der Beschäftigten zu kündigen. Aber da normalerweise die Ausübung dieser Freiheit mit einigen Kosten verbunden ist, ist der Spielraum dieser Autorität nicht unbedeutend."

Solche Kosten für die Kündigung und damit das Verlassen der Unternehmung sind beispielsweise:
— Suchkosten, eine neue Beschäftigung zu finden oder sich selbständig zu machen,
— Risikokosten, keinen besseren oder gleichwertigen Arbeitsplatz zu finden,
— Verlust an Aufstiegsmöglichkeiten in der Unternehmung,
— Entwertung des Humanvermögens (d.h. des kapitalisierten Wertes der Arbeitskraft) hinsichtlich betriebsspezifischer Qualifikationen (wir gehen auf diesen Aspekt später noch ausführlich ein),
— Verlust an informellen Beziehungen mit befreundeten Arbeitskollegen,
— häufig auch Kosten durch Umzug und in diesem Zusammenhang auch Verlust nachbarschaftlicher Beziehungen, Schulwechsel der Kinder, etc.,
— Kosten, am neuen Arbeitsplatz und ggf. am neuen Wohnort neue soziale Beziehungen aufzubauen.

Wir können demnach die Folgerung ziehen:
In einer Unternehmung findet eine autoritäre Kontrolle des Arbeitsprozesses statt, da zwischen Arbeit und Arbeitskraft, d.h. zwischen der Arbeitstätigkeit und der Arbeitskraft als Person, zu unterscheiden ist; die Möglichkeit der autoritären Kontrolle innerhalb der Unternehmung basiert auf dem Tatbestand, daß dem

einzelnen Arbeiter (oft sehr hohe) Kosten entstehen, wenn er sich der Kontrolle entziehen, d.h. die Unternehmung verlassen, will. Umgekehrt entstehen auch dem Arbeitsnachfrager Kosten, die bei bestimmten Fachkräften auch sehr hoch sein können, wenn der Arbeiter die Unternehmung verläßt. Und diese relativen Kosten des Verlassens einer Unternehmung sind nun bei verschiedenen Personengruppen (Facharbeiter, Ungelernte usw.) höchst unterschiedlich und erklären zum großen Teil, warum bestimmte Personengruppen stärker von Arbeitslosigkeit betroffen sind als andere; darüber wird noch zu sprechen sein.

Wir sind nun so weit, daß wir uns der Arbeitsplatzgestaltung innerhalb einer Unternehmung und der darauf basierenden Arbeitsnachfrage zuwenden können.

1.4 Ziele der Unternehmungsorganisation: Stabilität einerseits und Anpassungsfähigkeit andererseits

Wir haben gesehen, daß die Existenz einer autoritär-hierarchischen Unternehmungsorganisation auf der Tatsache aufbaut, daß für den einzelnen Arbeiter Kosten entstehen, wenn er den Anordnungen der Vorgesetzten nicht nachkommt. Eine derartige Organisation ist demnach erst dann in einer komplexen Umwelt (ungewisse Entwicklung auf den Güter-, Rohstoff- und Arbeitsmärkten sowie im Bereich der Produktionstechnologie) lebensfähig, wenn für die Unternehmensleitung relativ sicher ist, daß die Beschäftigung nicht bei jeder kleineren Umorganisation sofort auf null sinkt. Akzeptiert man diese Überlegung, dann sind zwei Fragen zu beantworten:
— Wie gelingt es der Unternehmung, ihre interne Struktur zu stabilisieren?
— Wie gelingt es der Unternehmung, sich an veränderte Umweltbedingungen (Konjunktureinbruch, technische Fortentwicklungen usw.) anzupassen?

Wir wollen versuchen, beide Fragen im Hinblick auf unsere Themenstellung „Arbeitsmarkt und Arbeitslosigkeit" zu beantworten.

Die folgenden Punkte tragen dazu bei, daß eine hierarchische Unternehmungsorganisation in einer marktwirtschaftlichen Umwelt bestehen kann, daß sie sich also zum einen teilweise den Markteinflüssen entziehen und zum anderen Strategien zur Anpassung an die Umwelt ergreifen kann. Machen Sie sich die folgenden Punkte dadurch klar, daß Sie sich als Alternative zu der hierarchischen Unternehmungsorganisation einen Unternehmer vorstellen, der jeden Tag aufs neue Tagesarbeiter sucht, den Tageslohn aushandelt, die Arbeitskräfte jeweils neu einweist usw. Vergleichen Sie bitte diese Art der Organisation mit der hierarchischen Unternehmungsorganisation hinsichtlich ihrer Auswirkungen auf Arbeitsnachfrager und Arbeitsanbieter.

(1) Die Kosten der Tauschbeziehungen und der jeweiligen Vertragsformulierung werden gesenkt, wenn für vielfältige Tätigkeiten über einen längeren Zeitraum ein einziger Arbeitsvertrag formuliert wird, der die einzelnen Tätigkeiten nur rahmenmäßig, nicht aber ganz konkret vorschreibt. Gleichzeitig gelingt es dadurch der Unternehmung, nicht vorhergesehene Außeneinflüsse (z.B. Änderungen von Technologie oder Qualität) durch geeignete Maßnahmen innerhalb der Unternehmung aufzufangen, ohne daß dies extrem teuer wird.

(2) Die Kosten der Entscheidungsfindung werden gesenkt, wenn die Informationen über Produktionsablauf, Absatzmöglichkeiten, Arbeitsabläufe usw. an einem zentralen Platz (der Unternehmensleitung) verarbeitet werden, verglichen mit der Alternative, daß die einzelnen Arbeiter wechselseitig ihre Informationen austauschen und ihre einzelnen Entscheidungen zu koordinieren versuchen; hierdurch wird eine Arbeitsteilung und Spezialisierung bezüglich Entscheidungsfindung und Produktion mit großen Effizienzgewinnen möglich.

(3) Die aufgrund von Argument (2) entstehenden Kommunikationskanäle besitzen auf ein bestimmtes Unternehmungsziel ausgelegte Filter, die nur die entscheidungsrelevanten Informationen zur Unternehmungsleitung durchlassen, wodurch die Kosten für die Informationsübertragung und -verarbeitung gesenkt werden; d.h. es findet eine gewisse Vereinheitlichung in der unternehmungsintern benutzten Sprache statt, und die Informationen werden nur dorthin geleitet, wo sie zur Entscheidungsfindung benötigt werden, wodurch insgesamt eine gewisse Arbeitsteilung, Spezialisierung und Standardisierung bezüglich der Informationsgewinnung und Informationsverarbeitung entsteht.

(4) Die Kosten der Planrealisierung, die darin bestehen, daß bestimmte getroffene Entscheidungen nicht durchgesetzt werden können, werden dadurch gesenkt, daß die Austrittskosten für die Arbeiter erhöht werden (d.h. die Unternehmungsleitung hat im vorhinein sichere Informationen über Produktionskapazität etc. und damit sichere Plandaten), wodurch eine Autoritätsbeziehung begründet wird; dies geschieht durch
– Errichtung von innerbetrieblichen Aufstiegsleitern für Ar-

beitskräfte;
- Vermittlung und Erwerb von nur betriebsspezifischem (d.h. im jeweiligen Betrieb benötigtem) Wissen;
- Erzeugen von Loyalität und Gehorsam gegenüber der Unternehmung und den Vorgesetzten;
- Reduktion persönlicher Beziehungen der Arbeiter untereinander und zwischen Arbeitern und Vorgesetzten durch Formalisierung dieser Beziehungen durch Rollen, Kategorisierung und Typisierung von Entscheidungsprozeduren sowie durch Arbeits- und Aufgabenspezialisierung, wodurch außerdem sowohl die Informationskosten sinken als auch die Produktivität steigt;
- Gewährung sicherer Arbeitsplätze für langfristig Beschäftigte.

(5) Die Kosten des Eintritts in die Unternehmungen insgesamt sowie die Anlern- und Kontrollkosten werden für die Unternehmungen gesenkt durch Anschluß an das System der allgemeinen Erziehung und Bildung und durch Einflußnahme auf dessen Ausgestaltung sowie durch die Internalisierung allgemeiner Regeln wie Pünktlichkeit, Gehorsam usw. seitens der Arbeiter im Zuge des Erziehungs- und Sozialisationsprozesses.

Aus diesen Punkten folgt, daß Arbeitsteilung und Arbeitszerlegung zu einem großen Teil innerhalb von Unternehmungen hierarchisch organisiert und einer marktlichen Koordination entzogen werden; die Unternehmung stabilisiert sich in einer marktwirtschaftlichen Umwelt, die durch Unsicherheit und mangelnde Information gekennzeichnet ist, indem sie sich Markteinflüssen teilweise entzieht. **Die Unternehmung ist also aus der Sicht des Unternehmers ein Mittel, Kosten der Kontrolle und Information in einer unsicheren Welt zu verringern.** Der Leser möge sich dies ganz klar machen, indem er die angeführten fünf Argumente jeweils auf einen lockeren Zusammenschluß von marktmäßig verbundenen Arbeitskräften bezieht und diese mit einer hierarchischen Unternehmung vergleicht, um zu erkennen, daß letztere die erstere in der Entwicklung der Marktwirtschaft verdrängt hat, bei der die effiziente Produktion von Gütern wesentlich ist.

Nun üben Veränderungen in dieser marktwirtschaftlichen Umwelt natürlich einen großen Einfluß auf das Verhalten einer Unternehmung aus; die Unternehmung muß auf Lohn- und Preisveränderungen, veränderte Absatzmöglichkeiten, neue technologische Entwicklungen u.a.m. reagieren. Die Analyse dieses Verhaltens ist ein weites Feld. Für unser Thema wichtig ist eine Verhal-

tensweise der Unternehmung: Die Unternehmung paßt sich an
veränderte Umweltsituationen durch Variierung der Anzahl der
Beschäftigten an, d.h. die Unternehmung entläßt Arbeiter oder
stellt neue Arbeiter ein (darüber hinaus kann die Unternehmung
Rationalisierung betreiben, die Produktqualität verändern, die Arbeitszeit variieren etc. etc.).

Damit haben wir einen wesentlichen Gesichtspunkt herausgearbeitet: Die Unternehmung muß bei Einstellungen und Entlassungen beachten, daß sie zum einen eine bestimmte Beschäftigungsstruktur (Aufstiegsleitern, hierarchische Ordnung, Sicherheit langfristiger Arbeitsplätze usw.) bewahrt und zum anderen eine gewisse Flexibilität bezüglich des Beschäftigungsumfangs sicherstellt. Dies drückt sich aus in der Art der Arbeitsnachfrage (die wir im folgenden behandeln werden) und in der Spaltung des Arbeitsmarktes in verschiedene Teilarbeitsmärkte (Segmente), die ein Anpassungsverhalten der Unternehmungen erleichtern, (und die wir noch behandeln werden).

1.5 Kriterien der Arbeitsnachfrage

Nach welchen Kriterien fragt die Unternehmung Arbeitskräfte nach? Die Antwort auf diese Frage ergibt sich bereits größtenteils aus den vorherigen Ausführungen. Um die Struktur innerhalb der Unternehmung stabil zu halten und um dennoch gleichzeitig eine gewisse Anpassungsflexibilität zu gewährleisten, existieren in einer typischen Unternehmung nur bestimmte Eintrittsstellen am unteren Ende jeweiliger Aufstiegsleitern für gewisse berufliche Positionen. Dadurch werden einerseits diejenigen Arbeitskräfte, die bereits einige Schritte auf den Aufstiegsleitern emporgeklommen sind, von konkurrierenden Arbeitskräften abgeschottet und wird andererseits den neu in die Unternehmung eingetretenen Arbeitskräften die Chance signalisiert, bei Bewährung ebenfalls die Aufstiegsleitern emporsteigen zu können.

Dies bedeutet, daß Positionen der überdurchschnittlichen Lohn- und Gehaltsgruppen durch innerbetrieblichen Arbeitsplatzwechsel und Beförderungen besetzt werden. Dies geschieht z.B. durch innerbetriebliche Stellenausschreibungen, die somit die betriebsexterne Arbeitsmarktbeziehung durch einen betriebsinternen beschränkten „Markt"-Mechanismus ersetzen. Dadurch wird gerade die Erfüllung der unter 1.4 angeführten Punkte sichergestellt. Neueinstellungen von Arbeitskräften für unterdurchschnittliche Lohn- und Gehaltsgruppen werden hingegen über betriebsexterne Arbeitsmärkte vorgenommen. Die Folge ist natürlich eine gewisse Benachteiligung (Diskriminierung) dieser Arbeitskräfte durch die bereits in der Unternehmung befindlichen Arbeitskräfte; dies ist aber nur die Kehrseite der Medaille der Stabilisierung der Unternehmungsstruktur.

Da letztlich nicht Dienstleistungen am Arbeitsmarkt gehandelt werden, sondern Rechte, über Arbeitskraft zu verfügen, disponiert der Beschäftigte in jedem Moment über seine Arbeitskraft selbst. Durch Einarbeitung, Anordnungen und Kontrolle der Beschäftigten durch die Vorgesetzten muß daher innerhalb einer Unternehmung erst sichergestellt werden, daß bestimmte Leistungen in bestimmtem Maße von den Arbeitern erbracht werden. Das hat zur Folge, daß das Kriterium der Arbeitsnachfrage nicht ausschließlich die mitgebrachte oder im Betrieb erworbene Qualifikation des Bewerbers ist, d.h. der Nachweis bestimmter Fähigkeiten, sondern daß vielmehr auch weitere Kriterien eine große Rolle spielen: Belastbarkeit, Arbeitswilligkeit, Gehorsam, Pünktlichkeit, seelische Stabilität, Leistungsorientiertheit u.a.m. Eine von der Unternehmung gewünschte Verknüpfung dieser Kriterien wird mit der Lohnforderung des Bewerbers verglichen, um Auskunft darüber zu erhalten, ob eine Einstellung für die Unternehmung lohnend ist. Diese ist dann lohnend, wenn der erwartete Ertrag aus der Nutzung der Arbeitskraft die Kosten der Beschäftigung übersteigt.

Nun hängt der erwartete Ertrag aus der Nutzung der Arbeitskraft für die Unternehmung u.a. von den Absatzerwartungen, der Preisentwicklung für ihre Produkte, allgemeinen Erwartungen bezüglich der strukturellen und konjunkturellen Entwicklung der Volkswirtschaft und dem voraussichtlichen technischen Fortschritt sowie der Arbeitsproduktivität ab. Auf der anderen Seite werden die Kosten der Beschäftigung bestimmt vom Lohn und von den Lohnnebenkosten (insbesondere Sozial- und Krankenversicherungsbeiträge) sowie den Kosten, die dadurch entstehen, die gewünschten Arbeitskräfte überhaupt zu finden, sie für ihre vorgesehenen Tätigkeiten einzuarbeiten und die geforderte Leistung durch Kontroll- und Anreizsysteme (beispielsweise Aufstiegsmöglichkeiten, betriebliche Sozialleistungen) zu gewinnen.

Wieder erkennen wir, wie die Beschäftigung (und damit natürlich die Arbeitslosigkeit) von den verschiedensten Faktoren beeinflußt wird, die in den in der Einleitung zu diesem Buche angeführten Argumenten angesprochen wurden. Doch ist es uns nun sicherlich schon etwas klarer geworden, wie diese einzelnen Faktoren miteinander zusammenhängen. Einiges wird uns noch deutlicher werden, wenn wir im folgenden die andere Seite, nämlich das Arbeitsangebot, betrachten.

2. Arbeitsangebot

2.1 Zum Verhältnis von Arbeitskraft- und Produktionsmittelbesitzern

Wie kommt es überhaupt dazu, daß man so elegant zwischen Arbeitsnachfragern und Arbeitsanbietern unterscheiden kann? Warum kaufen sich in aller Regel nicht die Arbeitskraftbesitzer Produktionsmittel, sondern umgekehrt die Produktionsmittelbesitzer Arbeitskräfte? Warum wird von den weiter oben angesprochenen Unternehmungsfunktionen nicht die Funktion, Arbeitsplätze zu angemessenen Arbeitsbedingungen bereitzustellen, betont, so daß die beiden anderen Funktionen – Güter zu erstellen und Kapitalanlagemöglichkeiten zu schaffen – lediglich als Mittel zu diesem Zweck erscheinen, sondern wird umgekehrt die Funktion, Kapitalanlagemöglichkeiten zu schaffen, betont, so daß die beiden anderen Funktionen – Güter zu erstellen und Arbeitsplätze bereitzustellen – als Mittel zur Erfüllung dieser Funktion erscheinen?

Die Ursache liegt darin, daß im Zuge der ökonomischen Entwicklung Produktionsmittelbesitzer und Arbeitskraftbesitzer voneinander geschieden wurden und daß die notwendige Voraussetzung zur Gründung einer Unternehmung Marktkontakte und das Verfügenkönnen über eine große Geldkapitalsumme waren. Da der Mensch zur Produktion auf Produktionsmittel angewiesen ist, diese aber vorfinanziert werden müssen, was in nennenswertem Umfang für Nichtkapitalbesitzer jedoch unmöglich ist, müssen diese Zugang zu Produktionsmitteln dadurch gewinnen, daß sie ihre Arbeitskraft an Produktionsmittelbesitzer verkaufen.

Könnten nicht dennoch die Besitzer von Arbeitskraft (gemeinsam) Produktionsmittel kaufen? Wenn dieser Ausnahmefall eintritt, entwickeln sich entweder eigenständige Produzenten (Handwerk, Dienstleistungen) oder wiederum Unternehmungen – wenn die nunmehrigen Produktionsmittelbesitzer selbst wieder Arbeitskräfte nachfragen – oder u.U. Genossenschaften. Diese Fälle sind jedoch vor allem deshalb begrenzt,
- weil die Übersicht über den Produktionsprozeß erst erworben werden müßte, man als Arbeitnehmer gegenüber Unternehmern, Managern, Technikern, die diese Übersicht durch lange Erfahrung erworben haben, benachteiligt ist;
- weil Kenntnisse über Bezugs- und Absatzmärkte erst erworben werden müßten, Unternehmer diesbezüglich lange Erfahrung haben, so daß Arbeitnehmer im Nachteil sind;
- weil ein Vermögen erst erworben werden müßte, um genügend

Kapital vorschießen zu können, so daß vermögenslose Arbeitnehmer gegenüber Kapitaleignern bei der Vorfinanzierung der Produktion benachteiligt sind.

Das soll nicht bedeuten, daß es in einigen Wirtschaftsbereichen und bei der Nutzung neuartiger Technologien kreativen Menschen nicht gelingen könnte, Unternehmer zu werden; das soll aber bedeuten, daß Unternehmungen in der weiter oben beschriebenen Form auch deshalb existieren können, weil Arbeitnehmer nur sehr geringe Möglichkeiten haben, sich der unselbständigen Arbeit dadurch zu entziehen, daß sie als Selbständige den etablierten Unternehmungen Konkurrenz machen. Arbeitskräfte sind insofern darauf angewiesen, daß Unternehmungen Arbeitsplätze bereitstellen.

Im folgenden nehmen wir also an, daß Arbeitskraftbesitzer ihre Arbeitskraft den Unternehmungen anbieten.

2.2 Verschiedene Gruppen von Arbeitsanbietern

Wir rechnen zum Arbeitsmarkt nicht nur offene Stellen und Arbeitslose, sondern auch die Arbeitskräfte, die in Arbeit stehen, da auch deren Arbeitskraft sich ständig gegen Lohn tauscht. 1978 gab es in der Bundesrepublik Deutschland bei 61,3 Millionen Einwohnern 26,2 Millionen Erwerbspersonen (Erwerbsquote 42,7 v.H.). 993.000 davon waren im Jahresdurchschnitt arbeitslos. Der „Rest" — 25,2 Millionen Erwerbstätige — teilte sich in 2,4 Millionen Selbständige, 1,2 Millionen mithelfende Familienangehörige und knapp 21,6 Millionen abhängig Beschäftigte oder „Unselbständige".

Diese Einteilung gibt jedoch nur einen groben Überblick, da bei den „Selbständigen" in der Statistik die sogen. „freien Berufe" wie Ärzte, Rechtsanwälte, selbständige Landwirte etc. mitgezählt werden, die nur bedingt als Unternehmungen angesehen werden können. Andererseits werden Manager, die reine Unternehmerfunktionen haben, als abhängig Beschäftigte geführt.

Einen genaueren und plastischeren Überblick über die Anzahl von Beschäftigten und Unternehmungen, die Unternehmungsgrößenstruktur und die Verteilung der Beschäftigten auf Unternehmungen unterschiedlicher Größe gibt für 1970 die folgende Tabelle; aktuellere Zahlen sind derzeit leider nicht verfügbar.

Nur die „Unselbständigen" treten als Anbieter von Arbeitskraft auf dem Arbeitsmarkt auf.

Die Bestimmung des Angebots auf dem Arbeitsmarkt ist schwieriger, als sie zunächst erscheint. Die offizielle Statistik weist alle als arbeitsuchend registrierten Personen aus. Es wird aber häu-

Beschäftigten-größenklassen	Beschäftigte		Unternehmungen	
	Anzahl	v.H.	Anzahl	v.H.
1 – 2	1.426.050	6,7	980.470	52,0
3 – 9	3.206.346	15,2	687.473	36,5
10 – 49	3.362.582	15,9	175.207	9,3
50 – 99	1.493.015	7,1	21.615	1,1
100 – 199	1.551.078	7,3	11.212	0,6
200 – 499	2.098.096	9,9	6.897	0,4
500 – 999	1.397.966	6,6	2.037	0,1
1.000 und mehr	6.629.026	31,3	1.558	0,1
Insgesamt	21.164.159	100	1.886.469	100

Beschäftigte in erwerbswirtschaftlichen Unternehmungen und **Unternehmungen** in erwerbswirtschaftlichen Wirtschaftszweigen (ohne Landwirtschaft) nach **Beschäftigtengrößenklassen 1970**
Quelle: Die Entwicklung der Unternehmensgrößen in der Bundesrepublik Deutschland von 1962 bis 1972 – Mittelstandsstatistik. Bearb. von R.-P. Thürbach u. H.-H. Menzenwerth. Beitr. z. Mittelstandsfg., hrsg. v. Inst.f. Mittelstandsfg., Heft 4, 1975.

fig argumentiert, daß damit die sog. „stille Reserve" an Arbeitskräften nicht erfaßt wird. Dazu gehören Arbeitsuchende, die nicht als arbeitslos gemeldet sind, weil sie keinen Anspruch auf Arbeitslosengeld oder -hilfe haben und keine Chance auf einen Arbeitsplatz sehen oder das Arbeitsamt als Vermittler schlecht beurteilen (verheiratete Frauen, ältere Arbeitnehmer); dazu gehören auch Arbeitskräfte, die sich wegen schlechter Aussichten auf einen Job im Bildungssystem weiterqualifizieren (Jugendliche, Arbeitnehmer in Umschulung). Ferner, wird argumentiert, müßte man die ehemaligen Gastarbeiter hinzurechnen, die Arbeitsplatz und Aufenthaltsgenehmigung verloren haben und in ihre Heimat zurückgekehrt sind.

Unterscheidet man die Arbeitsanbieter danach, ob sie ihr Arbeitsangebot erfolgreich oder nicht erfolgreich angeboten haben, so ist klar, daß auch die bereits Beschäftigten zum Arbeitsangebot zu zählen sind; ihr Arbeitsangebot ist von den Arbeitsnachfragern angenommen worden.

Die bereits Beschäftigten gehören insofern auch zum Arbeitsangebot, als die Markttransaktionen auf eine bestimmte Zeitperiode bezogen sind: eine Woche, ein Monat, ein Jahr usw. Folglich wird beispielsweise bei einer Monatsbetrachtung derjenige, der vielleicht einen Jahresvertrag hat, von der Angebotsseite aus so interpretiert, als ob er jeden Monat aufs neue seine Arbeitskraft anbietet.

Um die Darstellung etwas übersichtlicher zu machen, beziehen wir uns bei der Diskussion der Arbeitsangebotsseite vor allem auf gewerbliche Arbeitnehmer, die schwerpunktmäßig vom produzierenden Gewerbe nachgefragt werden. Für den mitdenkenden Leser ist es dann eine nützliche Aufgabe, die Unterschiede eines derartigen Arbeitsangebots zu einem Angebot von sogenannten freien Berufen oder einem Angebot von Arbeitskräften, die von der öffentlichen Hand nachgefragt werden, herauszuarbeiten; zu berücksichtigen wären dabei die unterschiedlichen Zugangsvoraussetzungen, die unterschiedliche Gestaltung der Arbeitszeit sowie die Spezifizierung der Arbeitsinhalte, die unterschiedliche Durchführung der Leistungskontrolle, die mehr oder weniger selbständige Gestaltung der Arbeitsbedingungen mit dem damit verbundenen geringeren oder höheren Grad der Entfremdung, die unterschiedlichen Möglichkeiten, ein hohes Einkommen zu erzielen, und die verschiedenen Kündigungsschutzregelungen. Eine Herausarbeitung dieser Unterschiede vor dem Hintergrund dessen, was wir über die Unternehmungsstruktur und die Unternehmungsfunktionen gesagt haben, läßt Sie dann vieles besser einordnen, was wir im folgenden über gewerbliche Arbeitnehmer sagen werden.

Bezüglich des Arbeitsangebots unterscheiden wir im folgenden drei Gruppen von Arbeitsanbietern:
— Arbeitskräfte, die bereits in einer Unternehmung beschäftigt sind;
— Arbeitskräfte, die betriebsextern ein bestimmtes Zertifikat wie Gesellen- oder Meisterbrief o.ä. erworben haben;
— Arbeitskräfte, die kein derartiges Zertifikat besitzen.

2.2.1 Unternehmungsinterne Arbeitsanbieter

Für Arbeitnehmer, die bereits in einer Unternehmung beschäftigt sind, gilt zum einen, daß sie, indem sie jeden Tag (jede Woche, jeden Monat, jedes Jahr) aufs neue ihre Arbeitskraft derselben Unternehmung anbieten, aus den oben erörterten Kostenargumenten Kostenvorteile für die Unternehmung gegenüber konkurrierenden unternehmungsexternen Arbeitsanbietern haben und demnach vor diesen den Vorzug erhalten; dies ist letzten Endes wiederum nur eine andere Formulierung für die Tatsache, daß sich die Unternehmung über eine relativ konstante, eingearbeitete Stammbelegschaft in einer komplexen Umwelt stabilisiert (und sich über eine veränderliche Randbelegschaft an Umweltveränderungen anpaßt). Zum anderen gilt für Arbeitnehmer, die bereits in einer Unternehmung beschäftigt sind, daß sie ihre Arbeitskraft auch für andere Tätigkeiten als die bisherigen derselben Unternehmung anbieten (können) und dabei ebenfalls aus verschiedenen Gründen vor unternehmungsexternen Mitbewerbern zum Zuge kommen. Diesen letzteren Fall wollen wir im folgenden etwas eingehender erörtern.

Gründe für die Bevorzugung unternehmungsinterner Arbeitsanbieter bei der Besetzung von Arbeitsplätzen liegen in Kostenkalkülen der Unternehmungsleitung und in (zum Teil darauf basierenden) informellen (z.B. Gewohnheitsrechte, betriebliche Übungen) oder formellen (z.B. Betriebsvereinbarungen) kollektivvertraglichen Regelungen. Derartige kollektivvertragliche Regelungen beziehen sich insbesondere auf innerbetriebliche Stellenausschreibungen und Personalauswahlrichtlinien, die im Betriebsverfassungsgesetz von 1972 formalisiert worden sind. Diese kollektivvertraglichen Regelungen umfassen die Mitglieder einer Unternehmung, vertreten durch den Betriebsrat, und sind zugleich auf diese beschränkt. Wo diese Regelungen existieren, werden Zutrittspositionen, Beförderungs- und Einstellungsstandards von Unternehmungsmitgliedern mitbestimmt; unternehmungsexterne Arbeitsanbieter haben dann nur die Wahl, derartige Regelungen zu akzeptieren oder auf eine Bewerbung zu verzichten. Dies hat zur Folge, daß unternehmungsinterne Arbeitsanbieter Arbeitslosigkeit in größerem Maße vermeiden können als unternehmungsexterne Arbeitsanbieter. Verfolgen Sie in diesem Zusammenhang einmal die innergewerkschaftliche Auseinandersetzung um „betriebsborniertte" Betriebsrätepolitik!

Abgesichert werden diese kollektivvertraglichen Regelungen durch Kostenkalküle der Unternehmungsleitung; die folgenden sind wesentlich:
— Dadurch, daß Zutrittspositionen in einer Unternehmung begrenzt werden auf Arbeitsplätze, für die entweder nur geringe Qualifikationen benötigt werden oder für die bestimmte bereits erworbene Zertifikate erforderlich sind — beide Fälle behandeln wir weiter unten —, werden Kosten der Information hinsichtlich des Anwerbens und Einstellens sowie Kosten des Einarbeitens und der Leistungskontrolle gesenkt.
— Diese Kosten werden ebenfalls reduziert, wenn innerbetriebliche Aufstiegsleitern existieren, die die Vertragskosten senken, die Leistungsmotivation erhöhen, das Sicherheitsstreben verstärken sowie fortlaufendes Lernen am Arbeitsplatz ermöglichen und dabei gleichzeitig verhindern, daß Arbeitsplatzinhaber ihr erworbenes Wissen für sich behalten und nicht weitergeben.

— Indem Lohnsätze durch kollektive Regelungen an Arbeitsplätze und diesen zugeordnete Arbeitswertgruppen — und nicht direkt an bestimmte Arbeitsanbieter — gebunden werden, werden die bei individuellen Lohnverhandlungen entstehenden Kosten vermieden; indem generelle Entscheidungsprozeduren auf kollektivvertraglicher Basis entwickelt werden, werden die Kosten von Schiedsverfahren bei auftretenden Streitfragen vermindert.

Daraus ergibt sich für unsere Fragestellung, daß aufgrund von Kostenkalkülen und kollektivvertraglichen Regelungen Arbeitsanbieter, die bereits in einer Unternehmung beschäftigt sind, in dieser Unternehmung sowohl hinsichtlich des Angebots ihrer bisherigen Arbeitstätigkeit als auch des Angebots höherqualifizierter Arbeitstätigkeiten gegenüber unternehmungsexternen Arbeitsanbietern bevorzugt werden. **Dies heißt auch und vor allem, daß der Erwerb von bestimmten Qualifikationen, d.h. die Eröffnung der Möglichkeit, ein bestimmtes qualitatives Arbeitsangebot überhaupt erst erbringen zu können, davon abhängt, ob man bereits einen Arbeitsplatz in einer Unternehmung hat oder nicht.** Dies gilt vor allem für solche Qualifikationen, die nicht im „Klassenraum" vermittelt werden können. Es besteht, von der Arbeitsangebotsseite aus betrachtet, demnach ein großer Unterschied zwischen unternehmungsinternen und unternehmungsexternen Arbeitnehmern — mit allen Folgen für Arbeitsplatzsicherheit, berufliches Fortkommen und Einkommenserzielung.

2.2.2 Berufsfachliche Arbeitsanbieter

Haben wir in den vorherigen Ausführungen den Unterschied zwischen unternehmungsinternen und unternehmungsexternen Arbeitsanbietern betont, so wollen wir nun unterscheiden zwischen Arbeitsanbietern, die ein bestimmtes Zertifikat als Arbeitsmarktausweis erworben haben, und solchen, die ein derartiges Zertifikat nicht besitzen. Wir analysieren wiederum, welche Auswirkungen der Besitz oder Nichtbesitz eines derartigen Zertifikats hat; wir analysieren aber auch, wie diese Zertifikate erworben werden können.

Kriterium für die Art des Arbeitsangebots ist der Besitz eines bestimmten Zertifikats in Form des Gesellen-, Gehilfen- oder Facharbeiterbriefes. Der Erwerb eines derartigen Zertifikats ist an die erfolgreiche Absolvierung einer Berufsausbildung im sogenannten „dualen System" gebunden, d.h. in den aufeinander bezogenen Ausbildungssystemen des Staates (Schule) und der Wirtschaft (betriebliche Berufsausbildung). Voraussetzung hierfür ist die Spezifizierung und Kodifizierung (d.h. rechtliche Absicherung) von Berufen und der zu ihnen hinführenden Ausbildungsgänge. Staatlich anerkannt und abgesichert wurde die in der Praxis bereits bestehende berufsfachliche Ausbildung durch das Berufsbildungsgesetz von 1969, in dem sowohl der Begriff der Berufsausbildung festgelegt wurde als auch Berufe durch ein fortlaufend zu ergänzendes Verzeichnis staatlich anerkannt wurden.

Damit wird auch deutlich, was man sinnvollerweise unter einem Beruf verstehen kann. Definierte das Bundesministerium für Arbeit und Sozialordnung 1949 noch: „Unter einem Beruf sind die auf Erwerb gerichteten, besondere Kenntnisse und Fähigkeiten sowie Erfahrungen erfordernden und in einer typischen Kombination zusammenfließenden Arbeitsverrichtungen zu verstehen, durch die der einzelne an der Leistung der Gesamtheit im Rahmen der Volkswirtschaft mit schafft und die in der Regel auch die Lebensgrundlage für ihn und seine nichtberufstätigen Angehörigen bilden", so erkennen wir aus dem bisher Ausgeführten, daß für unsere Themastellung ein weiterer Aspekt wesentlich ist.

Arbeitsmarktrelevante Qualifikationen können nur unter Rückgriff auf ihre Verwertungsmöglichkeiten bestimmt werden; werden nun Berufe als Arbeitstätigkeitsbündel mit rechtlich abgesicherten (kodifizierten) Namen, Zertifikaten und anerkannten Ausbildungsgängen belegt, so heißt dies, daß der Haupteffekt eines einen bestimmten Beruf dokumentierenden Gesellen-, Gehilfen- oder Facharbeiterbriefs darin zu sehen ist, daß er Informationskosten des Arbeitsnachfragers senkt. Dieser weiß dann, daß der Arbeitsanbieter bestimmte fachliche Fähigkeiten erlernt hat, daß er leistungsmotiviert, seelisch stabil, aber auch pünktlich ist und Anordnungen befolgt. Das vom Arbeitsanbieter im „dualen Ausbildungssystem" erworbene Zertifikat als Arbeitsmarktausweis dokumentiert dem Arbeitsnachfrager, daß der Arbeitsanbieter bereit und fähig ist, bestimmte Arbeitstätigkeiten bei geringen Kontrollkosten durchzuführen. Folglich kann der Arbeitsnachfrager allein durch die Feststellung, ob ein Gesellen-, Gehilfen- oder Facharbeiterbrief vom Arbeitsanbieter erworben worden ist oder nicht (und durch das Wissen über den durchlaufenen Ausbildungsgang), die Arbeitsanbieter gemäß seinen eigenen Anforderungen ohne zusätzliche Kosten in für ihn geeignete oder für ihn nicht geeignete Bewerber unterteilen. Diese Tatsache hat natürlich erhebliche Auswirkungen auf das Geschehen am Arbeitsmarkt und die unterschiedliche Betroffenheit von Arbeitslosigkeit bei den verschiedenen Gruppen von Arbeitsanbietern; wir gehen darauf noch ein.

Nun muß ein Arbeitsmarktzertifikat aber erst erworben, d.h. ein Ausbildungsgang erfolgreich durchlaufen werden; Voraussetzung hierfür ist das Vorhandensein von Ausbildungsplätzen. Diese werden von Unternehmungen nach deren eigenen Einschätzungen angeboten; diese beziehen sich auf die Ausbildungskosten und die für sie individuell langfristig erwarteten Erträge der Ausbildung. Trägt der Auszubildende diese Kosten selbst, wird der Umfang der Ausbildungsplätze unabhängig von einer möglichen Weiterbeschäftigung des dann Ausgebildeten festgesetzt; trägt die ausbildende Unternehmung die Ausbildungskosten, hängt der Umfang des Ausbildungsplatzangebots davon ab, wie hoch der Ertrag aus dem Auszubildenden während der Ausbildungszeit für die Unternehmung ist und in welchem Maße es der Unternehmung gelingt, eine Weiterbeschäftigung des dann Ausgebildeten sicherzustellen.

Daraus folgt, daß im ersten Fall die Auszubildenden ein finanzielles Opfer erbringen müssen, um dann später möglicherweise Zugang zum berufsfachlichen Arbeitsmarkt gewinnen zu können, und daß im zweiten Fall quantitative Ausbildungsbeschränkungen bestehen werden, die naturgemäß zu höheren Einstellstandards führen, so daß nicht alle Bewerber einen Ausbildungsplatz bekommen und ihnen mithin der spätere Zugang zum berufsfachlichen Arbeitsmarkt verwehrt ist.

Aus dieser Sicht besteht das Hauptproblem bei der Bereitstellung von Ausbildungsplätzen in folgendem: Für die Unternehmungen insgesamt wäre es rational, wenn sie zusammen so viele Facharbeiter ausbilden würden, daß ihr längerfristiger Bedarf gedeckt werden kann. Für die einzelne Unternehmung dagegen ist entscheidend, ob ihre aufzuwendenden Ausbildungskosten durch einen entsprechenden Ertrag gedeckt werden. Der Ausbildungsplatznachfrager auf der anderen Seite hat sein heutiges finanzielles Opfer mit einem erhofften zukünftigen Einkommen als Facharbeiter zu vergleichen (heutiger Verzicht auf einen Lohn aus Hilfsarbeitertätigkeit, um in der Zukunft ein höheres Einkommen als Facharbeiter zu erzielen). So kann es für einzelne Bereiche einen Facharbeitermangel geben, für andere Bereiche hingegen einen Facharbeiterüberschuß. Auf die Folgen für das Entstehen von Jugendarbeitslosigkeit und mangelhafter Arbeitsqualifikation kommen wir später noch zu sprechen.

Die Bereitstellung von Ausbildungsplätzen nach individuellen Kostenkalkülen der Unternehmungen hat aber noch andere wichtige Aspekte. So werden Unternehmungen im industriell-großbetrieblichen Bereich verstärkt Berufsqualifikationen vermitteln, die betriebsspezifisch verwertbar sind, so daß das Abwanderungsrisiko der ausgebildeten Fachkräfte aus der Sicht der einzelnen Unternehmung kleiner wird; dadurch steigt auch der Anreiz (oder sinkt der Widerstand) der Unternehmungen in diesem Bereich, die Ausbildungskosten selbst zu tragen. Andererseits werden Unternehmungen im handwerklich-kleinbetrieblichen Bereich verstärkt Berufsqualifikationen vermitteln, die weit weniger spezialisiert sind und den Anforderungen in diesem Bereich hinsichtlich Geschicklichkeit, breiter beruflicher Kenntnisse und des Umgangs mit vielfältig einsetzbaren Werkzeugen besser genügen; dadurch, daß die Auszubildenden während ihrer Ausbildungszeit bereits einen großen Teil der Ausbildungskosten durch eigene Arbeitstätigkeiten für die Unternehmung wieder hereinbringen, besteht im handwerklich-kleinbetrieblichen Bereich ein Anreiz, Ausbildungsplätze zur Verfügung zu stellen.

Doch wird klar, daß hier zwei Probleme bestehen: ein quantitatives und ein qualitatives. Das quantitative Problem bezieht sich auf den Anreiz der Unternehmungen, Ausbildungsplätze in genügendem Umfang bereitzustellen. Das qualitative Problem bezieht sich zum einen auf die „richtige" Relation der einzelnen Ausbildungsgänge untereinander und zum anderen auf die (teilweise) unterschiedliche Ausbildungsqualifikation im industriell-großbetrieblichen und im handwerklich-kleinbetrieblichen Bereich: Im handwerklich-kleinbetrieblichen Bereich ausgebildete und dort nicht benötigte Arbeitskräfte haben Schwierigkeiten, im industriell-großbetrieblichen Bereich einen ihrer Qualifikation entsprechenden Arbeitsplatz zu finden, da sie nicht spezifisch genug ausgebildet sind.

Mithin entstehen von der Arbeitsangebotsseite aus betrachtet sowohl Schwierigkeiten, sich eine individuell gewünschte Arbeitsqualifikation zu verschaffen, als auch Probleme, eine in einem Bereich erworbene Qualifikation in dem anderen Bereich zu verwerten. Zertifikate als Arbeitsmarktausweise erlauben demnach also eine Diskriminierung zwischen den einzelnen Arbeitsanbietern, verlieren aber an Bedeutung im industriell-großbetrieblichen Bereich und werden dort durch die bereits behandelte Unterscheidung von unternehmungsinternen und unternehmungsexternen Arbeitsanbietern teilweise ersetzt. Dies ist unserer Meinung nach ein sehr interessantes Ergebnis unserer theoretischen Überlegungen.

2.2.3 Unternehmungsexterne und zertifikatslose Arbeitsanbieter

Haben wir bisher Arbeitsanbieter danach unterschieden, ob sie zum einen bereits in einer Unternehmung beschäftigt sind oder nicht oder zum anderen ein bestimmtes Arbeitsmarktzertifikat erworben haben oder nicht, so kommen wir nun zu denjenigen Arbeitsanbietern, die weder eine bestimmte Position auf innerbetrieblichen Aufstiegsleitern erklommen haben noch im Besitz eines Arbeitsmarktausweises sind, also zu Arbeitsanbietern, die ohne jegliche vorzeigbare Dokumentation einer erfolgreichen Absolvierung eines Ausbildungsganges ihre Arbeitskraft auf dem „freien Arbeitsmarkt" anbieten. Die Frage, die uns dabei vorrangig interessiert, ist die: Welche Arbeitsplätze werden von Unternehmungen bereitgestellt, um sie mit unternehmungsexternen, fachlich nicht ausgebildeten Arbeitsanbietern zu besetzen?

Einen ersten Ansatz zur Beantwortung dieser Frage gewinnen wir, wenn wir uns an das erinnern, was wir weiter oben zur Funktionsweise der Unternehmung gesagt haben: Die Unternehmung stabilisiert sich über ein Gefüge von Aufstiegsleitern und festen Lohnsatzrelationen für die verschiedenen innerbetrieblichen Arbeitstätigkeiten und paßt sich gleichzeitig über Beschäftigungsvariationen an veränderte Umweltsituationen an. Ein großer Teil der kurzfristigen Neueinstellungen und Entlassungen geschieht durch den Auf- und Abbau von Arbeitsplätzen, die zumeist nicht sehr kapitalkostenintensiv und die direkt auf die Mehr- oder Minderproduktion der Unternehmung bezogen sind. Solche Arbeitsplätze sind aber fast ausschließlich von Arbeitskräften besetzt, die keinen Arbeitsmarktausweis (kein Zertifikat) besitzen und in die die Unternehmung keine größeren Ausbildungskosten investiert hat. Für unternehmungsexterne Arbeitsanbieter ohne Arbeitsmarktausweis bedeutet dies, daß sie vor allem auf solche beschäftigungsinstabilen Arbeitsplätze angewiesen sind. Diese Überlegung gibt uns bereits einen Hinweis auf eine wichtige Ursache der Arbeitslosigkeit, die wir weiter unten noch ausführlich diskutieren werden.

Gilt für unternehmungsinterne Arbeitsanbieter, daß ihre Arbeitsvertragsbeziehungen zum Unternehmer durch kollektivvertragliche Regelungen (d.h. Betriebsvereinbarungen) abgesichert sind, so gilt für unternehmungsexterne Arbeitsanbieter, daß ihre Arbeitsverträge vorwiegend individuell abgeschlossen werden. Damit fehlt in diesem Bereich der das Machtgefälle zwischen Arbeitsnachfrager und Arbeitsanbieter mildernde Einfluß gewerkschaftlicher Organisationsformen **auf Unternehmungsebene.** Autoritätsrelationen zwischen Beschäftiger und Beschäftigten sind daher in diesem Bereich ausgeprägter als in den beiden bereits diskutierten anderen Bereichen. Denn zum einen ist der Arbeitsnachfrager nicht besonders stark auf derartige Arbeitsanbieter angewiesen, zum anderen sind die Abwanderungskosten der Arbeitsanbieter — wie weiter oben schon diskutiert — beträchtlich; darüber hinaus haben unternehmungsexterne Arbeitsanbieter ohne ein Arbeitsmarktzertifikat in anderen Unternehmungen auch keine besseren Beschäftigungsmöglichkeiten zu gewärtigen.

Aus diesen Überlegungen können wir eine wichtige Folgerung ziehen: Die kollektivvertraglich nicht geschützten, unternehmungsexternen Arbeitsanbieter ohne Besitz eines Arbeitsmarktzertifikats können auf Qualifikationen, Arbeitsbedingungen und Arbeitsintensität keinen Einfluß in Form einer Festlegung von gewissen Mindest- oder Höchststandards ausüben; sie können sich nur im Rahmen der gesetzlich fixierten Standards bewegen. Vielmehr verändern die Arbeitsnachfrager diese Größen nach eigenen Kriterien in Abhängigkeit von der jeweiligen Geschäftslage der Unternehmung. Über gewerkschaftlich durchgesetzte Manteltarifvereinbarungen ist hier inzwischen eine leichte Besserung eingetreten. Das Problem für Arbeitsanbieter in diesem Bereich besteht demnach darin, überhaupt Zugang zu unternehmungsinternen oder berufsfachlichen Arbeitsmärkten zu gewinnen, wollen sie an beschäftigungsstabile Arbeitsplätze mit Aufstiegsmöglichkeiten herankommen.

Wir können diesen Teil unserer Ausführungen dahingehend zusammenfassen, daß unternehmungsexterne Arbeitsanbieter ohne Arbeitsmarktausweis überwiegend nur Zugang zu Arbeitsplätzen finden, die in starkem Maße konjunkturelle und strukturelle Flexibilität der Unternehmungen sicherstellen; Beschäftigungsinstabilität und geringe Aufstiegsmöglichkeiten sind die Folge.

2.3 Qualifikationserwerb und Humankapital

In diesem Abschnitt wollen wir einige beiläufig angeführte Argumente zum individuellen Qualifikationserwerb systematisch diskutieren; dabei gehen wir auch auf die oft vertretene These ein, daß individueller Qualifikationserwerb sozusagen eine Investition in Humankapital sei, der Investition in Realkapital vergleichbar, und — auf individuellen Renditeüberlegungen basierend — von sich frei entscheidenden und rational abwägenden Menschen getroffen werde, dem Gewinnkalkül rational handelnder Investoren in Realkapital vergleichbar. D.h. jemand, der Geld in seine eigene Fortbildung steckt, ist genauso ein Investor wie jemand, der Geld in Maschinen etc. anlegt.

Ein großer Teil der Ausbildung findet am Arbeitsplatz statt und ist dann spezifisch auf die in dieser Unternehmung zu verrichtenden Tätigkeiten zugeschnitten; aus dieser Sicht dienen die in der Unternehmung bestehenden Aufstiegsleitern dazu, fortlaufend aufeinander bezogenes und aufbauendes Arbeitswissen anzusammeln. Dies bedeutet für einen Arbeitsanbieter, der einige Stufen einer Aufstiegsleiter erklommen und eine hohe **spezifische** Qualifikation erworben hat, daß die Wahrscheinlichkeit stark absinkt, einen vergleichbaren oder gar besseren Arbeitsplatz in einer anderen Unternehmung einnehmen zu können; bei einem Arbeitsplatzwechsel würde sich tatsächlich ein Großteil der erlernten Fähigkeiten und des akkumulierten Arbeitswissens als nutzlos erweisen, das im Arbeiter verkörperte Humanvermögen würde einen Wertverlust erleiden: Er finge in einer anderen Aufstiegsleiter eben wieder unten an. Anders sieht es dagegen für Spitzenpositionen aus; das dafür erworbene Wissen macht hinreichend flexibel, ohne Wertverlust den Arbeitsplatz zu wechseln.

Da für Arbeitsanbieter in Unternehmungen nur bestimmte Zutrittsstellen existieren, dient der Erwerb von Arbeitsmarktzertifikaten neben der individuellen Investition in Humankapital auch der Qualifikation für bestimmte Eingangsberufe. Arbeitsmarktzertifikate erfüllen demnach auch die Funktion, Informations- und Kontrollkosten für die Unternehmung zu senken. Der Erwerb von derartigen Zertifikaten ist somit eine notwendige Bedingung, um überhaupt die Chance zu bekommen, weiter in eigenes Humankapital investieren zu können, d.h. sich in Aufstiegsleitern weiter zu qualifizieren.

Im Zuge des Wachstums kann die Produktion materieller Güter stärker steigen als die Anzahl von Positionen auf den oberen Stufen der Aufstiegsleitern. Derartige Positionen können aber als begehrte Güter angesehen werden; und diese Güter verknappen sich deshalb relativ zu den materiellen Gütern. Die Folge ist eine Übernachfrage nach diesen Gütern: Es werden verstärkte individuelle Bildungsanstrengungen unternommen, um ein solches Gut zu erhalten, d.h. einen Arbeitsplatz mit stabiler Beschäftigung, hohem Einkommen und angenehmen Arbeitsbedingungen. Da aber das Angebot an solchen Arbeitsplätzen mit der Nachfrage nicht Schritt hält, wird die Übernachfrage durch Verschärfung der Einstellstandards abgebaut. Verstärkte individuelle Bildungsanstrengungen führen dann nicht dazu, daß man einen besseren Arbeitsplatz erhält, sondern bewirken lediglich, daß man aufgrund höherer Qualifikation den Arbeitsplatz erhält, für den vorher eine geringere Qualifikation ausgereicht hätte. Die individuelle Investition in Humankapital erbringt also keinen höheren Ertrag, sondern wird eine notwendige Bedingung, um überhaupt einen Arbeitsplatz zu erhalten, oder führt zu einer Anhebung der Einstellstandards. Dem Leser fallen hierzu sicherlich Beispiele in Hülle und Fülle ein (wir gehen auf Beispiele später auch noch ein).

Das Humanvermögen kann nur in sehr geringem Maße auf einmal veräußert oder beliehen werden; es gibt keinen Markt für Humankapital. Dies ist von besonderer Bedeutung, wenn man daran denkt, daß man sich dem Risiko einer Abwertung der individuellen Arbeitsart durch technischen Fortschritt oder organisatorische Veränderungen (Dequalifizierung) nicht dadurch entziehen kann, daß man sein Humanvermögen verkauft. Vom Standpunkt einer Investition in Humankapital aus betrachtet, bedeutet dies, daß man durch individuellen Erwerb einer Qualifikation zwar den Wert seines Humanvermögens erhöhen mag, gleichzeitig aber auch das Risiko einer Entwertung dieses Humanvermögens trägt und sich bestimmten Dequalifizierungen nicht entziehen kann.

Bei Auswahlverfahren seitens der Unternehmer nach bestimmten groben Erfahrungswerten entsteht eine sogenannte statistische Diskriminierung, d.h. eine Unterscheidung der Arbeitsanbieter nach gewissen Kriterien wie Geschlecht, Alter, Rasse, Ort der Ausbildung usw. Derartige Auswahlverfahren senken die Informationskosten der Arbeitsnachfrager, führen aber dazu, daß vergleichsweise gut qualifizierte Bewerber aus einer diskriminierten (benachteiligten) Gruppe gleichsam einen Malus zuerkannt bekommen. Dies bedeutet, daß der Wert des Humanvermögens dann auch von Größen abhängig ist, die nicht durch individuelle Investitionen beeinflußt werden können. Arbeitsanbieter aus einer diskriminierten Gruppe müssen folglich erst einmal individuell in Humankapital investieren und eine höhere Qualifikation erwerben als andere Arbeitsanbieter, um überhaupt den Arbeitsanbietern aus einer nicht diskriminierten Gruppe, aus der Sicht der Arbeitsnachfrager, gleichgestellt zu werden.

Fassen wir zusammen. Aufgrund
- des Erwerbs fast ausschließlich spezifischer Qualifikationen in Unternehmungen;
- der Bedeutung von Arbeitsmarktzertifikaten als Eintrittskarte in Unternehmungen;
- der Verschärfung von Einstellstandards im Zuge des gesamtwirtschaftlichen Wachstums;
- der Unmöglichkeit, Humanvermögen auf einmal zu verkaufen oder zu beleihen;
- des Bestehens statistischer Diskriminierungen

besteht zwischen individueller Investition in Humankapital und dem daraus zu erzielenden Ertrag keine relativ sicher erwartbare und kalkulierbare Beziehung. Das Risiko, trotz individuellen Erwerbs von Qualifikationen keinen angemessenen Arbeitsplatz zu finden, ist mithin ziemlich hoch.

Dieses Risiko ist natürlich auch bei Investitionen in Realkapital vorhanden, doch ist es aus verschiedenen Gründen vergleichsweise geringer:

— Über Abschreibungen kann eine Geldkapitalsumme sich in immer wieder veränderten realen Produktionsmitteln konkretisieren (d.h. reinvestiert werden); die psychischen Kosten und die physische Leistungsminderung (d.h. der Verschleiß) der Arbeitskraft dagegen können nicht abgeschrieben und reinvestiert werden (können Sie dies in Ihrer Steuererklärung geltend machen?);

— Reale Produktionsmittel können auf Lager und nach Gewinnkalkülen produziert werden; beides ist bei Arbeit nicht der Fall;

— Geldkapitalsummen können ohne große Kosten Zeit und Raum überwinden und dadurch Entwertungen leichter entgehen; die Arbeitskraft dagegen muß persönliche und soziale Beziehungen aufgeben und unterliegt einem Alterungs- und Entwertungsprozeß;

— Der Investor und das Geld- oder Realkapital lassen sich räumlich und zeitlich voneinander trennen; der Mensch als Persönlichkeit hingegen kann von seiner Arbeitskraft nicht getrennt werden;

— Die Erstellungszeit von Realkapital ist vergleichsweise kurz; die Arbeitskraft muß lernen, Qualifikationen erwerben, sich weiterbilden, wobei die Lernfähigkeit mit der Zeit absinkt;

— Realkapital kann verkauft oder beliehen werden; dies gilt für Arbeit nicht;

— Geldkapital als solches wird nicht statistisch diskriminiert; Hautfarbe etc. hingegen kann man nicht einfach verändern.

Allgemein betrachtet unterscheiden sich Arbeit und Kapital durch relative Kostenunterschiede bei der quantitativen, qualitativen, räumlichen und zeitlichen Anpassung an veränderte Umweltsituationen. Kapital kann sich hinsichtlich der Quantität relativ schnell anpassen; Kapitalgüter werden in größerer oder geringerer Menge produziert. Die Produktion von Arbeitskräften ist dagegen viel langsamer und nur lose an ökonomischen Kriterien orientiert. Kapital hat bezüglich der Quantität also einen Anpassungsvorteil.

Kapital, verkörpert in Kapitalgütern, ist nur bedingt verformbar; doch wird es über Abschreibungen wieder liquide und kann sich in anderen Güterqualitäten konkretisieren. Arbeit dagegen ist hinsichtlich der Qualität, vor allem bei schwierigeren Tätigkeiten, nur mit großen Kosten veränderbar (Umschulung usw.). Kapital hat demnach bezüglich der Qualität einen großen Anpassungsvorteil.

Kapital kann ohne Mühe im Raum dorthin bewegt werden, wo die Erträge möglichst groß sind. Die Mobilität der Arbeit dagegen unterliegt großen Hemmnissen und ist mit hohen Kosten verbunden: Aufgeben der sozialen Umgebung, Umzugskosten usw. Kapital ist bezüglich des Raumes also weitaus anpassungsfähiger als Arbeit.

Dadurch, daß Kapital immer wieder liquide wird und sich in anderen Formen konkretisieren kann, bleibt es sozusagen immer jung; es wird nicht unproduktiver und unterliegt keinem Verschleiß. Demgegenüber wird der Arbeiter immer älter und ab einer gewissen Grenze auch unproduktiver; den Jungbrunnen gibt es nur im Märchen. Bezüglich der Zeit ist Kapital also erheblich anpassungsfähiger als Arbeit.

Insgesamt können wir feststellen: Bezüglich der Charakteristika Quantität, Qualität, Raum und Zeit ist Kapital (der Kapitaleigner) weitaus anpassungsfähiger als Arbeit und kann sich an veränderte Umweltbedingungen besser anpassen.

3. Der Arbeitsmarkt

So oft wir über den Arbeitsmarkt reden und uns dabei mehr oder weniger klare Vorstellungen von ihm machen, kämpfen wir doch mit der eigentümlichen Schwierigkeit, daß sich der Begriff Arbeitsmarkt unseren Sinneswahrnehmungen und damit unmittelbarer Anschaulichkeit entzieht: Wir können ihn nicht sehen oder anfassen. Deshalb wollen wir in diesem Hauptabschnitt zuerst die Frage klären, was eigentlich ein Arbeitsmarkt ist. Anschließend beleuchten wir seine Bedeutung für die Wirtschaft, indem wir uns über die Funktionen oder Zwecke des Arbeitsmarktes Gedanken machen. Diese Überlegungen werden uns deutlicher erkennen lassen, daß Arbeitsmarktvorgänge und -ergebnisse vor allem Auseinandersetzungen um Einkommens- und Statuspositionen widerspiegeln – Auseinandersetzungen, die nur zum Teil kooperativ, häufig aber auch wettbewerbsmäßig und unter Einsatz von Einfluß entschieden werden. Dann erläutern wir eine typische Folge dieser Auseinandersetzungen, nämlich die Herausbildung von abgegrenzten Teilarbeitsmärkten oder, wie es in der Fachsprache heißt: Arbeitsmarktsegmenten. Damit gewinnen wir Anschluß an den neuesten Diskussionsstand der Arbeitsmarkttheorie und beginnen, Bedingungen und Abläufe sozioökonomischer Prozesse besser zu verstehen. Zuletzt werden wir uns die Frage vorlegen, was aus dem Phänomen der Teilarbeitsmärkte für das Arbeitslosigkeitsproblem folgt.

3.1 Was ist ein Arbeitsmarkt?

Ein Arbeitsmarkt – was ist das eigentlich? Wenn wir in einem beliebigen Lexikon nachschlagen, werden wir darüber belehrt, daß der Arbeitsmarkt der Ort des Zusammentreffens von Arbeitsangebot (Arbeitskräfte) und Arbeitsnachfrage (Unternehmen, Staat) sei. Damit haben wir einen ersten Hinweis, aber auch sofort neue Fragen: Warum, wie und wo treffen diese beiden denn aufeinander? Gehen wir schrittweise vor.

Ein Markt – und damit auch der Arbeitsmarkt – kann definiert werden als **Institution, die durch Bündelung von Angebot und Nachfrage Tauschkosten, darunter vor allem Informationskosten, senkt.** Die Existenz eines Marktes gibt mir bestimmte Informationen (und senkt damit Informationskosten, die ich aufwenden müßte, wenn der Markt nicht existierte):
- Ich weiß, wo ich etwas bekomme bzw. wo ich etwas anbieten kann;
- ich weiß ungefähr, was ich bekomme bzw. was ich anbieten kann;
- ich weiß ungefähr, zu welchem Preis ich etwas bekomme bzw. anbieten kann.

Übertragen wir diese Feststellungen auf den Arbeitsmarkt und fragen uns, wie und von wem derartige Informationen bereitgestellt werden, so daß wir von einem Arbeits„markt" sprechen können, dann stoßen wir auf
- Arbeitsämter,
- gewerbliche Stellenvermittler und Leiharbeitsunternehmen,
- den Stellenanzeigenteil in Zeitungen, Wochenblättern und Fachzeitschriften,
- betriebliche Stellenausschreibungen (Ausschreibungen am Schwarzen Brett, Rundschreiben),
- Anschlagtafeln vor den Werkstoren.

Alle diese Einrichtungen bündeln Informationen über Arbeitsangebot und/oder -nachfrage; wer Arbeit sucht, d.h. seine Arbeitskraft anbietet, bedient sich genauso wie der, der Arbeitskräfte sucht, d.h. Arbeitsnachfrage entfaltet, der Arbeitsämter, gewerblicher Stellenvermittler oder Leiharbeitsunternehmungen, des Stellenanzeigenteils usw., weil er dort auf die jeweils andere Marktseite trifft und ihr sein Angebot unterbreiten bzw. sie seine Nachfrage wissen lassen kann. Welche dieser Institutionen vom

Anbieter und Nachfrager benutzt werden, hängt davon ab, wovon der größte Erfolg, gemessen an der Differenz zwischen erwartetem Ertrag (Anzahl und Qualität der Angebote bzw. Bewerber) und aufzuwendenden Kosten, erwartet werden kann. Um dies deutlicher zu machen, müssen wir einige zusätzliche Überlegungen anstellen.

Üblicherweise wird der Arbeitsmarkt nicht, wie hier, bezüglich informationskostensenkender Institutionen definiert, sondern im Hinblick auf seine räumlich-geographische Ausdehnung, die angebotenen und nachgefragten Berufe (bzw. allgemeiner: Qualifikationen) und hinsichtlich bestimmter „Eigenschaften" der Arbeitskräfte, wie das Geschlecht, die Nationalität und das Alter. So spricht man von lokalen, regionalen und überregionalen Arbeitsmärkten, von solchen für Schlosser, Schreibkräfte u.ä. oder für Ungelernte, Angelernte und Facharbeiter, von Männer- und Frauenarbeitsmärkten, Arbeitsmärkten für ausländische Arbeitnehmer, von solchen für Jugendliche etc. Diese Begriffsbildung orientiert sich an der Einsicht, daß Arbeitskraft etwas sehr Vielfältiges und Verschiedenes ist. Man versucht, diesen Verschiedenheiten nach Raum, Qualifikation oder biologischen und sozialen Eigenschaften durch Differenzierung Rechnung zu tragen, dabei aber doch gleichzeitig wieder sinnvoll große Aggregate (Zusammenfassungen) zu bilden.

Tatsächlich dienen diese Abgrenzungen vor allem der Übersichtlichkeit; in der Realität lassen sich die Grenzen häufig weniger scharf ziehen. Illustrieren wir das an einem Beispiel, indem wir überlegen, wie man die räumliche Arbeitsmarktdimension näher charakterisieren könnte.

Die Unterscheidung von lokalen, regionalen und überregionalen — z.B. nationalen und übernationalen — Arbeitsmärkten knüpft an geographisch angebbare Abgrenzungen an (die, nebenbei, oft Kopfzerbrechen bereiten). Dahinter stehen Unterschiede des zahlenmäßigen Umfangs bestimmter Arbeitsplätze und Arbeitsqualifikationen von Arbeitskräften.

Auf **lokalen** Arbeitsmärkten werden vor allem Arbeitskräfte für Arbeitsplätze mit geringen und/oder sehr häufig benötigten qualifikatorischen Anforderungen nachgefragt, entsprechend umfaßt das Arbeitsangebot hier viele Arbeitskräfte, die keine oder besonders weit verbreitete Berufsausbildungen haben und die ortsgebunden sind (z.B. viele Frauen und ansässige Gastarbeiter). Der **regionale** Arbeitsmarkt umfaßt dieselben Arbeitsplätze und Arbeitskräfte, darüber hinaus aber auch solche, die höhere qualifikatorische Anforderungen stellen bzw. erfüllen und die weniger häufig angeboten werden bzw. vorhanden sind. Dies gilt für den vorgenannten Personenkreis zum Teil, ergänzend aber vor allem für ausgebildete Arbeitskräfte, die Inhaber des Gesellen-, Gehilfen- oder Facharbeiterbriefes sind und Pendelzeiten in Kauf nehmen können. **Überregional** werden vor allem Arbeitsplätze und Arbeitskräfte mit hoch- und spezialqualifizierten Anforderungen bzw. Fähigkeiten zusammengeführt; denken Sie z.B. an Akademiker, an Top-Manager, an Experten für internationale Organisationen.

Merken Sie, daß die jeweilige räumliche Arbeitsmarktdimension etwas mit der Wahrscheinlichkeit zu tun haben muß, mit der bestimmte Arbeitsplätze oder Arbeitskräfte gefunden werden können? Mit abnehmender Existenzhäufigkeit (zunehmender Seltenheit) einer gesuchten Stelle oder gesuchten Arbeitskraft nimmt der räumlich-geographische Umfang des infrage kommenden Arbeitsmarktes zu. Die Wahrscheinlichkeit, eine bestimmte Stelle oder Arbeitskraft zu finden, ist umso größer, je größer das „Suchfeld" ist.

(Der Zusammenhang läßt sich leicht an einem Beispiel illustrieren, dem Automobilmarkt. Wenn Sie sich einmal entschließen sollten, Ihren Rolls-Royce schnell zu verkaufen – würden Sie in Ihrer Lokalzeitung oder in einem bundesweit verbreiteten Automobilfachblatt inserieren? – Sehen Sie. Wenn wir uns dagegen von unserem Autorenhonorar ein gebrauchtes Fahrrad anschaffen wollen, genügt das Heimatblatt allemal ...)

Unsere Skizze lokaler, regionaler und überregionaler Arbeitsmärkte zeigt, daß man gleichzeitig mit der räumlichen Arbeitsmarktabgrenzung auch den Kreis der Marktteilnehmer nach nachgefragten und angebotenen Arbeitsqualifikationen und Arbeitskrafteigenschaften in bestimmter Weise mindestens grob festlegt.

Kehren wir nun zu unserer ersten Feststellung zurück, daß der Arbeitsmarkt eine Institution sei, die durch Bündelung von Angebot und Nachfrage Informationskosten senkt. Informationskosten sind offenbar nur dort zu senken, wo ein genügend großer Informationsbedarf besteht – andernfalls wäre es ökonomisch sinnvoller, im Einzelfall sich selbst die notwendige Kenntnis zu verschaffen. Denn nur bei ausreichend großem Informationsbedarf bringt die Kenntnisbündelung Vorteile, die sich entweder im öffentlichen Interesse kostenlos weitergeben lassen (Arbeitsämter) oder aus denen privatwirtschaftlicher Gewinn gezogen werden kann (gewerbliche Stellenvermittler, Stellenanzeigen z.B.). Aus diesem Grunde finden wir unterschiedliche institutionelle Arrangements, die sich auf die Weitergabe bestimmter und unterschiedlicher Arbeitsmarktinformationen spezialisiert haben:

(1) Betriebliche Stellenausschreibungen gibt es erst in Unternehmungen mit größeren Belegschaftszahlen; erst dort besteht ein ausreichend großes Angebotspotential innerhalb der Unternehmung. Man spricht in diesem Zusammenhang auch von „betrieblichen Arbeitsmärkten" (auf die wir auf S. 58ff. zurückkommen werden).

(2) Örtliche Arbeitsämter, die lokale und regionale Presse, Anschlagtafeln vor Werkstoren sowie gewerbliche Stellenvermittler, die es vor allem in Großstädten gibt, sind informationsbeschaffende und -bereitstellende Institutionen auf lokaler und regionaler Ebene. Sie spezialisieren sich weitgehend auf die Arbeitsnachfrage der orts- bzw. regionsansässigen Unternehmungen und staatlichen Beschäftiger einerseits, die heimischen arbeitsuchenden Arbeitskräfte andererseits.

(3) Schließlich haben sich auch für hochqualifizierte und stark spezialisierte – d.h. relativ seltene – Arbeitsanforderungen bzw. -fähigkeiten informationsbündelnde Institutionen herausgebildet. Hierzu zählen Spezialabteilungen der Landesarbeitsämter (z.B. für Akademiker), überregionale Zeitungen, Wochenblätter und viele Fachzeitschriften privater Verleger und von Unternehmens- und Berufsverbänden sowie eine Reihe national oder international arbeitender privater Stellenvermittler und Leiharbeitsunternehmungen.

„Das ist ja alles ganz gut und schön, möglicherweise sogar richtig", werden Sie sagen und fortfahren: „Aber allmählich sehe ich den Wald vor lauter Bäumen nicht mehr. Geht es nicht etwas übersichtlicher?" – Versuchen wir es; nehmen wir deshalb die Fäden noch einmal auf und knüpfen sie zusammen:

Erstens: Wir haben Sie mit der institutionellen Arbeitsmarktdefinition vertraut gemacht, nach der ein Arbeitsmarkt dadurch gekennzeichnet ist, daß er Institutionen herausgebildet hat, die möglichen Nachfragern und Anbietern Informationen über die Marktgegenseite, d.h. Angebots- bzw. Nachfrageumfang und -qualität sowie den Preis (Lohn, Gehalt), liefern. Eine Reihe dieser Institutionen wurden genannt.

Zweitens: Häufig werden Arbeitsmärkte nach Merkmalen der Nachfrage- oder Angebotsseite bestimmt, so auch im Wirtschaftsteil der Presse oder in Wirtschaftssendungen von Rundfunk und Fernsehen. Man spricht vom Arbeitsmarkt des öffentlichen Dienstes im Gegensatz zu dem der Wirtschaft, unterscheidet Arbeitsmärkte geographisch oder, dies ist die häufigste Variante, anhand von Merkmalen der Arbeitskräfte wie Qualifikationen, Geschlecht, Alter und Inländer-/Ausländereigenschaft. Dies ist richtig insofern, als die genannten Merkmalsunterschiede existieren und arbeitsmarktpolitisch wichtig sind, aber doch nur die halbe Wahrheit, weil die institutionelle Dimension vernachlässigt wird.

Drittens: Für eine angemessene Beantwortung der Frage, was ein Arbeitsmarkt eigentlich ist, müssen beide Sichtweisen zusammengefaßt werden. Beispiele dafür haben wir oben unter den Ziffern (1) bis (3) gegeben. Der grundlegende theoretische Zusammenhang zwischen beiden besteht in der **Relation von Tauschkosten, also vor allem Informationskosten, und dem Wert oder Preis der zu tauschenden Arbeitskraft.** Für relativ niedrige Löhne und Gehälter, wie sie für gering qualifizierte Arbeitskräfte und solche für besonders häufig vorkommende Qualifikationen gelten, konkretisiert sich der Arbeitsmarkt institutionell in Einrichtungen, die für jede einzelne Nachfrage bzw. jedes einzelne Angebot nur vergleichweise geringe Kosten erfordern (vgl. Ziff. (1) und (2) oben). Demgegenüber können bei hohen Löhnen und Gehältern höhere Kosten aufgebracht werden, ohne daß sich die Relation von Informationskosten zum Preis der Arbeitskraft im Vergleich zum Vorstehenden verschlechterte; entsprechend finden wir hier spezialisierte Institutionen, die trotz höherer absoluter Kosten je Tauschvorgang relativ zum Wert des „Tauschobjekts" nicht teurer sind. Um ein Beispiel zu geben: Für eine Management-Position, die mit 200.000 DM jährlich dotiert ist, ist ein Stellenangebot zu 2.000 DM relativ nicht teurer als eines zu 200 DM, mit dem ein Arbeiter für einen Arbeitsplatz gesucht wird, der mit 20.000 DM jährlich auf der Lohnliste geführt werden soll. Beachten Sie: Man kann keine stets korrekte Relation zwischen Informationskosten und Preis der Arbeitskraft (wie im Beispiel 1 : 100) angeben, sondern entscheidend ist, daß Arbeitsmarktinstitutionen die Informationskosten je Tauschhandlung senken.

Wenn wir im folgenden vereinfachend von **dem** Arbeitsmarkt sprechen, ist damit die Gesamtheit aller nationalen Arbeitsnachfrager, -anbieter und Arbeitsmarktinstitutionen gemeint; nach der Lektüre dieses Abschnittes haben Sie eine Vorstellung davon, was sich hinter dieser Vereinfachung verbirgt.

3.2 Arbeitsmarktfunktionen

Die volkswirtschaftliche Bedeutung des Arbeitsmarktes läßt sich durch eine Diskussion seiner Funktionen, man kann auch sagen: seiner Zwecke, umreißen. Wir wollen die folgenden Funktionen unterscheiden:
(1) Für die Nachfrageseite: Arbeitskräfte für die Produktion zu

beschaffen;

(2) für die Anbieterseite: Einkommensmöglichkeiten bereitzustellen;

(3) für die Gesellschaft: die Nachfrage- und Angebotsseite aufeinander abzustimmen.

Das klingt einleuchtend, aber auch anspruchsvoll. Gelingt es, alle Funktionen zu erfüllen, sind alle gleich wichtig? Überlegen wir!

Zu (1)

Der Arbeitsmarkt dient dem Zweck, für die Unternehmungen und den Staat Arbeitskräfte bereitzustellen. Wenn wir an das anknüpfen, was oben unter 1. über die Arbeitsnachfrage dargelegt worden ist, wird uns klar, daß der Arbeitsmarkt hier eine Hilfsfunktion für die Aktivitäten der Unternehmungen (und des Staates als Arbeitgeber, den wir zur Vereinfachung vernachlässigen wollen) erfüllen muß.

Bei gegebenem Produktprogramm, das auf der Grundlage der Nachfrage auf Gütermärkten entwickelt wird, können die Unternehmungen unter verschiedenen **technologisch effizienten** Produktionsverfahren dasjenige auswählen, das auch **ökonomisch effizient** ist. Technologisch effizient sind Verfahren, die für die Herstellung einer bestimmten Menge Ausstoßgüter die geringstmögliche Menge von Einsatzgütern (Rohstoffe, Material, Energie, Maschinen, Arbeitskräfte etc.) nutzen und verbrauchen. Es existieren zumeist mehrere technologisch effiziente Produktionsverfahren, weil z.B. Maschinen durch Arbeitskräfte oder umgekehrt teilweise ersetzt werden können, weil unterschiedliche Energieträger eingesetzt werden können, weil verschiedene Materialien verwendet und dabei voneinander mehr oder weniger abweichende Verarbeitungstechniken angewendet werden können.

Ökonomisch effizient ist aber nur dasjenige der technologisch effizienten Produktionsverfahren, das die geringsten betriebswirtschaftlichen Kosten verursacht, und das kann aus logischen Gründen nur ein Verfahren sein: Wird die Produktion zu geringstmöglichen Kosten gefahren, dann ist sie ökonomisch effizient, wird sie es nicht, dann ist sie ökonomisch nicht effizient, kann aber trotzdem technologisch effizient sein. An dieser Stelle sehen wir, daß die **Preise** der Einsatzfaktoren für die Bestimmung ökonomisch effizienter, also kostengünstigster, Produktion eine wichtige Rolle spielen müssen: Die Menge der Einsatzfaktoren, multipliziert mit ihren jeweiligen Preisen, macht ja die Kostensumme aus. Es wird demnach eine allgemeine Tendenz bestehen, diejenigen Produktionsverfahren auszuwählen, die bei gegebenen Preisen der Einsatzfaktoren – denken Sie an Löhne, Preise von Investitionsgütern wie Maschinen und Anlagen, Preise verschiedener Energieträger — die relativ preiswerten Einsatzfaktoren stärker, die relativ teureren weniger nutzen.

So gut es geht — nicht immer stehen den Unternehmungen ausreichende Informationen zur Verfügung —, wird das ökonomisch effiziente Produktionsverfahren aus den technologisch effizienten ausgewählt und so die Nachfrage nach Einsatzfaktoren, also auch nach Arbeitskräften, auf der Grundlage privatwirtschaftlicher Rentabilitätsüberlegungen festgelegt.

Wir erkennen, daß die Arbeitskräftenachfrage von Unternehmungen eine **abgeleitete Nachfrage** ist: Wie viele Arbeitskräfte welcher Qualifikation an welchem Ort und zu welcher Zeit nachgefragt werden, richtet sich nach den Nachfragebedingungen auf Gütermärkten, nach der technologischen Entwicklung und den Bedingungen der ökonomischen Effizienz, d.h. den Preisverhältnissen der Einsatzfaktoren. Machen Sie sich diesen Gesichtspunkt bitte ganz klar; er ist für das Problem der Arbeitslosigkeit von großer Bedeutung.

Aus der Sicht der Nachfrageseite ist der Arbeitsmarkt nicht dazu da, Arbeitslosigkeit oder unterwertige Beschäftigung zu vermeiden, sondern seine Funktionsfähigkeit erweist sich darin, genau das Arbeitsangebot verfügbar zu halten, das den wechselnden Bedürfnissen der Unternehmungen nach Gütermarktlage, Technologie und ökonomischer Effizienz der Produktion entspricht. Sie sehen, daß dies ein hoher Anspruch ist, zumal die wechselnden Bedürfnisse der Unternehmen im vorhinein unbekannt sind.

Zu (2)
Der Arbeitsmarkt dient aus der Sicht der Arbeitsanbieter dem Zweck, Einkommensmöglichkeiten anzubieten. Das klingt nach einem Allgemeinplatz — und ist auch einer, weil wir es gewohnt sind, die uns vertrauten Gegebenheiten für selbstverständlich zu halten. Es ist aber nützlich, sich noch einmal ins Gedächtnis zurückzurufen, was uns zwar vertraut, was aber **historisch entstanden** und erst so zu einer Arbeitsmarktfunktion geworden ist. Die Existenz eines Arbeitsmarktes setzt eine sozialökonomische Organisation, wie sie entwickelte Industriegesellschaften kennzeichnet, voraus, in der arbeitende Menschen überwiegend nicht selbst über die zur Arbeit nötigen Produktionsmittel (Boden, Gebäude, Maschinen etc.) verfügen. Sie sind deshalb, sofern sie ihren Lebensunterhalt durch ihre Arbeit bestreiten müssen, auf den Gebrauch fremder Produktionsmittel angewiesen. Für diese Menschen — es ist die überwältigende Mehrheit — stellt der Arbeitsmarkt das Bindeglied zwischen fremden Produktionsmitteln und eigenem Ein-

kommen dar; sie verkaufen ihre Arbeitskraft gegen Entgelt an
Produktionsmittelbesitzer.

Wenn wir von Einkommensmöglichkeiten sprechen, ist dies natürlich nur ein grob verallgemeinernder Begriff. Tatsächlich verbirgt sich dahinter sehr viel mehr; vergleichen Sie Ihre eigenen Vorstellungen!

— „Einkommensmöglichkeiten" heißt mindestens: ein auskömmliches Einkommen, allgemein aber, ein möglichst hohes;
— es bedeutet den Wunsch nach Arbeitsplatzsicherheit, d.h. Schutz vor Dequalifizierung und Zurückstufung, Kündigung und Arbeitslosigkeit;
— wir wünschen uns sinnvolle und interessante Tätigkeiten, in denen wir unsere Fähigkeiten entwickeln und voll zum Einsatz bringen können;
— wir wünschen uns ein gutes Arbeitsklima, also gute Beziehungen zum Vorgesetzten oder Chef und zu den Kollegen, um uns bei der Arbeit wohlfühlen zu können;
— wir wünschen uns Aufstiegsmöglichkeiten, die unseren zunehmenden Berufs- und Arbeitsplatzerfahrungen entsprechen.

Diese — sicherlich unvollständige — Liste zeigt, daß auch von der Arbeitsangebotsseite hohe Anforderungen an den Arbeitsmarkt gestellt werden.

Zu (3)

Aus der Sicht der Gesellschaft hat der Arbeitsmarkt die Funktion, die Bedürfnisse der Angebots- und Nachfrageseite aufeinander abzustimmen.

Diese gesellschaftliche Funktionsbestimmung, die in der Formulierung des Bedürfnisses nach „Abstimmung" oder auch „Koordination" eigentlich ganz harmlos und undramatisch klingt, birgt enorme soziale Brisanz in sich. Viele Sozialwissenschaftler sehen in ihr ein — wenn nicht gar das — zentrale Funktionserfordernis für Fortbestand und Stabilität entwickelter Industriegesellschaften: Zu große und andauernde Ungleichgewichte auf dem Arbeitsmarkt kann sich keine Gesellschaft leisten, wenn sie ihre eigene Existenz nicht ernsthaft gefährden will. Denken Sie an die Massenarbeitslosigkeit im Deutschland der späten zwanziger und frühen dreißiger Jahre, die die Entstehung des Nationalsozialismus stark begünstigt hat.

Analysieren wir die gesellschaftliche Arbeitsmarktfunktion etwas eingehender:
Der modellhafte Idealfall vollkommener Abstimmung von Angebots- und Nachfrageseite würde bedeuten, daß kein Arbeitsplatz unbesetzt und kein Arbeitswilliger arbeitslos wäre (offene Stellen

und Arbeitslosigkeit dürfte es nicht geben); Angebot und Nachfrage würden wie eine gut gearbeitete Verbindung von Nute und Feder nahtlos zueinander passen. Begibt man sich von der Modellbetrachtung auf den Boden der Tatsachen zurück, muß man anerkennen, daß eine gewisse Anzahl offener Stellen und Arbeitsloser unvermeidlich, ja sogar Ausdruck der Funktionsfähigkeit des Arbeitsmarktes ist. Unternehmungen auf der Nachfrageseite und Arbeitskräfte auf der Angebotsseite müssen sich fortgesetzt an neue Bedingungen ihrer Umwelt und ihrer eigenen Wünsche und Orientierungen anpassen; deshalb werden einerseits Beschäftigte neu eingestellt oder entlassen, andererseits suchen sich die Arbeitskräfte neue Stellen und verlassen ihre bisherigen. Um ein plastisches Bild des zahlenmäßigen Umfangs dieses Anpassungsprozesses zu geben: Die Bundesanstalt für Arbeit hat ermittelt, daß im Jahre 1976 rund 5,9 Millionen Einstellungen und rund 5,8 Millionen Entlassungen vollzogen worden sind, also täglich durchschnittlich etwa 16.000 im Bundesgebiet!

Für diese Anpassungsprozesse entsteht ein zeitlicher Mindestbedarf für Informationen und Aktivitäten. Offene Stellen und Stellengesuche müssen über die weiter oben angesprochenen Informationskanäle bekannt gemacht werden, anschließend müssen diejenigen, die sich davon angesprochen fühlen, sich bewerben oder − auf der anderen Marktseite − Bewerber einladen. Bis eine Stelle wieder- oder neubesetzt ist, vergeht deshalb eine kürzere oder längere Frist, während der die Stelle unbesetzt ist bzw. während der der Stellensucher − sofern er nicht bereits als noch Beschäftigter eine neue Stelle sucht − in vielen Fällen arbeitslos ist. Die Anzahl der offenen Stellen und die der Arbeitslosen als Bestandsgrößen sind stets auf einen bestimmten Zeitpunkt (z.B. Monatsende) bezogen. Deshalb **können sie gar nicht bis auf Null absinken** angesichts der Tatsache, daß stets Einstellungen und Entlassungen stattfinden. Die notwendig verbleibende Restgröße der Arbeitslosigkeit bezeichnet man als friktionelle Arbeitslosigkeit − wir werden hierauf zurückkommen.

Die Nutzanwendung dieser Überlegungen für unsere Analyse der gesellschaftlichen Arbeitsmarktfunktion läuft nun darauf hinaus, daß die Abstimmung oder Koordination auf dem Arbeitsmarkt nicht heißen kann, offene Stellen und Arbeitslosigkeit dürften nicht existieren, sondern nur, daß **ihr Ausmaß gering** sein sollte, nämlich genau so groß bzw. klein, wie es sich aus dem Zeitbedarf zwischen Ausschreibung und Besetzung einer Stelle bzw. zwischen Verlassen des bisherigen Arbeitsplatzes und Aufnahme einer neuen Tätigkeit mindestens errechnen läßt. (Zahlen lassen sich nicht genau fixieren; der Zeitbedarf hängt von vielen Faktoren außer der Leistungsfähigkeit der Arbeitsmarktinstitutionen ab: Veränderung der strukturellen Güternachfrage, der technologischen Entwicklung, der Konjunktur etc. Im Jahre 1975 hat eine Autorengruppe aus dem Institut für Arbeitsmarkt- und Berufsforschung, Nürnberg, das Ausmaß friktioneller Arbeitslosigkeit auf 85.000 Arbeitslose beziffert; diese Zahl kann indessen bestenfalls ein Anhaltspunkt für die ungefähre Größenordnung sein.)

Die Erfüllung der Arbeitsmarktfunktion „Abstimmung von Angebots- und Nachfrageseite" ist aber nicht bereits dann gegeben, wenn die Anzahl der offenen Stellen und der Arbeitslosen **im Bundesdurchschnitt** gering ist, sondern erst, wenn dies **überall** und für **jede** Beschäftigtengruppe oder Nachfrageeinheit gilt: In Ballungsgebieten ebenso wie in ländlichen oder geographischen Randgebieten, in Klein- und Großunternehmungen, für Gering-, Mittel- und Hochqualifizierte, Alte und Junge, Männer und Frauen, Bundesdeutsche und Gastarbeiter. Und nicht nur das, Abstimmung heißt auch Abstimmung im Zeitablauf. Die Entwicklung der Arbeitsplätze müßte mit der Entwicklung der Zahl der abhängigen Erwerbspersonen übereinstimmen; die Zahl der nach und nach benötigten Gesellen und Facharbeiter derjenigen entsprechen, die Jahr für Jahr im Rahmen der betrieblichen Berufsausbildung ihren Gesellen- oder Facharbeiterbrief erwerben, die schulische und universitäre Ausbildung qualitativ und quantitativ auf eine entsprechende Nachfrage treffen, ja, das ganze Bildungssystem müßte über den Zuordnungs- und Verteilungsmechanismus des Arbeitsmarktes mit der Arbeitskräftenachfrage so verzahnt sein, daß Angebot und Nachfrage jederzeit weitgehend ausgeglichen wären.

Halten Sie an dieser Stelle einmal kurz zu lesen inne und überlegen Sie, was daraus folgt, wenn diese Abstimmungsfunktion, die wir jetzt ein wenig illustriert haben, nicht oder nur unzureichend erfüllt wird. Was meinen Sie?

Wir erkennen, daß entweder ein Nachfrageüberhang – Arbeitskräfteknappheit – oder ein Angebotsüberhang – Arbeitslosigkeit und unterwertige Beschäftigung – auftritt:
– Während in einigen Arbeitsmarktregionen, z.B. Ballungsgebieten, nahezu Vollbeschäftigung herrscht, gibt es in anderen Gebieten Arbeitslosenquoten zwischen 6 und 10 v.H. (etwa im Bayerischen Wald, in Ostfriesland, im Saarland);
– Kleinbetriebe, die hinsichtlich Löhnen, Aufstiegsmöglichkeiten und Arbeitsplatzbedingungen mit Großbetrieben konkurrieren müssen, haben häufig sehr viel größere Schwierigkeiten als letz-

tere, geeignete Arbeitskräfte zu finden;
- bestimmte Arbeitskräftegruppen sind überdurchschnittlich von Arbeitslosigkeit betroffen: gering Qualifizierte, Jugendliche, Frauen, Behinderte;
- unzureichende zeitliche Abstimmung führt zu Arbeitskräfteengpässen in Jahren der Hochkonjunktur und zu verbreiteter Arbeitslosigkeit bei Konjunktureinbrüchen;
- manche Facharbeiterqualifikationen fehlen, andere sind überreichlich vorhanden, so daß es zu Dequalifikationen und Arbeitslosigkeit kommt, ähnliches gilt für unterschiedliche akademische Ausbildungen: Bildungssystem und Arbeitsmarkt sind ungenügend koordiniert.

Sie können diese Liste selbst fortsetzen. Allgemein gilt, daß Arbeitsmarktungleichgewichte – Nachfrage- oder Angebotsüberhänge – entstehen, wenn die Abstimmungs- oder Koordinierungsfunktion des Arbeitsmarktes nicht bzw. teilweise nicht erfüllt wird.

Im folgenden Abschnitt vergleichen wir die Arbeitsmarktfunktionen miteinander, erläutern ihre Konkurrenzbeziehungen zueinander und ziehen daraus Schlußfolgerungen.

3.3 Gleiche und ungleiche Interessen von Arbeitsnachfragern, Anbietern und Gesellschaft

Wir haben gesehen: Die Interessen der Nachfrager und Anbieter auf dem Arbeitsmarkt stimmen miteinander und mit den gesellschaftlichen Interessen nur teilweise überein. Zur Produktion werden Arbeitskräfte benötigt – zur Einkommenserzielung brauchen Arbeitskräfte Arbeitsplätze. Hierin liegt die Interessenübereinstimmung beider Arbeitsmarktseiten und der Grund dafür, daß Arbeitskraft überhaupt getauscht werden kann.

Aber die Unternehmungen müssen ihre Produktionskosten minimieren, weshalb sie erstens überhaupt möglichst wenige und zweitens möglichst billige Arbeitskräfte nachfragen. Umgekehrt dient den Arbeitskräften der Arbeitsplatz zur Sicherung des Lebensunterhaltes, weshalb sie sich erstens alle einen Arbeitsplatz wünschen und zweitens einen möglichst gut bezahlten, der obendrein gute Arbeitsbedingungen aufweisen soll. In diesem – hier bewußt vereinfacht skizzierten – Gegensatz liegt der soziale Konfliktstoff und der zentrale Interessenunterschied der Arbeitsmarktteilnehmer; dies ist auch letztlich der Grund dafür, daß der Staat weitgehend allein versuchen muß, der dritten Arbeitsmarktfunktion, des Ausgleichs und der Koordination der Nachfrage- und Angebotsseite, Rechnung zu tragen.

Zu Beginn der industriellen Revolution im frühen 19. Jahrhundert standen sich unorganisierte Arbeiter und Unternehmungen gegenüber. Aufgrund des hohen Bevölkerungswachstums, der Aufhebung der Leibeigenschaft („Bauernbefreiung"), des mit der Industrialisierung verbundenen Niedergangs landwirtschaftlicher Kleinbesitztümer und Teilen des Handwerks und der gewerblichen Manufaktur entstand ein riesiges Arbeitsangebot. Wiederkehrende Absatzkrisen und zunächst mangelnde Weltmarktkonkurrenzfähigkeit der deutschen Hersteller verschärften die sozialen Gegensätze auf den sich nach und nach herausbildenden Arbeitsmärkten. Die Arbeiter konkurrierten gegeneinander um Arbeitsplätze, was den Unternehmungen gestattete, die Löhne weiter und weiter abzusenken, die Arbeitszeit zu verlängern und die Arbeitsintensität zu erhöhen. Um die Familien vor dem Hungertod zu bewahren, mußten Frauen und Kinder mitarbeiten, wodurch sich das Arbeitskräfteangebot weiter erhöhte und weitere Lohnsenkungen die Folge waren. Hunderttausende ohne Arbeitsplatz und ohne sonstige Einkommensquelle sahen sich gezwungen auszuwandern. Schließlich aber, allmählich und nach und nach, begannen sich die Arbeiter zusammenzutun, zunächst in Unterstützungskassen, wie sie die in Zünften organisierten Gesellen seit langem kannten, dann in Bildungs- und Arbeitervereinen, schließlich, gegen Ende des 19. Jahrhunderts, in Gewerkschaften oder gewerkschaftsähnlichen Zusammenschlüssen. Deren erste Forderung waren u.a. die Festsetzung eines Mindestlohnes, Arbeitszeitverkürzung, Beschäftigung aller Arbeitslosen durch den Staat, kostenlose Schulbildung und Einführung von Einkommensteuern, die mit wachsendem Einkommen ansteigen sollten. Die Arbeitsanbieter begannen also, gegenüber der seit Beginn der Industrialisierungsphase im Vordergrund stehenden (und stets weitgehend erfüllten) Arbeitsmarktfunktion der Arbeitskräftebeschaffung der aus ihrer Sicht zentralen Funktion der Bereitstellung von Einkommensmöglichkeiten gezielt und durch Zusammenschluß stärkeren Nachdruck zu verleihen. Dies blieb natürlich nicht ohne Reaktionen auf der Gegenseite und führte zur Zusammenschließung der Unternehmungen in Industrie- und Arbeitgeberverbänden.

Diese sehr grobe Skizze zeigt, wie sich aus teilweise gegensätzlichen Interessen Strategien entwickeln, die zu Zusammenschlüssen der Kontrahenten führen, zu dem, was wir heute als Arbeitsmarktparteien – Gewerkschaften und Unternehmerverbände – bezeichnen. Auch heute wird auf beiden Seiten um die Erfüllung der nachfrage- und angebotsseitigen Arbeitsmarktfunktionen gekämpft. Aktuelle Beispiele sind der sog. „Tabukatalog" des Bundesverbandes der Arbeitgeber und die Kampagne für das Aussperrungsverbot durch die Gewerkschaften. Der Tabukatalog bezeichnet Arbeitgeberpositionen, die in Tarifvereinbarungen durch die Tarifpartner auf der Arbeitgeberseite nicht aufgegeben werden dürfen (z.B. keine Unterschreitung der 40-Stunden-Woche), die Kampagne gegen die Aussperrung seitens der Gewerkschaften zielt darauf ab, ein „finanzielles Ausbluten" und damit eine gravierende Schwächung der Gewerkschaften bei Tarifverhandlungen und als gesellschaftliche Kraft überhaupt zu vermeiden.

Auch die gesellschaftliche Arbeitsmarktfunktion, Angebot und Nachfrage aufeinander abzustimmen und auszugleichen, hat sich historisch entwickelt. Zunächst wurde sie nicht bzw. nur sehr vereinzelt von Sozialreformern erkannt. Die im Feudalismus wurzelnde monarchische Staatsform war in erster Linie auf die Loyalität des Adels, z.T. auch des Großbürgertums, gegründet; gesellschaftliche Abstufungen, die „Stände", erschienen gottgegeben und natürlich. Das Ansinnen, für „Arbeitsmarktausgleich" oder gar „Vollbeschäftigung" der niederen Stände zu sorgen, wäre auf völliges Unverständnis gestoßen, man hätte weder diese Begriffe, geschweige denn eine derartige Aufgabenstellung verstehen können. Auch der beginnende Parlamentarismus im 19. Jahrhundert bezog außer dem herrschenden Adel das Großbürgertum und die Großgrundbesitzer, die nur z.T. nichtadlig waren, in die staatlichen Herrschaftspositionen mit ein, nicht aber den dritten und vierten Stand, Handwerker, Bauern und das Industrieproletariat. Erst nach und nach und mit dem fortschreitenden Demokratisierungsprozeß umso mehr wurde der Arbeitsmarktausgleich als gesellschaftliche Aufgabe und Arbeitsmarktfunktion verstanden. Heute kann es sich keine Partei und kein Politiker angesichts des allgemeinen und gleichen Wahlrechts mehr leisten, die Arbeitsmarktausgleichsfunktion nicht zu seiner vorrangigen Aufgabe zu erklären – nur die Wege, mit denen dieses Ziel zu erreichen versprochen (wenn auch nicht unbedingt erreicht) wird, differieren noch.

Wir halten diesen Punkt für sehr wichtig; ausgesprochen oder unausgesprochen bildet er den Hintergrund politischer und wissenschaftlicher Diskussionen über die Änderung oder Beibehaltung der „freien Marktwirtschaft". Wir wollen auf diesen Zusammenhang verweisen, weil er zur Gesamtthematik von „Arbeitsmarkt und Arbeitslosigkeit" gehört, müssen uns dabei aber sehr kurz fassen, damit sich der straff gespannte „rote Faden" unserer Darstellung nicht im Gewirr der Argumente verliert.

Argumente für sozialistische Alternativentwürfe zu unserer gegenwärtigen privatkapitalistisch-marktorientierten Wirtschaftsordnung fußen im Kern darauf, die genannten Arbeitsmarktfunktionen so zum Ausgleich zu bringen, daß der Gegensatz von nachfrage- und angebotsseitiger Funktionsbestimmung direkt aufgehoben wird. Die Nachfrageseite soll nicht erst über den Umweg ihrer Gewinninteressen (Absatzmarktlage, Technologie, Kostenminimierung) Arbeitskräfte nachfragen, sondern nach Maßgabe des Arbeitsmarktausgleichs, d.h. sie soll die gesellschaftlichen Anforderungen an den Arbeitsmarkt gleich miterfüllen. Umgekehrt läßt sich daraus folgern, daß – solange wir, und vielleicht mit guten Gründen, darauf bestehen, unsere Wirtschaftsordnung zu erhalten – vor allem der Staat die gesamtgesellschaftlichen Interessen, d.h. die Arbeitsmarktausgleichsfunktion, wahren muß: Die Arbeitsmarktparteien sind hierzu prinzipiell nicht in der Lage; ihre weitgehend gegensätzlichen Zielsetzungen hindern sie daran, gleichzeitig übergeordneten, gesamtgesellschaftlichen oder staatlichen Interessen hinreichend Rechnung zu tragen. Es ist deshalb abwegig, wenn gegenwärtig Politiker vereinzelt fordern, die Verantwortung für Vollbeschäftigung an die Arbeitsmarktparteien „zurückzugeben". Diese würden damit Zielkonflikte zu bewältigen haben, die sie mit ihrem Eingriffsinstrumentarium gar nicht bewältigen können: Weder können die Arbeitgeberverbände ihre Mitgliedsunternehmungen dazu verpflichten, so viele Arbeitskräfte einzustellen, daß es keine Arbeitslosen mehr gibt, weil dies dem Gewinninteresse und damit der Überlebensfähigkeit der Unternehmungen im Rahmen der gegenwärtigen Wirtschaftsordnung widersprechen würde, noch können die Gewerkschaften drastische Lohnreduzierungen hinnehmen, um dadurch vielleicht alle Arbeitslosen in Arbeitsverhältnisse zu bekommen, weil sie damit die Arbeitsmarktfunktion, Einkommen zu sichern, nicht hinreichend erfüllen würden. Aus unserer Wirtschaftsordnung folgt zwingend, daß die Ausgleichsfunktion in erster Linie Aufgabe des Staates ist, ob wir oder die Politiker oder die Arbeitsmarktparteien dies wünschen oder nicht.

Fassen wir die Überlegungen dieses Abschnitts kurz zusammen:
– Es existieren teilweise gleichartige Interessen der Arbeitsmarktparteien, nämlich an Arbeitskräften als Produktionsfaktoren und entsprechenden Arbeitsplätzen als Möglichkeiten zur Einkommenserzielung;
– historisch und analytisch gesehen ist die nachfrageseitige Arbeitsmarktfunktion, Arbeitskräfte für die Produktion bereitzustellen, im Rahmen unserer Wirtschaftsordnung dominant;

— die angebotsseitige Arbeitsmarktfunktion, Einkommensmöglichkeiten bereitzustellen, wurde nach und nach durch Zusammenschlüsse der Arbeitskräfte gestärkt; institutionell wird sie heute vor allem von Gewerkschaften wahrgenommen;
— die gesellschaftliche Arbeitsmarktfunktion, Angebot und Nachfrage auszugleichen, ist historisch entstanden und fällt als Aufgabe heute notwendig dem Staate zu.

3.4 Arbeitsmarktsegmentation

Der Arbeitsmarkt als informationskostensenkende Institution, die eben hierdurch Tauschaktivitäten in großem Umfange ermöglicht, hat also keinen ihm selbst innewohnenden Regelmechanismus, der die Erfüllung der Arbeitsmarktfunktionen, insbesondere der Abstimmungs- oder Ausgleichsfunktion, automatisch sicherstellen könnte – auch wenn dies manche Theoretiker ernsthaft behaupten und zur Begründung auf den Preis der Arbeit, den Lohn, verweisen. Wenn Sie sich die Gliederung dieses Büchleins angeschaut haben, werden Sie bereits festgestellt haben, daß wir uns mit dieser These sowohl bei den Gründen für Arbeitslosigkeit als auch bei den möglichen Gegenmaßnahmen noch hinreichend beschäftigen werden. An dieser Stelle können wir aber die Bemerkung nicht unterdrücken, daß wir uns diesen Theoretikern nicht anschließen mögen. Die soziale Brisanz von Arbeitsmarktvorgängen, die Konfliktbeladenheit der Arbeitsmarktfunktionen, läßt eine Theorie als weltfremd erscheinen, die behauptet, Lohnanstiege oder Lohnsenkungen könnten je nach Arbeitsmarktlage den Ausgleich herbeiführen. Unser kurzer Blick in die Historie hat ja bereits gezeigt, daß Lohnsenkungen im 19. Jahrhundert die Arbeitslosigkeit nicht beseitigt haben, sondern im Gegenteil wurde das Arbeitsangebot noch größer, weil nun auch Frauen und Kinder mitarbeiten mußten, um den Lebensunterhalt wenigstens halbwegs zu sichern, während gleichzeitig Tausende und Abertausende notleidende Menschen keinen anderen Ausweg sahen, als – damals vor allem in die Vereinigten Staaten – auszuwandern.

Nein, was tatsächlich passiert, sieht anders aus. Geht es, wie besonders auf dem Arbeitsmarkt, um die Verteilung von Einkommensmöglichkeiten, Statuspositionen und damit auch um die Verteilung von Arbeitsmarktrisiken – also um das Risiko, unsichere Arbeitsplätze mit niedrigen Löhnen und ohne Aufstiegschancen zu erhalten –, dann finden Positions- und Verteilungsauseinandersetzungen statt, die regelmäßig dazu führen, daß **Zutrittsbeschränkungen** zu bevorzugten Positionen errichtet werden. Es bilden sich Arbeitsmarktbereiche mit reservierten Zugängen heraus, Zugangsrechte werden so definiert, daß nur bestimmte Marktteilnehmer sie erfüllen, während die Nachteile bei denen verbleiben, die die Zugangskriterien nicht erfüllen.

In der neueren Arbeitsmarkttheorie spricht man von Arbeitsmarktsegmenten (Segment = Abschnitt, Ausschnitt), um das Phänomen der Ausgrenzung einzelner Teilarbeitsmärkte aus dem Gesamtarbeitsmarkt und deren gegenseitige Abschottung zu kennzeichnen. Wir wollen Ihnen in diesem Abschnitt einen Überblick über die Ergebnisse dieser Forschungen geben, indem wir die wichtigsten Segmente (Teilarbeitsmärkte) beschreiben, zeigen, welche Zutrittsbeschränkungen existieren und warum, und darlegen, wie sich die Funktionsweisen der Segmente voneinander unterscheiden. Im nächsten Abschnitt werden wir dann auf die Frage eingehen, was sich aus Arbeitsmarktsegmentationen für das Problem der Arbeitslosigkeit ergibt.

Zur Vereinfachung unserer Darstellung beschränken wir uns im folgenden wieder auf gewerbliche Arbeitnehmer des Produzierenden Gewerbes. Die Ergebnisse sind aber sehr weitgehend auf den Angestelltenbereich und andere Wirtschaftsgruppen übertragbar. Der öffentliche Dienst kann sogar, wie oben schon angedeutet, als Musterbeispiel eines zutrittsbeschränkten Arbeitsmarktes angesehen werden. Überlegen Sie sich die Parallelen, z.B. hinsichtlich Ihres eigenen Arbeitsplatzes, einmal selbst – Sie werden vom Ausmaß der Übereinstimmungen überrascht sein!

Der Arbeitsmarktbereich gewerblicher Arbeitnehmer im Produzierenden Gewerbe zerfällt in zwei zutrittsbeschränkte Teilarbeitsmärkte, den **betrieblichen** und den **berufsfachlichen** Arbeitsmarkt, sowie ein **offenes** oder externes Segment („extern", weil außerhalb der zutrittsbeschränkten Segmente); man findet deshalb auch die Bezeichnung „dreigeteilter Arbeitsmarkt".

Sie werden übrigens feststellen, daß Ihnen einige der folgenden Darlegungen bekannt vorkommen, denn tatsächlich haben wir eine Reihe von Argumenten, die in diesem zusammenfassenden Abschnitt über den Arbeitsmarkt enthalten sind, bereits oben unter „Arbeitsnachfrage" und besonders „Arbeitsangebot" vorgestellt. Aber wie heißt es so schön: „Wiederholung ist die Mutter der Didaktik"; hier ist die Wiederholung besonders angebracht, damit Sie die Zusammenhänge leichter erkennen und nachvollziehen können. Insbesondere kommt es uns jetzt darauf an, Ihnen die Funktionsweisen jedes Teilarbeitsmarktes vorzuführen, also angebots- und nachfrageseitige Bedingungen mit Arbeitsmarktabläufen oder -prozessen zu einem Gesamtbild zu verknüpfen.

3.4.1 Der betriebliche Teilarbeitsmarkt (betriebliches Segment)

Betrieblicher Teilarbeitsmarkt — das ist zunächst ein Oberbegriff für die Vielzahl **einzelner** betrieblicher Arbeitsmärkte. Alle diejenigen Unternehmungen — es sind vor allem Großbetriebe —, die **innerhalb** ihrer Organisation so etwas wie einen eigenen, internen Arbeitsmarkt eingerichtet haben, werden damit aus volkswirtschaftlicher Sicht zusammengefaßt und mit dem Etikett „betrieblicher Teilarbeitsmarkt" versehen.

Sehen wir uns nun einen einzelnen betrieblichen Arbeitsmarkt, etwa den eines typischen Großbetriebes, an. Die Arbeitsplatz- und Lohnhierarchie läßt sich bildhaft als Pyramide vorstellen:
Den Boden der Pyramide bilden die vielen Arbeitsplätze unterer Lohnstufen mit geringen Anforderungen an die Qualifikation; sie sind gleichzeitig am stärksten abhängig vom quantitativen Produktionsausstoß, werden also je nach Absatzmarktlage unmittelbar vermehrt oder verringert, soweit Arbeitszeitvariationen wie Überstunden, Sonderschichten oder Kurzarbeit nicht ausreichen. Diese Arbeitsplätze sind das Hauptzutrittstor in die Unternehmung, Einstellungen finden in aller Regel in diesem Bereich statt. Darüber, zahlenmäßig abnehmend, liegen Arbeitsplätze mit steigenden Qualifikationsanforderungen, die in ihrer Mehrzahl **betriebsspezifische** Anforderungen sind, mit mittleren und höheren Lohnstufen (Angelernte, z.T. Facharbeiter). Diese Arbeitsplätze werden ganz überwiegend **betriebsintern**, und zwar über Aufstiegsprozesse in verschiedenen vertikalen Mobilitätsleitern, besetzt. Vorzustellen ist eine Art Kettenreaktion, wenn z.B. ein Arbeiter der Lohngruppe 5 zum besser bezahlten Arbeitsplatz mit spezifischeren Anforderungen der Lohngruppe 6 „aufsteigt". Der freiwerdende Arbeitsplatz der Lohngruppe 5 wird mit einem Arbeiter aus Lohngruppe 4, dessen Arbeitsplatz wiederum mit einem aus Lohngruppe 3 besetzt. Der freie Arbeitsplatz des letzteren wird dann dem Arbeitsamt als offene Stelle gemeldet oder durch eine Stellenanzeige ausgeschrieben, so daß auf diese Position ein Betriebsexterner einrücken kann.

Oberhalb der letztgenannten Arbeitsplätze liegen in der Arbeitsplatzpyramide die meisten Facharbeiter- und Vorarbeiterpositionen. Facharbeiter werden z.T. von außerhalb des Betriebes rekrutiert — soweit der Arbeitsmarkt entsprechende Berufsqualifikationen bereitstellt —, z.T. auch betriebsintern durch ausgebildete Lehrlinge oder qualifizierte angelernte Arbeiter mit längerer Dauer der Betriebszugehörigkeit. Vorarbeiter werden wiederum fast ausschließlich innerbetrieblich über Aufstiegsleitern oberhalb der Facharbeiterarbeitsplätze eingestellt.

Die Funktionsweise des betrieblichen Arbeitsmarktes ist also durch ein auffallend hohes Maß betriebsinterner Arbeitsplatzneubesetzungen sowie durch Eintrittspositionen auf niedrigem Niveau – als quantitativ wichtigste Zugangsmöglichkeit – und auf Facharbeiterniveau gekennzeichnet.

Warum dies so ist, welche Gründe die Unternehmungen haben, betriebliche Arbeitsmärkte zu installieren, ist Ihnen oben in den Hauptabschnitten 1. und 2. erläutert worden. Sie werden sich erinnern, daß wir zwei Gründe herausgestellt haben. Erstens, betriebliche Arbeitsmärkte können privatwirtschaftlichen Effizienzzielen – Reduzierung von Qualifizierungs-, Kontrakt- (= Vertragsabschließungs-) und Informationskosten – und zweitens Kontrollerfordernissen – Kontrolle der Arbeiter, des Produktionsprozesses, der Arbeitszeit usw. – besser als offene Arbeitsmärkte genügen.

Dazu bedienen sich die Unternehmungen besonderer Steuerungsmechanismen, die wir im folgenden aus der Nähe betrachten wollen. Sie lassen sich in solche, die den Rahmen setzen (1) und solche, die die vielen Einzelfälle gewissermaßen regelhaft steuern (2), unterteilen.

(1) Der wichtigste Steuerungsmechanismus des betrieblichen Arbeitsmarktes heißt „Verhandeln". In kollektivvertraglichen Regelungen (Betriebsvereinbarungen) zwischen Vertretern der Unternehmensleitung und dem Betriebsrat werden alle zentralen Festlegungen getroffen, die diesen Teilarbeitsmarkt steuern, z.B.
- Festlegung von Kriterien für die Einstellung in den Betrieb (Einstellstandards);
- Festlegung von Kriterien für innerbetriebliche Umsetzungen, insbesondere Aufstiege und, kein sehr seltener Fall, Abstiege;
- Festlegung von Standards für Kündigungen;
- Festschreiben, Fortschreiben, Ändern der Lohnstruktur, Vereinbarungen über Arbeitsplatzbewertungen und Arbeitswertgruppen;
- Inhalte und Teilnahmemöglichkeiten an innerbetrieblichen Weiterbildungsprogrammen, die wiederum mit Aufstiegsmöglichkeiten in Zusammenhang stehen.

Die wechselseitigen Zielsetzungen der Verhandlungspartner umfassen
- den Effizienzaspekt (z.B. Kostenreduzierungen auf der einen, Lohnerhöhungen und -absicherungen auf der anderen Seite);
- das Kontrollmoment (Behauptung und Ausbau ungehinderter Weisungsbefugnis einerseits, Forderungen nach Mitbestimmungs- und Mitwirkungsrechten andererseits);

— allgemein: die Erfüllung der Arbeitsmarktfunktionen. Letztere werden, genau wie die beiden anderen Zielsetzungen, von Unternehmensleitung und Betriebsrat aber nur noch auf den betrieblichen Arbeitsmarkt bezogen, d.h. auf die eigene Unternehmung und die in ihr beschäftigten Arbeitskräfte, eben dies macht betriebliche Arbeitsmärkte zu Segmenten, zu abgeschotteten, abgegrenzten Arbeitsmarktbereichen gegenüber dem gesamten „Rest"arbeitsmarkt.

(2) Der zentrale Steuerungsmechanismus betrieblicher Arbeitsmärkte, Verhandlungen, definiert überwiegend **nicht direkt** die Funktionsweise des Betriebssegmentes, sondern vielmehr dessen Rahmen, indem er **einzelne Steuerungsinstrumente** festschreibt. Diese sind **Markttausch, Reihenfolge** und **Einzelverhandlungen**.

Mit „**Markttausch**" ist gemeint, daß teilweise Funktionsbedingungen des externen Arbeitsmarktes in der Unternehmung simuliert werden. Erinnern Sie sich an unsere Arbeitsmarktdefinition, nach der ein Arbeitsmarkt eine Institution ist, die durch Bündelung von Nachfrage und Angebot Informationskosten senkt? Eben dies passiert in den hier betrachteten Unternehmungen durch betriebliche Stellenausschreibungen. Die Arbeitskraftnachfrage wird in einer Form publiziert, die sich an das betriebliche Arbeitskraftangebot wendet (z.B. am „Schwarzen Brett"); typischerweise werden Betriebsexterne von derartigen Stellenangeboten gar nicht unterrichtet — es sei denn, nachdem sich gezeigt hat, daß die Stelle intern nicht besetzt werden kann.

Mit „**Reihenfolge**" ist hier gemeint, daß Arbeitsanbieter in Form einer „Warteschlange" geordnet werden, indem Kriterien für Einstellungen, Umsetzungen, Entlassungen und Teilnahme an innerbetrieblichen Weiterbildungsmaßnahmen generell so festgelegt werden, daß derjenige, der die Kriterien voll erfüllt, zuerst berücksichtigt wird, dann der, der sie am zweitbesten erfüllt, und so weiter bis zum letzten, der sie am wenigsten erfüllt. Solche Kriterien sind bei Facharbeitern vor allem Besitz des Berufsausbildungsnachweises und Dauer der Berufserfahrung, allgemein für Einstellungen Alter, Geschlecht, Nationalität, Gesundheit, für interne Umsetzungen und Aufstiege Leistungsbeurteilung und Dauer der Betriebszugehörigkeit, für Kündigungen das Prinzip „zuletzt eingestellt — zuerst entlassen" und häufig Verrentungsfähigkeit. (Was das ist? Gedulden Sie sich bitte bis zum nächsten Kapitel.)

Mit „**Einzelverhandlungen**" ist gemeint, daß ein Rest von Steuerungsfällen jeweiligen Verhandlungen zwischen Unternehmensleitung und Betriebsrat vorbehalten wird. Dies gilt z.B. für besonders „sensible" Bereiche der Produktion oder für besondere Beschäftigtengruppen (z.B. Behinderte).

3.4.2 Der berufsfachliche Teilarbeitsmarkt (berufsfachliches Segment)

Das berufsfachliche Segment umfaßt, ähnlich dem betrieblichen, eine Vielzahl einzelner berufsfachlicher Arbeitsmärkte, die wegen ihrer vergleichbaren Zutrittsbeschränkungen und Steuerungsmechanismen zusammengefaßt werden können. Zentrales gemeinsames Kriterium für berufsfachliche Arbeitsmärkte ist, daß sie nur Inhabern eines den Zutritt legitimierenden Arbeitsmarktausweises, einer Lizenz sozusagen, offen stehen, eines Ausweises in Form des Gesellen-, Gehilfen- oder Facharbeiterbriefes.

Der Erwerb der Zutrittsberechtigung zu berufsfachlichen Arbeitsmärkten ist in der Bundesrepublik an die erfolgreiche Absolvierung einer Berufsausbildung im sog. „dualen System" gebunden. Dieses „duale System" – die Parallelität betrieblicher und schulischer Berufsausbildung – hat in Deutschland lange Tradition, historisch wurzelt es im Zunftwesen der Handwerker und den Gilden der Kaufleute, beides altehrwürdige Institutionen, die bereits im Mittelalter entstanden sind.

Unter dem Gesichtspunkt von Zutrittsbeschränkungen ist heute, dies sei nochmals betont, von vorrangiger Bedeutung, daß dieses Berufsausbildungssystem und mithin der Erwerb der Zugangsberechtigung zum berufsfachlichen Segment **staatlich abgesichert wird**. Im Berufsbildungsgesetz vom 14.8.1969 wird der Begriff der Berufsausbildung definiert (§ 1 BBiG) und werden insbesondere Berufe durch ein fortlaufend zu ergänzendes Verzeichnis, das der Bundesminister für Bildung und Wissenschaft führt, staatlich anerkannt (§§ 25–30 BBiG). Der Haupteffekt dieser Regelung besteht in der **Senkung von Informationskosten**: Können beide Arbeitsmarktseiten davon ausgehen – und hierfür wird eben vom Staat mit Hilfe des „dualen Systems" und des Berufsbildungsgesetzes eine Art Qualitätsgarantie gegeben –, daß bestimmte berufsfachliche Fähigkeiten die Erfüllung spezifischer Arbeitsplatzanforderungen ohne umfangreiche zusätzliche Qualifizierung erlauben, wird der Gesellen-, Gehilfen- oder Facharbeiterbrief zur Eintrittskarte in das berufsfachliche Segment.

Die Besonderheit des berufsfachlichen Segments erfordert, **Ausbildungsmarkt**vorgänge von **Arbeitsmarkt**prozessen zu unterscheiden; der Zutritt zu berufsfachlichen Arbeitsmärkten hängt vom vorgelagerten „Durchlaufen" des Ausbildungsmarktes ab.

(1) Der **Ausbildungsmarkt** umfaßt Ausbildungsplatznachfrager,

d.h. vor allem Jugendliche, die nach der Beendigung der Schulpflicht eine betriebliche Berufsausbildung anstreben, und Ausbildungsplatzanbieter, mithin die Betriebe. Von deren Kalkül hängt ab, ob und welche Ausbildungsplätze von ihnen angeboten werden und welche Bewerber sie akzeptieren.

Die Folgen dieser Konstellation sind oben unter 2.2.2 dieses Kapitels im einzelnen analysiert worden und brauchen hier nicht wiederholt zu werden. Im Ergebnis läßt sich festhalten:
Der Zutritt zum berufsfachlichen Segment führt über die Hürde des Ausbildungsmarktes; nicht nur ist der Arbeitsmarktausweis zu erwerben, sondern zunächst Zutritt zum Ausbildungsmarkt zu gewinnen. Hierfür muß entweder ein finanzielles Opfer erbracht werden — wenn der Auszubildende die Ausbildungskosten ganz oder teilweise tragen muß, d.h. wenn seine Vergütung hinter seinem Beitrag zum Betriebsausstoß zurückbleibt — oder es besteht eine umfangmäßige Ausbildungsplatzbeschränkung (durch die Anzahl der bereitgestellten Ausbildungsplätze), die zur Anpassung an höhere Einstellstandards zwingt und deshalb nur einem Teil der Bewerber den Zutritt ermöglicht.

(2) Die **Arbeitsmarkt**prozesse des berufsfachlichen Segments hatten wir vereinfachend in solche eines industriell-großbetrieblichen und solche eines handwerklich-kleinbetrieblichen Bereiches unterteilt. Auch diese Feststellungen, die Sie oben unter 2.2.2 noch einmal nachlesen können, wollen wir hier nicht wiederholen. Ihre Quintessenz läßt sich so zusammenfassen:
Im **industriell-großbetrieblichen Bereich** nähern sich die Arbeitsmarktprozesse des berufsfachlichen Segments denen des betrieblichen Teilarbeitsmarktes an, weil die Berufsausbildung in diesem Bereich zunehmend betriebsbezogener, spezialisierter und damit weniger allgemein verwertbar wird. Das heißt, daß der erworbene Arbeitsmarktausweis des Gehilfen- oder Facharbeiterbriefes in zunehmendem Maße seine Allgemeingültigkeit i.S. von umfassender Verwertbarkeit verliert und immer mehr in seiner Bedeutung derart beschnitten wird, daß er lediglich im industriellen Großbetrieb als Zugangsberechtigung für besser bezahlte, stabile Arbeitsplätze mit Aufstiegsmöglichkeiten verwendet werden kann. Die Erstellung immer spezialisierterer Berufsbilder kann als Bestätigung dieser Tendenz angesehen werden.

Die erfolgreiche Absolvierung der Berufsausbildung im **handwerklich-kleinbetrieblichen Bereich** ist demgegenüber weit weniger spezialisiert, aber gerade deshalb ähnlich, wenn auch in anderer Form, in ihrer Verwertbarkeit begrenzt wie die industriellgroßbetriebliche. Einen ausbildungsangemessenen Arbeitsplatz finden die in diesem Bereich Ausgebildeten nämlich fast nur noch bei handwerklich-kleinbetrieblichen Arbeitgebern, während industriellen Großbetrieben diese Ausbildung nicht mehr als spezifisch genug erscheint. Wer nach absolvierter Berufsausbildung im Bereich handwerklich-kleinbetrieblicher Unternehmungen keinen Arbeitsplatz findet, muß sich häufig damit zufrieden geben, daß er woanders nur auf unteren Zutrittspositionen eingestellt wird.

3.4.3 Der offene oder externe Teilarbeitsmarkt (externes Segment)

Eingangs haben wir die Arbeitsmarktbereiche abgegrenzt: Auf der Nachfrageseite das Produzierende Gewerbe — auf der Anbieterseite die gewerblichen Arbeitnehmer. Ziehen wir von diesem Gesamtbereich die betrieblichen und berufsfachlichen Teilarbeitsmärkte als zutrittsbeschränkte Segmente ab, so bleibt das externe Segment als nicht bzw. kaum zutrittsbeschränkt übrig. Es ist deshalb zunächst einfach als „nicht-betrieblich" und „nicht-berufsfachlich" zu charakterisieren und umfaßt somit den gesamten Rest dieses Arbeitsmarktbereiches.

Abwesenheit von Zutrittsbeschränkungen i.S. der vorgenannten Segmente bedeutet
— erstens, daß betriebliche Arbeitsplätze vorrangig mit Betriebsexternen besetzt werden; innerbetriebliche Rekrutierung kann bei unbeschränkten Zutrittspositionen nur die Ausnahme sein;
— zweitens, daß das externe Segment auf die Stellen der Arbeitsplatzpyramide unterhalb von Zutrittspositionen zu berufsfachlichen Arbeitsplätzen beschränkt ist.

Die Existenzbegründung für den offenen Teilarbeitsmarkt ist letzten Endes die privatwirtschaftliche Organisation unserer Wirtschaftsunternehmungen (erinnern Sie sich an den „Arbeitsnachfrage"-Abschnitt dieses Kapitels). Unternehmungen tragen angesichts unsicherer zukünftiger Entwicklungen und überaus komplexer und schnell sich ändernder Umgebungen, d.h. Faktoren, von denen sie abhängig bzw. mit denen sie wechselseitig verbunden sind, Risiken bezüglich des eingesetzten Kapitals. Es ist deshalb für sie ein zentrales Erfordernis, sich an neue Entwicklungen und Änderungen so schnell wie möglich anpassen zu können. Dieses Bedürfnis nach Anpassungsflexibilität wirkt sich auf dem Arbeitsmarkt so aus, daß viele Arbeitsplätze und Arbeitskräfte — eben auf dem hier vorgestellten offenen Arbeitsmarkt — so organisiert bzw. eingesetzt werden, daß schnelle, elastische Anpassungen ermöglicht und mithin Anpassungslasten auf diesen Teilarbeitsmarkt und die ihm zugehörigen Arbeitskräfte verlagert werden.

Wir können die Merkmale des externen Arbeitsmarktes leicht herleiten, wenn wir das, was wir über zutrittsbeschränkte Arbeitsmärkte erfahren haben, mit dem Anpassungserfordernis verbinden.
- Die vorteilhaften Bedingungen wie Arbeitsplatzstabilität, Aufstiegs- und bessere Verdienstmöglichkeiten sind in den zutrittsbeschränkten Segmenten konzentriert; genau dies ist ja der wichtigste Grund, warum diese Teilarbeitsmärkte nur bei Erfüllung ganz bestimmter und eng begrenzter Bedingungen zugänglich sind.
- Somit verbleiben für den offenen Teilarbeitsmarkt die Arbeitsplätze und Arbeitsverhältnisse mit ungünstigeren Merkmalen: Geringe Stabilität der Arbeitsverhältnisse, weitgehend fehlende Aufstiegsmöglichkeiten, generell niedrigere Löhne.
- Aus dem Erfordernis der Anpassungsflexibilität folgt, daß ein Teil der Arbeitsplätze so ausgestaltet sein muß, daß sie je nach Absatzmarktlage besetzt werden können oder unbesetzt bleiben. Daraus ergibt sich, daß sie keine hohen qualifikatorischen Anforderungen stellen dürfen – für möglicherweise nur kurzfristig eingesetzte Arbeitskräfte lohnt sich keine zeitaufwendig zu erzeugende Qualifikation. Wenn ins Gewicht fallende Qualifikationen nicht benötigt werden, entfällt sowohl die Ausbildung nach dem „dualen System" als auch die innerbetriebliche Weiterqualifizierung und der innerbetriebliche Arbeitsplatzaufstieg. Die Folge sind mithin generell niedrigere Löhne.
- Bei fehlender Beschäftigungsstabilität lassen sich auch Betriebsvereinbarungen über die Arbeitsplatzorganisation, ja überhaupt die Wahrnehmung der nach dem Betriebsverfassungsgesetz möglichen Mitbestimmungsrechte durch Betriebsräte, schlechter durchsetzen.

Sie sehen, wie eins ins andere greift: Zutrittsbeschränkungen erfassen und umgrenzen privilegierte Teilarbeitsmärkte, dem Restarbeitsmarkt bleiben die unattraktiven Arbeitsverhältnisse, die überdies den Schwankungen der wirtschaftlichen Entwicklung zuerst angepaßt und dadurch zum Anpassungsreservoir werden.

Über die Strukturierung der Nachfrageseite des externen Segments lassen sich auf der Grundlage des Postulats der Anpassungsfähigkeit nähere Aussagen treffen. Sie beruht auf unterschiedlicher Aktions- oder Einflußmacht von Unternehmungen. Wenn wir vereinfachend lediglich einmal Groß- und Kleinbetriebe unterscheiden, können wir feststellen:

Großbetriebe bilden innerhalb ihrer Unternehmung Stamm- und Randbelegschaften heraus. Die Stammbelegschaft zählt zum betrieblichen Arbeitsmarkt im engeren Sinne, während die Randbelegschaft das betriebliche Anpassungsreservoir an unterschiedliche Absatzmarktsituationen darstellt. Die Randbelegschaft besetzt die Arbeitsplätze auf Zutrittspositionen, wie oben unter 3.4.1 beschrieben. Großbetriebe lagern aber außerdem bestimmte, und zwar besonders „anpassungssensible", Funktionen aus. Dies äußert sich z.B. in der Existenz von Zuliefer- und Absatzbetrieben. Zulieferbetriebe von Großunternehmungen hängen typischerweise stark von der Prosperität letzterer ab; stockt dort der Absatz, werden hier die Aufträge storniert oder zeitlich gestreckt. Hieraus ergeben sich sofort Rückwirkungen auf die Beschäftigungssituation von Zulieferbetrieben. Nicht anders ergeht es Absatzbetrieben (Beispiele bieten die Automobilindustrie und der Einzelhandel). Ein weiteres Exempel sind Zweigwerke und Filialen von Großbetrieben. Auch sie müssen überwiegend „Pufferfunktionen" erfüllen.

Mit Großbetrieben und deren „Satelliten" ist aber die Gesamtheit der Unternehmungen noch nicht erfaßt; es gibt viele Betriebe, die Kleinbetriebe sind, von Großbetrieben aber nicht direkt abhängen. Um sie näher zu kennzeichnen, muß man sich zunächst klarmachen, daß Großunternehmungen und von ihnen abhängige Unternehmungen aufgrund der Entwicklung bestimmter Technologien entstehen. Großunternehmungen sind gekennzeichnet durch Großserien- und Massenproduktion; ihre Satelliten haben sich auf bestimmte Funktionen spezialisiert, die sie in der Regel ebenfalls in Serienproduktion erfüllen. Unabhängigen Kleinunternehmungen bleibt deshalb nur die Einzelproduktion, d.h. die Produktion aufgrund von Einzelaufträgen (z.B. Handwerk). Fertigung in Einzel- oder Auftragsproduktion bedeutet aber, daß langfristige Unternehmungs- und Personalpolitiken nicht möglich sind und deshalb eine dringende Notwendigkeit besteht, die Arbeitsorganisation so zu gestalten, daß sie an die jeweilige Auftragslage kurzfristig angepaßt werden kann. Derartige Unternehmungen müssen deshalb dem externen Arbeitsmarktsegment zugerechnet werden oder, soweit aufgrund der Qualifikationserfordernisse nötig, dem berufsfachlichen, wobei die betriebliche Arbeitsorganisation aber wegen der Auftragsabhängigkeit die Lehrlingsausbildung überwiegend so gestalten muß, daß der Lehrling selbst zur Finanzierung seiner Ausbildung beiträgt (vgl. unsere Bemerkungen zum handwerklich-kleinbetrieblichen Bereich des berufsfachlichen Teilarbeitsmarktes in den Abschnitten 2.2.2 und 3.4.2).

Zusammengefaßt heißt das, die Nachfrageseite des externen Arbeitsmarktsegmentes besteht vor allem aus

— einem Teil der Arbeitsplätze in Großbetrieben, den oben näher gekennzeichneten Zutrittspositionen;
— den „Satellitenbetrieben" von Großunternehmungen wie Zuliefer- und Absatzbetriebe, Zweigwerke, Filialen;
— Kleinunternehmungen, die in auftragsabhängiger Einzelfertigung produzieren.

Bleibt noch die Angebotsseite des offenen Teilarbeitsmarktes zu untersuchen. Dies geschieht im folgenden Abschnitt, dabei verbreitern wir aber zugleich unser Blickfeld, indem wir uns fragen, was die bisherigen Überlegungen denn nun mit dem Thema Arbeitslosigkeit zu tun haben.

Bevor wir das tun, wollen wir betonen, daß Sie unsere Darstellung dreier Arbeitsmarktsegmente nicht dazu verleiten darf anzunehmen, daß diese Segmente völlig isoliert voneinander wären. Wahr ist, sie sind nur lose miteinander verknüpft, wahr ist aber auch, daß sie einzeln anders strukturiert wären, wenn es die jeweils beiden anderen nicht gäbe.

Die Abschirmung betrieblicher Arbeitsmärkte nach außen könnte ohne externen Arbeitsmarkt nicht aufrechterhalten werden. Ohne berufsfachlichen Arbeitsmarkt müßten der betriebliche und der externe anders aussehen und funktionieren.

Überlappungen existieren zwischen allen dreien: Das externe reicht ins betriebliche, u.U. auch ins berufsfachliche Segment herein (z.B. Aufstieg Angelernter in Facharbeiterpositionen bei stabiler Arbeitsmarktlage und langer Dauer der Betriebszugehörigkeit); das berufsfachliche eröffnet teilweise Aufstiegsmöglichkeiten in Positionen des betrieblichen Segmentes (z.B. Vorarbeiter) und birgt Risiken des Abstiegs ins externe (Verschiedenheiten von handwerklicher und industrieller Ausbildung); das betriebliche schließlich ist bei wachsender Beschäftigung etwa im Umfang dieses Wachstums für externe und berufsfachliche Arbeitsanbieter geöffnet.

Die Teilarbeitsmarkt- oder Segmentationstheorie zeigt uns, daß der Gesamtarbeitsmarkt nicht einheitlich, sondern in bestimmter Weise unterschiedlich strukturiert ist und verschiedenen Funktionsprinzipien gehorcht. Sie behauptet aber nicht, daß die Teilarbeitsmärkte oder Segmente **vollständig** voneinander isoliert wären; sie sind vielmehr lose miteinander verbunden und durch bestimmte **Zutrittsbeschränkungen** bzw. durch deren Fehlen gekennzeichnet.

Da haben Sie die typische Realitätswahrnehmung von Theoretikern: Nicht „Schwarz-Weiß", wie wir es uns zur Klarheit wünschten, aber auch nicht „grau in grau", sondern „Hell-Dunkel", d.h. benenn- und erklärbar verschieden, aber mit Übergängen.

Womit wir auch endlich zum nächsten, schon angekündigten, Gliederungspunkt übergehen können.

3.5 Arbeitsmarktsegmentation und Arbeitslosigkeit

Zu Beginn unserer Darstellung der Arbeitsmarktsegmentation hatten wir betont, daß sie wesentlich ein Ergebnis von sozialen Auseinandersetzungen um Einkommensmöglichkeiten und Statuspositionen sei. Diese Auseinandersetzungen führen auf der Grundlage von Kostensenkungs- und Kontrollerfordernissen privatwirtschaftlicher Unternehmungen zur Herausbildung bestimmter Zutrittsbeschränkungen; Zugangsrechte werden unterschiedlich auf die Arbeitskräftegruppen verteilt.

Wenn wir diese Erkenntnis mit dem Wissen verbinden, das wir inzwischen über die einzelnen Arbeitsmarktsegmente gewonnen haben, können wir einige wichtige Aussagen über die Struktur der Arbeitslosigkeit herleiten: Welche Arbeitskräftegruppen sind überproportional von Arbeitslosigkeit betroffen, und warum ist das so?

Beachten Sie, daß wir das Phänomen der Arbeitsmarktsegmentation **nicht** zur Beantwortung der Frage heranziehen, warum die Arbeitslosigkeit einen bestimmten zahlenmäßigen Umfang annimmt, warum die Arbeitslosenquote z.B. 3 oder 4 oder 5 Prozent beträgt, 600.000 oder 800.000 oder 1 Million Arbeitsuchende ohne Beschäftigung sind. Das **Niveau** der Arbeitslosigkeit läßt sich u.E. nicht adäquat unter Rückgriff auf Arbeitsmarktsegmentation erklären, wohl aber lassen sich Rückschlüsse auf ihre **Struktur** ziehen. Nur darum geht es in diesem Abschnitt.

Allerdings wollen wir betonen, daß diese Trennung von Niveau und Struktur der Arbeitslosigkeit nicht heißen soll, daß zwischen beiden Formen der Arbeitslosigkeit keine Wechselbeziehungen bestünden, daß sie voneinander unabhängig wären. Keineswegs. Hier konzentrieren wir uns jedoch auf den Strukturaspekt und kommen später auf den Niveauaspekt zurück.

Wir haben zwei zutrittsbeschränkte Teilarbeitsmärkte unterschieden: betriebliche, in denen wiederum Stamm- von Randbelegschaften unterschieden werden können, und berufsfachliche, die das Zugangsrecht vom Besitz eines Zertifikates über die erfolgreiche Teilnahme am „dualen System" der Berufsausbildung abhängig machen. Welche Arbeitskräftegruppen haben nun höchstwahrscheinlich bessere, welche schlechtere Chancen, die jeweiligen Zugangsvoraussetzungen zu erfüllen?

(1) Innerhalb **betrieblicher Teilarbeitsmärkte** wird die „Dauer der Betriebszugehörigkeit" zu einem zentralen Auslesekriterium dafür, wer aus der Rand- in die Stammbelegschaft einrücken kann. Das hat zum einen damit zu tun, daß es für beide Verhandlungspartner bei Betriebsvereinbarungen akzeptabel erscheint, weil es leicht nachprüfbar und für Manipulationen wenig zugänglich ist. Zum anderen aber wird es als eine Art „Hintergrundgröße" eingeschätzt, die geeignet ist, über Kriterien wie
– Belastbarkeit,
– Arbeitswilligkeit,
– Leistungsorientiertheit,
– Pünktlichkeit und Zuverlässigkeit,
– Gesundheit und seelische Stabilität,
leidlich genaue Aussagen zu gestatten. Zudem wird der Beschäftigte mit zunehmender Dauer der Betriebszugehörigkeit für seine Vorgesetzten und die Personalabteilung leichter zu beurteilen sein, man „kennt" ihn. Dadurch wird die Unsicherheit bezüglich der Frage vermindert, ob er für einen Aufstieg in die Stammbelegschaft und damit in der Arbeitsplatz- und Lohnhierarchie geeignet ist; mit Kosten verbundene Fehleinschätzungen werden vermindert.

Umgekehrt läßt sich erkennen, daß Arbeitskräftegruppen, deren Stabilität des Beschäftigungsverhaltens tatsächlich oder auch nur vermutlich vergleichsweise geringer ist, ein derartiges Zugangskriterium nur schwer erfüllen können. Das sind vor allem Frauen, die wegen ihrer Mutterrolle die Erwerbstätigkeit häufig mindestens unterbrechen müssen, Gastarbeiter, denen man in erster Linie solche Arbeitsplätze überläßt, die die deutschen Arbeitskräfte wegen deren schlechterer Arbeitsbedingungen nicht mehr einnehmen mögen, und jüngere Arbeitskräfte, die im ersten Teil ihres Berufslebens wegen Heirat und Familiengründung räumlich und im Zuge „beruflicher Sozialisation" auch arbeitsplatzmäßig mobiler sind und sein müssen als ältere Arbeitskräfte. Derartige Erfahrungen führen dazu, daß die Zugehörigkeit zu einer dieser Arbeitskräftegruppen bereits ausreicht, in den Personalbüros die Vermutung sich verfestigen zu lassen, sie eigneten sich nicht für innerbetrieblichen Aufstieg und Eingliederung in die Stammbelegschaft. Statt aufgrund von Einzelfallüberprüfungen, die höhere Kosten verursachen würden, werden durch pauschalisierende Reglements ganze Gruppen im vorhinein aussortiert und nur beim verbleibenden Rest – männliche Inländer ab Mitte Zwanzig – detailliertere Ausleseverfahren angewendet.

Hier spielt sich genau das ab, was wir weiter oben mit dem

Fachwort „statistische Diskriminierung" bereits bezeichnet haben: Die Zugehörigkeit zu einer sozialstatistisch zusammengefaßten Gruppe (Frauen, Ausländer, Jugendliche) wird personalpolitisch als Kennzeichen für unzureichende Befähigung aufgefaßt, zutrittsbeschränkte Positionen ausfüllen zu können.

Diese Personalpolitik wird häufig durch die Einwirkung von Betriebsräten noch bestätigt. Man muß den Betriebsräten hierbei gar keine böse Absicht unterstellen, vielmehr ist es so, daß die genannten Gruppen innerhalb des Betriebsrates typischerweise unterrepräsentiert sind, so daß ihre Interessen nicht angemessen wahrgenommen werden – was wiederum auf den geringeren gewerkschaftlichen Organisationsgrad dieser Gruppen zurückzuführen ist.

Es entsteht so das, was man „zirkuläre Verursachung" genannt hat. Aufgrund tatsächlicher oder vermuteter geringerer Beschäftigungsstabilität von Frauen, Gastarbeitern und Jugendlichen werden diesen Arbeitsplätze mit schlechteren Arbeitsbedingungen, geringen Löhnen und ohne Aufstiegsaussichten zugewiesen, weshalb sie umgekehrt kaum einen Anreiz haben, langfristig auf diesen Arbeitsplätzen zu verharren, und sie z.T. durch Betriebswechsel versuchen, bessere Stellen zu bekommen. Obendrein sind ihre Arbeitsplätze diejenigen, die bei einem Nachfragerückgang zuerst eingemottet oder abgebaut werden.

Man erkennt den vertrackten, gewissermaßen sich selbst bestätigenden Effekt der „statistischen Diskriminierung": Indem derartig benachteiligte Arbeitskräftegruppen von vorteilhaften Arbeitsverhältnissen ausgeschlossen werden, wird ihnen zugleich die Möglichkeit genommen, das auf ihnen lastende Vorurteil zu widerlegen; instabile Arbeitsplätze, die ihnen zugeteilt werden, bestätigen immer wieder instabiles Beschäftigungsverhalten. Ein Gegenbeweis wird durch diese Zuweisung von Arbeitsplätzen des offenen Arbeitsmarktsegmentes unmöglich gemacht...

Betriebsräte ändern hieran wenig, da auch sie Anpassungslasten auf diejenigen abzuwälzen geneigt sind, die sich wegen ihres geringen Organisationsgrades am wenigsten wehren.

(2) Nicht viel anders ist die Situation auf **berufsfachlichen Teilarbeitsmärkten**. Erinnern Sie sich, daß die entsprechenden Zugangsrechte hier an das erfolgreiche Durchlaufen des Ausbildungsmarktes gebunden sind und daß der Zugang zum Ausbildungsmarkt von den Rentabilitätskalkülen der Unternehmungen abhängt? Sie entscheiden letzten Endes, ob und wen sie für welche Ausbildung einstellen. Wieder sind Frauen entweder deshalb benachteiligt, weil ihnen häufig nicht zugetraut wird, sie hielten die

Periode der Ausbildungsdauer sowie eine anschließende längere Zeit der Tätigkeit im ausbildenden Betrieb durch, oder weil ihnen der Zugang zu einer Vielzahl von Berufen, die als ausschließliche „Männerberufe" gelten, vorenthalten wird. Gastarbeitern fällt die Absolvierung einer Ausbildung im „dualen System" doppelt schwer, weil sie häufig nicht über ausreichende Sprachkenntnisse verfügen, um dem Berufsschulunterricht folgen zu können, und weil sie von der Ausbildungsvergütung ihren Lebensunterhalt nicht fristen können. Für Gastarbeiter der „zweiten Generation", die Kinder der schon früher zugewanderten ausländischen Arbeitnehmer, ist die Situation keineswegs einfacher: ihnen wird ein deutscher Ausbildungsplatznachfrager stets vorgezogen.

Eine wesentliche Rolle spielen darüber hinaus die von den Unternehmungen geforderten qualifikatorischen Mindeststandards für Ausbildungsplatznachfrager. Erwartet wird mindestens ein erfolgreicher Hauptschulabschluß – in Zeiten eines Nachfrageüberhangs nach Ausbildungsplätzen teilweise sogar Realschulabschluß oder Abitur – und zwar nicht nur deshalb, weil man auf die dort erworbenen Kenntnisse Wert legt, sondern insbesondere auch deshalb, weil ein erfolgreicher Schulabschluß Lernbereitschaft, Durchhaltevermögen und Anpassungsfähigkeit an ein hierarchisches Ausbildungssystem signalisiert, mithin Verhaltensweisen, die die Unternehmungen für ihre Arbeitsorganisationen ebenfalls erwarten.

Aus diesem Grund haben außer Frauen und Ausländern auch „Minderqualifizierte", also Jugendliche ohne Schulabschluß, Sonderschüler etc., nur geringe Chancen, Zugang zum berufsfachlichen Teilarbeitsmarkt zu gewinnen.

Schließlich gilt für die Gruppe der in ihrer Arbeitsfähigkeit Behinderten allgemein, daß ihnen der Zugang zu zutrittsbeschränkten Arbeitsmärkten, ja zum Arbeitsmarkt überhaupt verwehrt wird. Man muß sich zunächst klarmachen, daß der Begriff „Behinderte" für sich schon gesellschaftspolitisch höchst bedenklich ist, weil er Menschen nicht nach ihrer humanen Würde, sondern ausschließlich nach ihrer Verwertbarkeit auf dem Arbeitsmarkt in Leistungsfähige und weniger Leistungsfähige, eben „Behinderte", einteilt und damit ungerechtfertigt ein negatives Werturteil mit beinhaltet. Zweitens ist er aber auch so grob und undifferenziert, daß sich mit ihm arbeitsmarktpolitisch wenig anfangen läßt. In der Arbeitsfähigkeit Behinderte sind zum kleinsten Teil geistig Behinderte, die gleichwohl häufig ausreichende geistige Fähigkeiten haben, die Mehrzahl der automatisierten, sinnentleerten Tätigkeiten in vielen industriellen Produktionsprozessen auszuführen, wenn auch vielleicht nicht innerhalb einer streng reglementierten, funktionalisierten und auf menschliche Kommunikation weitgehend verzichtenden Arbeitsorganisation. Hierzu zählen aber auch alle diejenigen, die durch Arbeits- oder Verkehrsunfälle bleibende Einschränkungen ihrer Arbeitsfähigkeit hinnehmen müssen, und vor allem auch diejenigen, die im Arbeitsprozeß ihre Leistungsfähigkeit vorzeitig verschlissen haben. Gegenwärtig erreichen nur etwa die Hälfte aller Arbeiter ihr Rentenalter bei voller Leistungsfähigkeit, die andere Hälfte wird vorzeitig wegen Erwerbs- und Berufsunfähigkeit in Rente geschickt!

Der Grund für die Nichtzulassung Behinderter zum Arbeitsmarkt, geschweige denn zu zutrittsbeschränkten Segmenten, liegt darin, daß ihre Beschäftigung aus privatwirtschaftlicher Sicht höhere Kosten, z.B. für besondere Arbeitsplätze, Arbeitsbedingungen und -zeiten, befürchten läßt, bzw. allgemeiner: Ihre Produktivität wird angesichts der Lohn- und Lohnnebenkosten als unzureichend eingeschätzt. Mag sich der Staat, so hört man oft, dem man ohnehin geringere Produktivität als der Privatwirtschaft zuschreibt, um sie kümmern.

Knüpfen wir die genannten Argumente zusammen:
— Frauen, Gastarbeiter, Jugendliche haben innerhalb betrieblicher Arbeitsmärkte kaum Chancen, in die Positionen der Stammbelegschaft mit relativ sicheren Arbeitsplätzen, Aufstiegschancen und höheren Positionen zu gelangen; sie verbleiben überwiegend auf Zutrittspositionen und damit im externen bzw. offenen Segment;
— Frauen und Gastarbeiter haben ebenfalls unterdurchschnittliche Chancen, Zugangsmöglichkeiten zu berufsfachlichen Teilarbeitsmärkten zu gewinnen, weil ihnen bereits im Ausbildungsmarkt Ausbildungsplätze nur in geringem Umfang bereitgestellt werden;
— dasselbe gilt hinsichtlich beider zutrittsbeschränkter Märkte für sog. „Minder-" oder „Unqualifizierte";
— als Folge ergibt sich: Diese Arbeitskräftegruppen verbleiben in überproportionalem Umfange im externen bzw. offenen Teilarbeitsmarkt der
  — Randbelegschaften von Großbetrieben,
  — Unternehmungen, die Pufferfunktionen bezüglich Absatzmarktschwankungen zu erfüllen haben;
— als weitere Folge ergibt sich: Diese Arbeitskräftegruppen müssen ein überproportionales Arbeitsmarktrisiko tragen — sie sind zuerst, am häufigsten und am längsten von Arbeitslosigkeit betroffen;

— die schlechteste Position wird der schwächsten Gruppe, den sog. „Behinderten", auferlegt: Zutrittsbeschränkte Märkte sind ihnen verwehrt, zum externen Segment werden sie nur teilweise zugelassen, ihr Risiko, arbeitslos zu werden oder zu bleiben, ist am größten.

Zum Schluß – nach dem Motto: „laßt Zahlen sprechen" – geben wir Daten aus den „Amtlichen Nachrichten der Bundesanstalt für Arbeit", die in einer Veröffentlichung der Bundesanstalt für Arbeit so zusammengefaßt worden sind:

„Zu den wichtigeren Erkenntnissen der Strukturanalyse der registrierten Arbeitslosen gehört, daß unter den Arbeitnehmern diejenigen verhältnismäßig stärker von dem Risiko der Arbeitslosigkeit bzw. von Arbeitsplatzunsicherheit betroffen sind, die
– keine abgeschlossene oder eine unzulängliche Berufsausbildung haben, einschließlich der Hilfs- und ungelernten Arbeiter,
– unter 25 (30) oder über 55 Jahre alt sind,
– Frauen,
– Ausländer,
– Behinderte sind..."

In diesem Zusammenhang wollen wir, gleichsam als Nachwort zu diesem Abschnitt, aber als wichtiges, anfügen: Gegenwärtig spricht man oft von „Problemgruppen" des Arbeitsmarktes; dieser Begriff ist vor allem bei Arbeitsmarktpolitikern beliebt. Gemeint sind damit genau jene Anbietergruppen, die wir gerade als von der Segmentation des Arbeitsmarktes benachteiligte bezeichnet haben: Frauen, Ausländer, Jugendliche, Minderqualifizierte, Behinderte.

Wir halten den Begriff der „Problemgruppen" nicht nur für unangemessen, sondern für gefährlich. Mit ihm wird der Eindruck erweckt, als seien alle die Arbeitskräfte, die man ihm zurechnet, für ihre Benachteiligung selbst verantwortlich, ihnen wird gewissermaßen die Schuld daran zugeschoben, daß sie durch Arbeitslosigkeit zum arbeitsmarktpolitischen „Problem" werden. Aber unsere Darstellung hat gezeigt, daß nicht die Arbeitskräfte, sondern die Arbeitsnachfrager angesichts ihrer Stabilisierungs- und Flexibilisierungsbedürfnisse Zutrittsbeschränkungen zu Teilarbeitsmärkten und damit vorteilhafte und unvorteilhafte Arbeitsverhältnisse schaffen! Der Begriff „Problemgruppen" verschiebt die Verantwortlichkeit von den einflußmächtigen auf die einflußlosen, abhängigen Arbeitsmarktteilnehmer.

Sehen Sie das auch so? Wer hat welchen Einfluß auf dem Arbeitsmarkt, welche Arbeitsmarktfunktion ist dominant?

Struktur der Arbeitslosen 1973/1975/1977 (in 1000, %)

Merkmal		1977	1975	1973
		Männer		
Arbeitslose insgesamt	(1000)	424.4	546.5	106.3
Arbeitslosenquote	(%)	3.0	3.8	0.7
darunter (Anteile in %)				
Ausländer		10.3	14.2	6.8
unter 25 Jahre[1])		25.5	26.3	16.0
über 55 Jahre[1])		14.0	11.8	24.1
ohne abgeschlossene Berufsausbildung		49.5	52.7	43.3
mit abgeschlossener Fachhoch- oder Hochschulbildung		6.4	4.2	7.4
Arbeiterberufe[2])		72.0	76.4	67.4
Angestelltenberufe[2])		28.0	23.6	32.6
Teilzeitarbeit gewünscht		0.6	0.6	1.6
Berufsanfänger		–	4.7	5.8
Ortsgebunden		73.4	–	–
mit gesundheitlichen Einschränkungen		–	23.8	41.2
		Frauen		
Arbeitslose insgesamt	(1000)	486.9	460.1	112.8
Arbeitslosenquote	(%)	5.7	5.5	1.4
Frauenquote an Arbeitslosen insgesamt	(%)	43.6	42.8	41.2
darunter (Anteile in %):				
Ausländerinnen		8.3	12.4	8.1
unter 25 Jahre[1])		32.7	31.2	29.0
über 55 Jahre[1])		9.6	8.3	12.0
ohne abgeschlossene Berufsausbildung		56.5	64.6	60.1
mit abgeschlossener Fachhoch- oder Hochschulbildung		2.6	1.6	1.9
Arbeiterberufe[2])		46.1	54.1	54.3
Angestelltenberufe[2])		53.9	45.9	45.7
Teilzeitarbeit gewünscht		36.2	32.8	38.3
Berufsanfänger		–	4.3	3.5
Ortsgebunden		89.1	–	–
mit gesundheitlichen Einschränkungen		–	15.8	23.1

[1]) Anteil (1974) an den beschäftigten Arbeitnehmern
                     – 25 Jahre   55 + Jahre
        Männer   17,7 %   10,6 %
        Frauen   28,9 %   8,9 %

[2]) Anteil (1974) an den beschäftigten Arbeitnehmern der Arbeiter- und Angestelltenberufe   Männer   Frauen
    Arbeiterberufe   66,8 %   42,8 %
    Angestelltenberufe   33,2 %   57,2 %

Quelle: ANBA (Strukturanalysen der Arbeitslosigkeit)

2. Kapitel: Formen und Ursachen der Arbeitslosigkeit

Nachdem Sie sich über die Funktionsweise des Arbeitsmarktes – eigentlich **der** Arbeitsmärkte, hören wir Sie dazwischenmurmeln, und recht haben Sie – ein detailliertes und dabei theoretisch begründetes Wissen verschafft haben, können wir uns dem Problem der Arbeitslosigkeit nun ausführlich zuwenden.

Zunächst überlegen wir, was der **Begriff Arbeitslosigkeit** eigentlich meint. Ist er so eindeutig, wie uns die Selbstverständlichkeit, mit der er allerorten gebraucht wird, vermuten läßt? Dann werden einige Fachbegriffe für bestimmte **Formen von Arbeitslosigkeit** erklärt, wobei wir unserem Erklärungseifer allerdings insofern Zügel anlegen, als Ihre Gähn- oder gar Einschlafschwelle möglichst nicht überschritten werden soll. Falls dies gelingt, werden Sie anschließend eine längere **Diskussion von Argumenten über die Ursachen von Arbeitslosigkeit**, die wir an gängigen Meinungen orientieren, nachlesen können. Den Schluß dieses Kapitels bildet, wie es sich gehört, eine Zusammenfassung.

1. Definition der Arbeitslosigkeit

Auf den ersten Blick erscheint – wie zumeist – alles ganz einfach: „‚Arbeitslos' ist z.B. ein Herr Schmidt, der keinen Arbeitsplatz hat, aber einen sucht." – Tatsächlich? Was aber, wenn unser arbeitsloser Herr Schmidt einen Facharbeiterbrief besitzt, aber partout als Werksleiter oder technischer Direktor beschäftigt sein will? Oder wenn er Rentner ist, gleichwohl aber noch arbeiten möchte; oder wenn er als Studiosus für die Semesterferien einen Arbeitsplatz sucht, um sich durch Erwerbstätigkeit ein Zubrot zum staatlichen Darlehen zu verdienen? Wie sieht es um den Arbeitslosenstatus eines stellenlosen Herrn Schmidt aus, der nur als Damenfriseur beschäftigt sein will, und wie um den seines „trimm-dich"-erpichten Namenskollegen, der auf einem Arbeitsplatz besteht, den er täglich per Fahrrad erreichen kann? Vielleicht will Herr Schmidt aber auch nur zwei Tage pro Woche arbeiten, weil er zwar finanziell anspruchslos, hinsichtlich frei verfügbarer Zeit aber anspruchsvoll ist?

Sie können diesen Fragezeichenkatalog von Zweifelsfällen leicht selbst verlängern. Diskutieren Sie einmal mit Freunden, was Arbeitslosigkeit eigentlich exakt heißt! Bevor Sie einander aber in die Haare geraten oder gar Freundschaften in die Brüche gehen, sollten Sie den Schluß ziehen: Um den Streit darüber zu beenden, ob unser stellenloser, arbeitsuchender Herr Schmidt wirklich arbeitslos ist oder nicht, muß man sich auf eindeutige Festlegungen und Kriterien **verständigen**; eine theoretisch unbezweifelbare, richtige, „wahrheitsgemäße" Definition gibt es leider nicht.

In der Bundesrepublik bestimmt das Arbeitsförderungsgesetz (AFG) vom 25.6.1969 in den §§ 100ff., wer als arbeitslos gilt.

Bevor wir auf die Legal(= Gesetzes)definition näher eingehen, möchten wir unterstreichen, daß sie ihrer Natur nach ein Ergebnis politischer Zielsetzungen, Verhandlungen und Mehrheitsabstimmungen ist, daß sie also eine durchsetzungsfähige Mehrheitsmeinung widerspiegelt. Eine Diskussion von Formen und Ursachen der Arbeitslosigkeit – und später von Gegenmaßnahmen – beruht damit auf einer Begriffsgrundlage, die politisch gestaltet (und damit auch politisch veränderbar) ist. Entsprechend kann sie keinen Anspruch auf Allgemeingültigkeit erheben, sondern wird raum- (hier: Bundesgebiet) und zeitbezogen (d.h. für uns: Situation zu Beginn der 80er Jahre) geführt.

§ 100 AFG regelt die Voraussetzungen des Anspruchs auf Arbeitslosengeld. Er lautet: „(1) Anspruch auf Arbeitslosengeld hat, wer arbeitslos ist, der Arbeitsvermittlung zur Verfügung steht, die Anwartschaftszeit erfüllt, sich beim Arbeitsamt arbeitslos gemeldet und Arbeitslosengeld beantragt hat. (2) Wer das fünfundsechzigste Lebensjahr vollendet, hat vom Beginn des folgenden Monats an keinen Anspruch auf Arbeitslosengeld."

Als Ökonomen (und juristische Laien) stellen wir fest:
– Wer das 65. Lebensjahr vollendet hat, hat keinen Anspruch auf Arbeitslosengeld; die Frage, ob er u.U. arbeitslos ist oder nicht, bleibt durch das Gesetz offen;
– der § 100 enthält bereits den Begriff „arbeitslos"; wir müssen also im Gesetz weitersuchen, wie er definiert wird;
– der Anspruch auf Arbeitslosengeld wird an 5 Bedingungen geknüpft, und zwar
  – arbeitslos zu sein,
  – der Arbeitslosenvermittlung zur Verfügung zu stehen,
  – die Anwartschaftszeit erfüllt zu haben,
  – sich beim Arbeitsamt gemeldet sowie
  – Arbeitslosengeld beantragt zu haben.

§ 101 AFG umschreibt nun den Begriff der Arbeitslosigkeit. Er läßt sich so zusammenfassen: Arbeitslose sind **Arbeitsuchende**, die in der **Hauptsache** als Arbeitnehmer **tätig sein wollen**, nicht arbeitsunfähig erkrankt sind (dann hätten sie Anspruch auf Rente wegen Berufs- oder Erwerbsunfähigkeit) und **nicht** als Arbeitnehmer, Heimarbeiter, mithelfende Familienangehörige oder Selbständige **beschäftigt sind.**

Wir sehen: Die gesetzesmäßige Zuerkennung des Arbeitslosenstatus hängt davon ab, ob

- jemand Arbeit sucht – und zwar über das Arbeitsamt: Wer sich dort nicht meldet, sondern z.b. nur über Stellengesuche in Zeitungen oder private Kontakte zu Unternehmungen einen Arbeitsplatz zu finden hofft, wird nicht als Arbeitsloser registriert;
- jemand in der **Hauptsache** als Arbeitnehmer tätig sein will – also mindestens 20 Stunden wöchentlich oder mehr;
- jemand nicht arbeitsunfähig erkrankt ist – hier entsteht das Problem festzulegen, was unter einer Erkrankung zu verstehen ist, die arbeitsunfähig macht, und zwar besonders dann, wenn der Betreffende trotzdem arbeiten möchte;
- jemand **nicht** anderweitig erwerbstätig beschäftigt ist.

Als Zwischenergebnis können wir festhalten, daß die eingangs gegebene Definition von Arbeitslosigkeit zwar nicht falsch, aber gemessen an der Gesetzesdefinition nicht genau genug ist. Die Voraussetzung, keinen Arbeitsplatz zu haben (= nicht erwerbstätig beschäftigt zu sein), wird auch vom Gesetz gemacht, hinsichtlich der Suche nach einem Arbeitsplatz gibt es aber Präzisierungen bzw. Einschränkungen. Man wird als arbeitslos nur registriert, wenn man

- über das Arbeitsamt eine Stelle sucht,
- diese mindestens die Hälfte der Normalarbeitszeit umfassen soll;
- zur Berufstätigkeit in der Lage ist.

Die Frage, ob ein Arbeitsloser Anspruch auf Arbeitslosengeld hat, ist allerdings noch nicht positiv entschieden, wenn die Voraussetzungen des § 101 AFG (Begriff der Arbeitslosigkeit) erfüllt sind, sondern erst dann, wenn das auch für die übrigen vier Bedingungen (siehe oben) gilt. Für die Feststellung dieser Anspruchsvoraussetzungen sind insbesondere die §§ 103 (Der Arbeitsvermittlung zur Verfügung stehende Arbeitslose), 104 (Begriff der Anwartschaftszeit) und 105 (Zeitpunkt der Arbeitslosmeldung) AFG wichtig.

Die Anwartschaftszeit ist erfüllt, wenn man mindestens hundertachtzig Tage in ,,einer die Beitragspflicht begründenden Beschäftigung" gestanden hat. Die Höchstdauer des Anspruchs auf Arbeitslosengeld beträgt dreihundertzwölf Tage (§ 106, Abs. 1 AFG); hierfür muß man mindestens zwei Jahre lang vorher beschäftigt gewesen sein. Der Anspruch beginnt erst mit dem Tage der Arbeitslosmeldung beim Arbeitsamt, soweit die übrigen Voraussetzungen erfüllt sind.

Verbleibt als wichtigste Frage diejenige, ob ein Arbeitsloser der Arbeitsvermittlung „zur Verfügung" (§ 103 AFG) steht. Diese Regelung ist politisch besonders heiß umstritten und nicht zuletzt dafür ausschlaggebend gewesen, daß das Arbeitsförderungsgesetz seit 1969 bereits fünfmal (!) novelliert, d.h. geändert, wurde (zuletzt mit Beschluß des Deutschen Bundestages vom 1.6.1979, inkrafttretend am 1.8.1979). Wir zitieren aus der gültigen Fassung des 1. Absatzes dieses Paragraphen:

„(1) Der Arbeitsvermittlung steht zur Verfügung, wer
1. eine zumutbare Beschäftigung unter den üblichen Bedingungen des allgemeinen Arbeitsmarktes ausüben kann und darf,
2. bereit ist, jede zumutbare Beschäftigung anzunehmen, die er ausüben kann und darf, sowie
3. das Arbeitsamt täglich aufsuchen kann und für das Arbeitsamt erreichbar ist."

Sie sehen, daß hier die Frage der „Zumutbarkeit" einer Beschäftigung zur entscheidenden wird. Die Zumutbarkeit ist mehrfach neu gefaßt und seit Beginn der Beschäftigungskrise 1973 stets verschärft worden. So gilt es inzwischen als zumutbar, von einer Angestellten- auf eine Arbeiterposition zu wechseln, Arbeitsverhältnisse einzugehen, die nicht täglich erreichbar sind (Wochenendheimfahrer), einen geringeren Verdienst und andere Arbeitszeiten (Wechsel- und Nachtschicht) in Kauf zu nehmen. Wer das nicht will, erfüllt die Anspruchsvoraussetzung des § 103 AFG nicht und kann deshalb kein Arbeitslosengeld verlangen.

Wir blicken an dieser Stelle einmal kurz auf unseren anfangs vorgestellten „arbeitslosen" Herrn Schmidt zurück. Als Rentner, Student und nur für 2 Tage pro Woche Arbeitsuchender erfüllt er die Anspruchsvoraussetzung der Arbeitslosigkeit nicht, in den übrigen Fällen nicht die der Zumutbarkeitsregelungen nach § 103 AFG: In keinem der genannten Beispiele hätte Herr Schmidt Anspruch auf Arbeitslosengeld.

Warum sind die Verhältnisse bezüglich der Fragen, ob Arbeitslosigkeit vorliegt oder nicht und ob ein Anspruch auf Arbeitslosengeld geltend gemacht werden kann oder nicht, eigentlich so kompliziert? Warum genügt die anfänglich gegebene – doch wohl recht einleuchtende – Definition nicht, wenn man sich die juristischen Reglements anschaut?

Wir glauben, daß hierfür vor allem zwei Tatsachen wesentlich sind.

Die erste ist die der Widersprüchlichkeit der Arbeitsmarktfunktionen, die wir im ersten Kapitel ausführlich dargestellt und analysiert haben. Die Funktionen der Arbeitskräftebeschaffung für die Nachfrageseite und der Einkommensbeschaffung für die Angebotsseite stimmen nur teilweise überein, weshalb sich als dritte Funktion die des Ausgleichs und der Koordinierung auf dem Arbeitsmarkt ergibt, die (neben den Tarifparteien) überwiegend dem Staat zufällt. Man kann sich deshalb leicht vorstellen, daß sich die Bemühung des Ausgleichs von Ungleichgewichten nicht nur darauf richten wird, diese Ungleichgewichte **tatsächlich** zum Verschwinden zu bringen, sondern auch darauf, ihr Ausmaß nach Möglichkeit gering **auszuweisen**. Wenn der Gesetzgeber Arbeitslosigkeit einschränkend und eng definiert, hat das zugleich den für Politiker nicht unerwünschten Effekt, daß das Koordinationsproblem in seiner zahlenmäßigen Bedeutung vermindert wird; die Zahl der amtlich ausgewiesenen Arbeitslosen wird dadurch kleiner als bei einer weiteren Definition von Arbeitslosigkeit.

Den zweiten Grund dafür, daß die Feststellung von Arbeitslosigkeit und Anspruch auf Arbeitslosengeld so kompliziert geregelt ist, sehen wir darin – das mag Sie zunächst überraschen –, daß der Schutz gegen Arbeitslosigkeit nach dem **Versicherungsprinzip** organisiert und zu lösen versucht wird. Man **versichert** sich gegen Arbeitslosigkeit, indem man einen Teil seines Einkommens aus abhängiger Beschäftigung an die Bundesanstalt für Arbeit abführt, nämlich 1,5 v.H., einen Betrag, zu dem der Arbeitgeber dieselbe Summe noch einmal drauflegt. Das Versicherungsprinzip hat Eigenheiten, die Sie sich leicht ins Gedächtnis rufen können, wenn Sie an Ihre Privat- oder Autohaftpflicht-, an Ihre Unfall- oder Lebensversicherung denken. Nicht nur müssen Sie pünktlich und während einer Mindestdauer zahlen (Anwartschaftszeit), sondern vor allem entsteht bei Eintritt eines Schadensfalles die Frage, was und in welchem Umfange wirklich versichert war (das macht die Masse des „Kleingedruckten" aus) und wie hoch Ihr Anspruch ist. Genau dasselbe passiert auch bei der Arbeitslosenversicherung – eben aufgrund des Versicherungsprinzips. Versichert sind wir nur gegen Arbeitslosigkeit – daher die eingrenzende Definition von Arbeitslosigkeit –, und der Anspruch entfällt oder wird verkürzt, wenn wir die Zumutbarkeitsregelungen nicht akzeptieren wollen. Sehen Sie die Parallelen?

Wenn z.B. die Zumutbarkeitsregelungen verschärft werden, kann das Volumen der Schadensleistung der Arbeitslosenversicherung abgesenkt werden: sowohl dadurch, daß notgedrungen auf Seiten der Arbeitslosen die Bereitschaft steigt, auch unvorteilhafte, dequalifizierende und u.U. mit sozialem Abstieg verbundene Arbeitsplätze anzunehmen, als auch dadurch, daß diejenigen, die sich hierzu nicht bereit finden, vom Arbeitslosengeld ausgeschlossen werden. In beiden Fällen muß im Ergebnis insgesamt weniger gezahlt werden; genau hierauf wirkt das Versicherungsprinzip hin.

Wir wiederholen: Zum einen wird das Ungleichgewicht auf dem Arbeitsmarkt durch eine Verschärfung der Zumutbarkeitsregelungen teilweise zu beseitigen versucht, zum anderen führt die Präzisierung der versicherten Tatbestände (§§ 100ff. AFG) zu einem Anreiz oder Zwang, die Versicherungslasten für alle Versicherten abzusenken und anders auf die Versicherten zu verteilen.

Und **noch** eine wichtige Folgerung ergibt sich aus dem Versicherungsprinzip, dem die Arbeitslosigkeit bei uns unterworfen wird. Sie besteht darin, daß helfende Maßnahmen überwiegend erst dann ergriffen werden, wenn das Kind in den Brunnen gefallen, d.h. wenn jemand arbeitslos geworden ist. Nicht so sehr die **Schadensvorbeugung** — die Vermeidung von Arbeitslosigkeit —, sondern die **Schadensmilderung** — die Zahlung des Arbeitslosengeldes — wird durch die Arbeitslosenversicherung ins Visier genommen. Es wäre zwar falsch zu behaupten, daß vorbeugende Maßnahmen in der Bundesrepublik nicht existent seien — im Gegenteil wird sowohl wirtschaftspolitisch als auch besonders mit Hilfe des Arbeitsförderungsgesetzes versucht, eine „aktive", „vorausschauende" Arbeitsmarkt- und Beschäftigungspolitik zu verfolgen; aber die Tatsache bleibt bestehen, daß das Institut der Arbeitslosenversicherung stets erst im nachhinein, wenn der eigentlich zu vermeidende Schaden bereits eingetreten ist, arbeitsmarktwirksam wird. Wir bitten Sie, dieses Faktum nicht aus den Augen zu verlieren.

2. Formen der Arbeitslosigkeit

Die gebräuchlichste und am meisten verbreitete Unterscheidung von Formen der Arbeitslosigkeit trennt **friktionelle, strukturelle** und **konjunkturelle** Arbeitslosigkeit voneinander; hinzu kommen **strukturalisierte, saisonale** und **nicht-registrierte**.

(1) **Friktionelle** Arbeitslosigkeit entsteht durch die fortgesetzte Fluktuation auf dem Arbeitsmarkt (sie wird deshalb auch häufig **Fluktuationsarbeitslosigkeit** genannt). Der Übergang von einem Arbeitsplatz zu einem neuen auf der Angebotsseite sowie auf der Nachfrageseite die Neubesetzung einer offenen Stelle erfordern Zeit. Mit dem Ausdruck friktionelle Arbeitslosigkeit versucht man, auf der Angebotsseite diejenigen Arbeitskräfte analytisch

und zahlenmäßig zu erfassen, die im Übergang von einer alten zu einer neuen Stelle begriffen sind. Das Ausmaß dieser Form von Arbeitslosigkeit hängt großenteils von der Funktionsfähigkeit der Arbeitsmarktinstitutionen ab, die Informationen über freie Arbeitsplätze sammeln, verarbeiten und weitergeben; je effizienter (schneller, exakter und kostengünstiger) diese Institutionen arbeiten, um so geringer kann das Ausmaß friktioneller Arbeitslosigkeit sein. Allerdings, dies muß man einschränkend hinzufügen, sind die Arbeitsmarktinstitutionen auf die aktive Mitwirkung beider Arbeitsmarktseiten angewiesen – insofern hängt das Ausmaß dieser Arbeitslosigkeit auch vom Handeln der Arbeitsanbieter und -nachfrager und damit von vielen Umgebungsbedingungen ab: der Bereitschaft zum Betriebswechsel, der konjunkturellen Situation, der technologischen Entwicklung etc.

(2) **Konjunkturelle** Arbeitslosigkeit wird diejenige Arbeitslosigkeit genannt, die auf konjunkturelle Schwankungen der Wirtschaftstätigkeit zurückzuführen ist. Am Gipfelpunkt eines wirtschaftlichen Aufschwungs müßte die konjunkturelle Arbeitslosigkeit nach dieser Definition verschwunden, d.h. null, sein, im Abschwung zunehmen, mit der Rezession weiter ansteigen und in der „Talsohle" eines konjunkturellen Abschwungs ihren höchsten Stand erreicht haben, dagegen mit wieder einsetzendem Aufschwung abnehmen usw. Sie wird deshalb als abhängig vom Umfang der allgemeinen Nachfrage und damit der Kapazitätsauslastung der Unternehmen interpretiert. Diese Form der Arbeitslosigkeit wird häufig auch **globale Unterbeschäftigung** genannt.

(3) Das Konzept der **strukturellen** Arbeitslosigkeit ist besonders schillernd und vieldeutig und hat deshalb auch zu erheblichen Kontroversen und Mißverständnissen zwischen Arbeitsmarktpolitikern und -wissenschaftlern geführt. Nicht immer wird hinreichend deutlich gemacht, was man unter „Struktur" versteht. Wir halten folgende Gesichtspunkte für wesentlich:

(3.1) **Strukturelle** Arbeitslosigkeit als ein Ergebnis des Auseinanderklaffens und Nichtzueinanderpassens von Angebot und Nachfrage: Herrscht etwa Arbeitslosigkeit im Norden des Bundesgebietes, während im Süden Arbeitskräftemangel besteht, kann die Arbeitslosigkeit im Norden als strukturelle angesehen werden, weil Angebot und Nachfrage **räumlich** nicht zueinander passen. Dasselbe gilt für angebotene und nachgefragte **Berufe** sowie für **Qualifikationen** allgemein, aber auch für das **Geschlecht**, die **Nationalität**, das **Alter** und die **Arbeitszeit** (Teilzeitbeschäftigung).

(3.2) **Strukturelle** Arbeitslosigkeit als ein Ergebnis des **wirtschaftlichen Strukturwandels**: Gliedert man die Wirtschaftsstruktur grob in einen primären (Landwirtschaft), einen sekundären (Industrie) und einen tertiären (Dienstleistungen) Sektor, so entsteht strukturelle Arbeitslosigkeit durch einen Bedeutungswandel des Verhältnisses dieser Sektoren zueinander: Wer z.B. aufgrund des Schrumpfens der Arbeitsplätze im primären Sektor arbeitslos wird, wird der Zahl der strukturell Arbeitslosen im Gefolge des Wirtschaftsstrukturwandels zugerechnet. Speziell wird diese Definition der strukturellen Arbeitslosigkeit auf Wandlungs- bzw. Schrumpfungsprozesse einzelner **Wirtschaftszweige** bezogen, etwa die Abnahme der Arbeitsplätze in der Textil- oder Stahlindustrie etc.

(3.3) **Strukturelle** Arbeitslosigkeit als ein Ergebnis des technischen Fortschritts, des **technologischen Wandels**: Die Einführung neuer Maschinen, Produktionsprozesse und Technologien führt zur dritten Form struktureller Arbeitslosigkeit, die häufig nach der Art ihrer Verursachung auch **technologische** Arbeitslosigkeit genannt wird. Indem bisher von Menschen verrichtete Tätigkeiten auf Maschinen übertragen werden, steigt einerseits die Arbeitsproduktivität: Derselbe Ausstoß kann jetzt mit weniger Arbeitskräften oder in kürzerer Arbeitszeit erstellt werden. Andererseits führt die Senkung des pro Ausstoßeinheit benötigten Arbeitsvolumens zu „Freisetzungen" und damit zu technologischer Arbeitslosigkeit.

Rein rechnerisch und unter Vernachlässigung der unter (3.1) genannten Strukturdifferenzen entsteht technologisch bedingte Arbeitslosigkeit in dem Ausmaß, wie das Wachstum der Arbeitsproduktivität das Wirtschaftswachstum übertrifft. (Vereinfachtes Beispiel: beträgt das Wirtschaftswachstum jährlich 4 v.H., das der Arbeitsproduktivität aber 5 v.H., werden 1 v.H. der Erwerbstätigen technologisch bedingt arbeitslos.) Die „freigesetzten", durch Maschineneinsatz überflüssig gewordenen Arbeitskräfte können theoretisch also nur dann alle neue Beschäftigungsverhältnisse finden (bzw. in ihren alten verbleiben), wenn gleichzeitig die Produktion in einem Umfange erhöht wird, der die Weiter- bzw. Neubeschäftigung der „Freigesetzten" gerade ermöglicht. Steigt die Produktion weniger an, ist strukturelle i.S. technologischer Arbeitslosigkeit unvermeidlich.

(4) Nicht strukturelle, sondern sogenannte „**strukturalisierte**" Arbeitslosigkeit als Ergebnis der Segmentation des Arbeitsmarktes: Hiermit ist das Problem angesprochen, das wir im ersten Ka-

pitel unter 3.5 ausführlich erörtert haben. Danach sind – weitgehend unabhängig davon, ob konjunkturelle oder strukturelle Ursachen für das Entstehen von Arbeitslosigkeit bestimmend sind – stets bestimmte Arbeitskräftegruppen überdurchschnittlich von Arbeitslosigkeit betroffen, nämlich die unternehmensexternen und nicht durch Zertifikat ausgewiesenen Arbeitsanbieter, zu denen vor allem Jugendliche, Frauen, Ausländer, „Minderqualifizierte" und in ihrer Leistungsfähigkeit „Behinderte" zählen. Besteht, wie seit 1974 in der Bundesrepublik, Arbeitslosigkeit in hohem Ausmaße über längere Zeit fort, verstärkt sich die Ungleichverteilung von Arbeitslosigkeit immer mehr, letztere wird beständig stärker „strukturalisiert".

Warum? Weil im Zuge des Arbeitsmarktumsatzes, der Fluktuation von Arbeitskräften, bei Neueinstellungen jeweils diejenigen bevorzugt werden, die nicht zu den vorgenannten Arbeitskräftegruppen gehören; das Arbeitsangebot wird damit gewissermaßen mehrfach „durchgesiebt", wobei immer dieselben Gruppen (wieder) in den Topf der Arbeitslosigkeit fallen, während die anderen, bevorzugten, im Sieb eher hängenbleiben, sprich: Arbeitsplätze einnehmen können. Auf diese Weise, als plastischer aber schiefer (Sie wissen, warum) Ausdruck für strukturalisierte Arbeitslosigkeit, ist der Begriff der sog. „Problemgruppen" (manchmal sogar „Randgruppen" genannt) entstanden.

Außer diesen Formen der Arbeitslosigkeit sind zwei weitere wesentlich:

(5) **Saisonale** Arbeitslosigkeit bezeichnet das Ergebnis jahreszeitlich bedingter Schwankungen der Beschäftigung – z.B. in der Landwirtschaft und besonders im Baugewerbe.

(6) **Nicht-registrierte** Arbeitslosigkeit oder „**stille Reserve**": Die Existenz eines derartigen Arbeitslosigkeitsbegriffes wird Sie nach allem, was Sie im ersten Abschnitt über die Legaldefinition von Arbeitslosigkeit gelesen haben, kaum noch überraschen – und ebensowenig, daß viele Arbeitsmarktpolitiker es vorziehen, diesen Begriff zu übergehen, während Arbeitsmarktforscher immer wieder, zum Ärger der Vorgenannten, auf ihn hinweisen und ihn nach Möglichkeit zahlenmäßig zu fixieren suchen. Denn nicht-registrierte Arbeitslosigkeit – bildhaft eine „stille Reserve" von Arbeitsanbietern, weil sie sich nicht als Arbeitslose melden (und weil sie von den offiziellen Statistiken mit Stillschweigen übergangen werden) – hängt direkt und unmittelbar mit der Art und Weise zusammen, wie Arbeitslosigkeit und der Anspruch auf Arbeitslosengeld gesetzlich definiert werden. Unter „stiller Reserve" sind

also solche Arbeitsanbieter zu verstehen, die keinen Arbeitsplatz innehaben und gern einen hätten, aber die entweder tatsächlich nach der Legaldefinition als Arbeitslose bzw. Arbeitslosengeld-Anspruchsberechtigte nicht anerkannt werden oder die vermuten und auch fürchten, nicht anerkannt zu werden, und deshalb den Weg zum Arbeitsamt gar nicht erst antreten.

Zu diesen Arbeitskräften zählen nicht zuletzt solche, die den durch Arbeitsmarktsegmentation benachteiligten Arbeitskräftegruppen zuzurechnen sind. Hierzu gehören vor allem Ausländer, die nach dem Verlust ihres Arbeitsplatzes zumeist schlechtere Vermittlungschancen als ihre inländischen Kollegen haben und die deshalb in ihre Heimatländer zurückkehren („Export" von Arbeitslosigkeit). Zwischen 1973 und 1977 ist die Ausländerbeschäftigung nach Berechnungen der Bundesanstalt für Arbeit von 2,5 Millionen um 626.000 (ein Viertel!) auf 1,874 Millionen und damit auf den Stand von 1970 zurückgegangen.

In besonderem Maße sind hierzu aber auch Frauen zu zählen, denen ein gesellschaftliches Mehrheitsurteil arbeitsmarktpolitisch insgesamt eine sogenannte „Alternativrolle" zuweist. Damit ist gemeint, daß Männern im vorherrschenden Verständnis die Rolle des Ernährers und Familienvorstandes zukommt, während Frauen in erster Linie als Zweit- oder Zuverdiener verstanden werden – was gleichzeitig heißt, mag das im Einzelfall zutreffen oder nicht, daß Stellengesuche von Frauen sehr häufig als nachrangig nach denen von Männern betrachtet werden. Frauen können schließlich, so hört man immer wieder, in die Familien zurückkehren und ihre Hausfrauen- und Mutterrolle (aus der Arbeitsmarktsicht: die Alternativrolle) erfüllen.

Hier liegt wieder ein „sich selbst verstärkender Effekt" oder eine „zirkuläre Verursachung" vor, wie wir sie im ersten Kapitel bereits angesprochen haben: Indem Frauen diese Alternativrolle häufig tatsächlich erfüllen, bestätigen sie zugleich das Rollenklischee, das anschließend auf dem Arbeitsmarkt bei Arbeitslosigkeit gegen sie verwendet wird: „Bleibt am Herd und nehmt uns Männern nicht die Arbeitsplätze weg!" Wen wundert's, wenn dadurch viele arbeitsuchende Frauen entmutigt werden, sich beim Arbeitsamt zu melden?

Es ist außerordentlich schwierig, den Umfang der „stillen Reserve" exakt zu bestimmen. Im Prinzip geht man von folgenden Überlegungen aus. Erstens: Wie hoch ist das Erwerbspersonenpotential, d.h. wie viele Personen könnten, bei Beachtung bestimmter Rahmenbedingungen, theoretisch erwerbstätig sein? (Vgl. hierzu die weiteren Erläuterungen unter Ziff. (1) unten.) Man versucht demnach, zunächst das Arbeitsangebotspotential zu erfassen. Zweitens: Wie hoch ist das tatsächliche, amtlich erfaßte Arbeitsangebot? Das ist offenbar die Summe aus Erwerbstätigen und Arbeitslosen. Drittens: Wie groß ist die Differenz zwischen Angebotspotential und tatsächlichem Angebot? Diese Differenz ergibt die nicht-registrierten Arbeitslosen bzw. eben unsere „stille Reserve". Die Bundesanstalt für Arbeit schätzt sie im Durchschnitt des Jahres 1979 auf rund 650.000 Personen — eine beachtliche Zahl.

Wir fassen unsere Darstellung über Formen der Arbeitslosigkeit zusammen, indem wir auf Schwierigkeiten bei der Berechnung der gängigen und medienwirksamen Arbeitslosenquote (1) sowie auf Probleme der vorgestellten Arbeitslosigkeitsbegriffe (2) hinweisen.

(1) Die Arbeitslosenquote errechnet sich aus dem Quotienten:

$$\frac{\text{Arbeitslose}}{\text{abhängige Erwerbstätige}} \text{ zum Zeitpunkt X.}$$

Die Probleme der Bestimmung der Zahl von Arbeitslosen haben wir Ihnen hinreichend vorgeführt und brauchen sie hier nicht zu wiederholen. Alle offiziellen Zahlen weisen jedenfalls nur die **registrierten** Arbeitslosen aus, die der Legaldefinition genügen.

Was den Nenner der Arbeitslosenquote betrifft, wird er besonders durch das Verhältnis von abhängigen zu selbständigen Erwerbstätigen und durch das von Erwerbstätigen zu Nicht-Erwerbstätigen beeinflußt.

Die „abhängigen Erwerbstätigen" sind eine Teilmenge der „Erwerbstätigen", die sich aus Abhängigen und Selbständigen zusammensetzen. Selbständig sind Unternehmer (nicht aber ihre Manager!) einschließlich Bauern, Fischer, Händler etc. sowie die vielen freien Berufe wie Ärzte, Rechtsanwälte und so weiter. Abhängig sind alle, die auf Lohn- und Gehaltslisten privater Unternehmungen, der Freiberufler und staatlicher Institutionen geführt werden. Selbst bei konstanter Zahl von Erwerbstätigen kann sich daher die Anzahl der Abhängigen ändern, soweit nämlich Selbständige unselbständig werden (oder umgekehrt).

Schwieriger noch zu bestimmen ist das Verhältnis von Erwerbstätigen zu Nicht-Erwerbstätigen. Letztere sind z.B. Kinder, Schüler, Studenten, Rentenbezieher, Erwerbsunfähige, Hausfrauen, Soldaten und viele andere. Wir können uns die hier anstehenden Probleme zahlenmäßiger Erfassung verdeutlichen, wenn wir einmal betrachten, wie das oben angesprochene **Erwerbspersonenpotential** zu ermitteln versucht wird. Zu bedenken ist dabei,

daß die Ermittlung des **Potentials** auf trendmäßige Entwicklungen
zielt — etwa indem man Durchschnittswerte aus vergangenen Jahren bildet und sie in die Zukunft projiziert — und dabei kurzfristige Schwankungen außer acht läßt. Demgegenüber wird die **Zahl der Erwerbstätigen** aus tatsächlichen Werten ermittelt und kann daher stets nur für bereits abgelaufene Perioden bzw. Zeitpunkte angegeben werden.
- Zuerst erfaßt man alle zwischen 15- und 65-jährigen Inländer, deutsche und nicht-deutsche; sie sind im erwerbsfähigen Alter.
- Dann werden die verschiedenen Erwerbsquoten von Deutschen und Nicht-Deutschen, von Frauen und Männern herangezogen, wobei weiter nach Altersgruppen unterschieden werden muß. (Die Erwerbsquote gibt an, wie viele Personen im erwerbsfähigen Alter tatsächlich erwerbstätig sind. Denken Sie z.B. daran, daß die Erwerbsquote von Frauen generell niedriger ist (Hausfrauen) als die der Männer und daß sie sich nach Altersjahrgängen stark unterscheidet. Warum? Weil z.B. von den unter 25-jährigen viele noch in schulischer oder universitärer Ausbildung sind, weil sie ihrer Militärdienstpflicht genügen müssen, weil sie kleine Kinder haben etc. Mit zunehmendem Alter steigt die Erwerbsquote der Männer zunächst stark an und sinkt später wegen Berufsunfähigkeit, vorzeitiger Verrentung etc. wieder ab.)
- Nun muß die Entwicklung der Alterspyramide der Bevölkerung berücksichtigt werden sowie das vermutete Erwerbsverhalten. (Man muß schätzen, ob die Erwerbsquote insgesamt fallen oder steigen wird und in welchem Ausmaß.)
- Schließlich ist noch — und damit soll es hier genug sein — die durchschnittliche Arbeitszeit zu berücksichtigen (Entwicklung der Arbeitszeit insgesamt sowie das Verhältnis von Voll- und Teilzeitbeschäftigung und dessen Veränderung.)

Alle genannten Faktoren beeinflussen das Verhältnis zwischen Zahl der Erwerbstätigen und der der Nicht-Erwerbstätigen, damit den Nenner der Arbeitslosenquote und den Wert der Quote selbst.

Abschließend ist noch darauf zu verweisen, daß die Arbeitslosenquote eine **Bestandsgröße** ist („zum Zeitpunkt X") und damit die enorme Dynamik des Arbeitsmarktgeschehens gewissermaßen „einfriert". Z.B. machen sich je nach Ermittlungszeitpunkt saisonale Einflüsse geltend; die Frage der Dauer der Arbeitslosigkeit oder die Frage der mehrfachen Betroffenheit von Arbeitslosigkeit kann diese globale Bestandsgröße nicht angeben, auch dann nicht, wenn sie gruppenspezifisch, etwa für Männer, Frauen, Ausländer, Jugendliche etc. getrennt ermittelt wird.

Sie ahnen jetzt sicherlich, welche enormen Probleme der exakten zahlenmäßigen Erfassung und statistischen Berechnung die eigentlich ganz einfach anmutende Arbeitslosenquote mit sich führt. Hierfür sollten Sie anhand der vorstehenden Darlegungen ein Gespür entwickeln; die Wirklichkeit ist selten so einfach und selten so platt zu quantifizieren, wie uns kurzfristig orientierte Medien, problemgeplagte Politiker und manche Praktiker Glauben machen möchten. „Alle können denken, aber vielen bleibt es erspart" (C. Goetz) — Sie und wir aber wollen es anders, nicht wahr?

(2) Die oben genannten Begriffe für bestimmte Formen von Arbeitslosigkeit haben alle zweierlei gemeinsam:
— Erstens: Sie sind an vermuteten **Ursachen** von Arbeitslosigkeit orientiert, etwa am Fluktuationsumfang, an strukturellen Wandlungen, am konjunkturellen Auf und Ab der Güternachfrage, an der Verteilung der Arbeitslosigkeit auf bestimmte Gruppen und an den Einflüssen der Jahreszeit. Lediglich der Begriff der nicht-registrierten Arbeitslosigkeit beinhaltet keine Ursache, sondern eine Beschreibung der Auswirkungen der Definition von Arbeitslosigkeit.
— Zweitens: Alle vorgestellten Begriffe sind wenig trennscharf. Wie soll man etwa im konkreten Fall bestimmen, wie viele Arbeitsuchende friktionell, wie viele strukturell (deren Unterscheidungen sich besonders stark überlappen), wie viele konjunkturell arbeitslos sind? Hängt nicht auch der Umfang der saisonalen Arbeitslosigkeit von der Struktur, Konjunktur und Effizienz der Arbeitsmarktinstitutionen auf dem Arbeitsmarkt ab?

Alle genannten Begriffe sind nützlich, weil sie bestimmte Aspekte der Arbeitslosigkeit hervorheben und damit deutlich machen; sie sind zugleich aber auch unzureichend, weil nicht genügend eindeutig und trennscharf. Nicht zuletzt deshalb ist die nachfolgende Diskussion von Ursachen für Arbeitslosigkeit nicht an diesen Begriffen, sondern an gängigen Meinungen orientiert. Auf geht's!

3. Diskussion der Argumente

In diesem Abschnitt wollen wir die wichtigsten in der Öffentlichkeit diskutierten Argumente zu den Ursachen der Arbeitslosigkeit einer Prüfung auf Stichhaltigkeit unterziehen. Wir werden so verfahren, daß wir die einzelnen Argumente jeweils kurz vorstellen und uns anschließend mit ihnen auseinandersetzen. Eine derartige Vorgehensweise hat einen Vorteil und einen Nachteil. Der Vorteil liegt darin, daß wir ganz konkrete Argumente betrachten und bei der Erörterung dieser Argumente erkennen können, was unserer Meinung nach richtig oder falsch daran ist und vor welchem theoretischen Hintergrund die Vertreter der jeweiligen Argumente diskutieren. Der Nachteil unserer Vorgehensweise ist darin zu sehen, daß wir isolierte Argumente auf ihre Stichhaltigkeit hin überprüfen müssen, obwohl wir doch bereits erkannt haben, daß nicht einzelne exakt identifizierbare Faktoren, sondern Ursachenzusammenhänge Arbeitslosigkeit bewirken.

Gleichwohl halten wir die vorgeschlagene Vorgehensweise für unsere Problemstellung für geeignet, zumal wir im vorigen Kapitel ausführlich und systematisch die Funktionsweise des Arbeitsmarkts dargestellt und bereits an einigen Stellen auf mögliche Ursachen von Arbeitslosigkeit in einem theoretischen Zusammenhang hingewiesen haben. Allerdings wirken unsere Ausführungen daher manchmal sicher etwas holzschnittartig, da nicht immer alle für die einzelnen Argumente zu berücksichtigenden Aspekte erneut angeführt werden, um Wiederholungen zu vermeiden. Liest man aber die gesamte Diskussion aller Argumente im Zusammenhang, ergibt sich wohl doch ein etwas ausgewogeneres Bild. Doch genug des Vorgeplänkels; fangen wir endlich an.

3.1 „Der Lohn ist zu hoch"

Dieses ist das bekannteste und gleichzeitig auch plausibelste Argument; es wird von vielen Wissenschaftlern, Politikern und Bürgern draußen im Lande vertreten; und − seien wir ehrlich − wer kann sich dem gesunden Menschenverstand entziehen, auf dem es offensichtlich gegründet ist, und wer kann aus dem Ärmel Gegenargumente schütteln, die immerhin so bemerkenswert sind, daß ihr Verfechter nicht gleich als renitenter, bockbeiniger Gedankenquerulant erscheint, dessen Intelligenzquotient sich dem Gefrierpunkt nähert?

Trotz dieser Plausibilität des Arguments gehen wir nun nicht sofort zum nächsten Argument über, sondern wollen es mit Hilfe theoretischer Überlegungen auf seine Stichhaltigkeit hin näher überprüfen. Oft sieht man den Wurm hinter der schönen Schale der Plausibilität nicht. Damit wir dabei nicht gleich den roten Faden verlieren, machen wir uns eine kleine Gliederung. Zunächst diskutieren wir den theoretischen Hintergrund des Arguments, sozusagen die Modellkonstruktion, auf der das Argument basiert, fragen uns dann, ob der Lohn überhaupt so flexibel ist, daß Lohnvariationen Arbeitslosigkeit verhindern können, und gehen schließlich auf das Problem ein, ob Lohnsenkungen die Beschäftigung erhöhen können und ob das notwendigerweise immer der Fall ist.

Hinter dem Argument, der Lohn ist zu hoch, damit sei Arbeit zu teuer und werde deshalb in zu geringem Umfang beschäftigt, steht die Vorstellung, Arbeit sei ein Gut wie jedes andere Gut auch und werde auf freien (d.h. nicht zutrittsbeschränkten) Märkten nachgefragt und angeboten. Wird ein solches Gut zu einem bestimmten Preis nicht nachgefragt, so wird es entweder zum Ladenhüter oder der Preis wird solange gesenkt, bis sich ein Käufer findet. Bleiben Arbeiter unbeschäftigt, so sind sie halt zu teuer; sie müßten ihre Lohnforderungen solange herunterschrauben, bis sie von einem Arbeitsnachfrager nachgefragt werden; dann ist der Lohn nicht mehr zu hoch, sondern hat gerade die Höhe, die zur Vollbeschäftigung führt.

Dieser **Vollbeschäftigungslohn** ist nach dieser Vorstellung nun kein irgendwie ausbeuterisch niedergedrückter Lohn; vielmehr konkurrieren die einzelnen Unternehmungen um den knappen Produktionsfaktor Arbeit und haben selbst wieder aus Gründen einer Erhöhung ihrer individuellen Gewinne einen Anreiz, Arbeit, die man noch profitabel einsetzen kann, nachzufragen. Funktionieren alle Märkte vollkommen (d.h. werden durch Preisveränderungen Angebot und Nachfrage immer sofort einander angeglichen) und sind die Unternehmer an hohen Gewinnen interessiert, so stellen sich Preise und Löhne auf einer Höhe ein, die die Wirtschaft in einem Gleichgewicht bei Vollbeschäftigung halten. Da die Arbeitsnachfrage aber eine von der Konsumgüternachfrage abgeleitete Nachfrage ist und die Arbeitsnachfrager als Konsumgüterproduzenten untereinander im Wettbewerb stehen, können sie auf Konsumgütermärkten keine überhöhten Preise durchsetzen; überhöhte Lohnforderungen kann dagegen die über Gewerkschaften vermachtete Arbeitsanbieterseite auf dem Arbeitsmarkt durchsetzen. Arbeitslosigkeit wird demnach durch überzogene Lohnforderungen der Gewerkschaften sozusagen marktextern verursacht. Dies ist in groben Zügen der theoretische Hintergrund, auf dem das Lohnargument basiert.

Nun haben wir im vorigen Kapitel detailliert begründet, inwiefern Arbeit ein besonderes Gut und der Arbeitsmarkt ein besonderer Markt ist und worin die Unterschiede zwischen Arbeit und anderen Gütern und zwischen dem Arbeitsmarkt und den anderen Märkten liegen. Dies brauchen wir hier nicht zu wiederholen. An einen fundamentalen Gesichtspunkt müssen wir aber den Leser wieder erinnern: An die Tatsache, daß die Unternehmung sich über fixe Lohnstrukturen, sowohl horizontal für verschiedene Arbeitstätigkeiten als auch vertikal für verschiedene Positionen auf den jeweiligen Aufstiegsleitern, als Organisationsform in einer

komplexen Umwelt stabilisiert und nur über bestimmte Zutrittsstellen mit dem externen Arbeitsmarkt verbunden ist. Das hat zwei Konsequenzen:
– Die Verteilung der verschiedenen Arbeitskräfte auf die Arbeitsplätze geschieht nicht allein durch Märkte, sondern vor allem durch nicht-marktliche Organisationsverfahren.
– Der Lohn hat nicht nur die Funktion, Märkte zu räumen, sondern er erfüllt auch Einkommensverteilungs-, Motivations- und Informationsfunktionen.

Betrachten wir die beiden Konsequenzen etwas näher. Da nicht die Dienstleistung eines Arbeiters als Gut marktmäßig gehandelt wird, sondern der Arbeiter seine Leistung unter hierarchischer Kontrolle abgibt, reflektiert der Lohn nicht nur die reine Dienstleistung, sondern ein Mixtum aus Dienstleistung, seelischer Stabilität, Leistungsorientiertheit, Lernbereitschaft u.a.m., das für die Unternehmung durch Leistungsanreize und Kontrolle in optimaler Weise sicherzustellen versucht wird. Nicht Lohnveränderungen regeln die Verteilung der Arbeitskräfte auf die Arbeitsplätze, sondern hierarchisch veranlaßte Zuweisungen gemäß bestimmten Regelungen und Standards bei relativ fixer Lohnstruktur. Nur eine relativ fixe Lohnstruktur kann Funktionen wie Motivation zu höherer Leistung, Minimierung von unternehmungsinternen Konflikten bei der relativen Bewertung der einzelnen Arbeitsplätze untereinander nach Arbeitsbelastung, Qualifikation usw. und Information hinsichtlich Kosten und Erträgen sowohl für Arbeitsnachfrager als auch Arbeitsanbieter erfüllen. Damit sind sowohl der Lohn als auch die gesamte Lohnstruktur nicht mehr so flexibel, jeweils kurz- und mittelfristig bestehende Arbeitsmarktungleichgewichte zu beseitigen. Saisonale, strukturelle und globale Unterbeschäftigung können durch Lohnveränderungen nicht vermieden werden.

An der oben skizzierten Modellvorstellung ist demnach nicht die Grundstruktur des Arguments falsch, nämlich, daß der Lohn insgesamt oder einzelne Löhne zu hoch sind, sondern falsch ist vielmehr die Annahme über die tatsächlich vorliegende Organisationsform: Daß frei variierende Löhne Arbeitsangebot und Arbeitsnachfrage auf Arbeitsmärkten koordinieren, während tatsächlich hierarchische Verfahren bei relativ fixen Löhnen und Lohnstrukturen diese Funktion erfüllen.

Diese Tatsache erklärt auch das Vorhandensein von strukturalisierter Arbeitslosigkeit sowie das gleichzeitige Nebeneinander von Überangebot und Übernachfrage bei verschiedenen Berufen. Vertreter der oben skizzierten Theorierichtung würden sagen: Die

Lohnforderungen für einige Arbeitstätigkeiten seien zu hoch, die für andere wiederum zu gering. Unserer Meinung nach richtig wäre aber zu sagen: Die unternehmungsintern festgesetzte Lohnstruktur ist nicht so, daß alle Arbeitsanbieter beschäftigt werden; und bei der Festsetzung der unternehmungsinternen Lohnstruktur können manche Gruppen von Arbeitern mehr, andere weniger und einige Gruppen schließlich überhaupt nicht mitwirken, mit der Folge, daß Arbeitsmarktsegmente bestehen und einige Gruppen von Arbeitskräften mehr und andere Gruppen weniger von Arbeitslosigkeit betroffen werden.

Dies sind zwei unterschiedliche Meinungen und keine semantischen Umdeuteleien einer gleichen Aussage. Denn die Meinung, daß Lohnveränderungen zu Arbeitsmarktgleichgewichten führen, sieht die Ursache für Arbeitslosigkeit in wirtschaftlich nicht erfüllbaren Lohnforderungen der Gewerkschaften; die Meinung, daß nicht-marktliche Organisationsformen bei relativ fixen Lohnstrukturen existieren, sieht die Ursache für Arbeitslosigkeit in dem Phänomen, daß hierarchisch strukturierte Unternehmungen sich über Beschäftigungsschwankungen, Kurzarbeit, Rationalisierung usw. in einer komplexen Umwelt stabilisieren.

In diesem Zusammenhang können wir das Argument der sogenannten „**Mindestlohnarbeitslosigkeit**" diskutieren. Dieses besagt, daß Arbeitslosigkeit auf die Tatsache zurückzuführen sei, daß für bestimmte Berufe Mindestlöhne festgesetzt werden, die bei drohender Arbeitslosigkeit nicht mehr unterboten werden können. Die Diskussion dieses Arguments führt insofern zu keinem neuen Gesichtspunkt, als ja jeder einzelne Lohnsatz innerhalb einer fixen Lohnstruktur als Mindestlohn für die entsprechende Arbeitstätigkeit aufgefaßt werden kann; und hierzu haben wir uns gerade geäußert. Der zusätzliche Gesichtspunkt besteht darin, daß durch Regelungen, die Mindestlöhne bewirken, die Stellung der Arbeitsanbieter insgesamt gestärkt wird, da einzelne Arbeitsanbieter durch Lohnsenkungen nicht gegeneinander ausgespielt werden können.

Bedeutsam dabei ist, daß der Lohn für den einzelnen Arbeitsanbieter einen Einkommensfaktor darstellt. Ein garantierter Mindestlohn macht dieses Einkommen erwartbar, unter dem Vorbehalt, daß man beschäftigt wird; für den Arbeitsnachfrager wiederum werden die Einstellkosten kalkulierbar. Die Funktionen des Lohnes bezüglich der Information und der Einkommenssicherung geraten demnach bei Festsetzung von Mindestlöhnen in Konflikt zu der Funktion, Arbeitsnachfrage und Arbeitsangebot zu koordinieren.

Also sind zu hohe Mindestlöhne doch schuld an der Arbeitslosigkeit? Tatsächlich erhöhen Mindestlöhne die Anpassungskosten der Unternehmung in einer veränderlichen Umwelt. Da aber durch die Segmentation von Arbeitsmärkten bestimmte Gruppen von Arbeitskräften von der Anpassungslast zum großen Teil befreit sind, müssen die Randbelegschaften diese Anpassungskosten mit tragen. Dies geschieht entweder bei Vollbeschäftigung über extreme Lohnschwankungen oder bei festen Mindestlöhnen über große Beschäftigungsschwankungen; Mindestlöhne bewirken eine andere Anpassungsstrategie und eine andere Verteilung der Anpassungskosten. Sagt man, Mindestlöhne sind schuld an der Arbeitslosigkeit, so sagt man unserer Meinung nach nur die halbe Wahrheit, weil man das Anpassungsverhalten sich hierarchisch stabilisierender Unternehmungen einfach ausblendet oder durch die Fiktion einer über Märkte vollkommen koordinierten Wirtschaft ersetzt.

Haben wir bisher zu begründen versucht, warum eine vollkommene Flexibilität von Löhnen und Lohnstrukturen nicht unterstellt werden kann, so wollen wir uns im folgenden mit der Frage beschäftigen, ob flexible Löhne, einmal unterstellt, es gäbe sie, überhaupt eine Arbeitslosigkeit verhindern könnten. Betrachten wir dazu zunächst einen einzelnen Arbeitsnachfrager und darauf die gesamte Wirtschaft.

Für den einzelnen Arbeitsnachfrager bedeutet die Einstellung eines Arbeiters zum einen eine Erhöhung seiner Kosten um den Lohn, zum anderen die Möglichkeit, mehr zu produzieren und mehr zu erlösen. Der Arbeitsnachfrager wird also nur dann jemanden einstellen, wenn er erwartet, daß der Erlös aus dem dann zu erzielenden Mehrprodukt mindestens die zusätzlichen Kosten deckt. Diese Überlegung ist sehr interessant, denn sie verweist auf
— die Absatzerwartungen,
— den zu erzielenden Preis des Produkts,
— die Produktivität des Arbeiters,
— die Lohnhöhe.
Daraus folgt einmal, daß nicht der Nominallohn interessiert, sondern das Verhältnis von Nominallohn und Preis des Produkts, d.h. der Reallohn. Es macht beispielsweise keinen Unterschied, ob der Nominallohn (oder das gesamtwirtschaftliche Nominallohnniveau) 10 DM und der Produktpreis (oder das gesamtwirtschaftliche Preisniveau) 100 DM oder ob die entsprechenden Zahlen 5 DM und 50 DM betragen; der Reallohn ist jeweils der gleiche. Daraus folgt, daß Preissteigerungen bei steigenden Nominallöhnen den Reallohn unverändert lassen können.

Angenommen, die Absatzerwartungen sind sehr schlecht; der Arbeitsanbieter glaubt nicht, daß auch eine Preissenkung den Verkauf seines Produktes anregen kann; dann kann der Lohn sinken und sinken – kein Arbeiter wird zusätzlich eingestellt. Erwartet man einen Absatzrückgang, wird man trotz Lohnsenkung Arbeiter entlassen. Im Extrem muß der Arbeiter zuzahlen, um überhaupt beschäftigt zu werden. Wir lernen daraus: Lohnsenkung ist nur eine Möglichkeit relativ zu anderen Komponenten, um die Beschäftigung zu erhöhen; die anderen Komponenten können so geartet sein, daß eine Lohnsenkung nicht viel hilft.

Wer das Argument: „Der Lohn ist zu hoch", vertritt, der geht davon aus, daß eine akzeptable Lohnsenkung die Beschäftigung so erhöht, daß Arbeitslosigkeit abgebaut wird. Wir sehen aber, daß die Lohnsenkung nicht hinreichend sein muß. Genauso gut könnte man sagen, die Unternehmer seien zu pessimistisch oder die Unternehmer würden zu hohe Preise verlangen, so daß zu wenige Güter nachgefragt werden, oder die Arbeiter seien aufgrund veralteter Technik, schlechter Arbeitsorganisation oder schlechter Ausbildung zu unproduktiv. Immer betont man einen einzelnen Faktor aus einem Wirkungsgefüge von Faktoren und verabsolutiert ihn zur alleinigen Ursache der Arbeitslosigkeit; wir gehen hierauf weiter unten noch ein.

Betrachten wir einmal die gesamte Volkswirtschaft. Hier ist der Lohn sowohl Kostenelement für die Unternehmer insgesamt als auch Nachfrageelement für die Unternehmer insgesamt. Nun sagen manche, das Lohnniveau ist zu hoch – und sehen nur die Kostenseite, andere sagen, der Lohn ist zu niedrig – und sehen nur die Nachfrageseite. Eine Lohnsenkung vermindert die Produktionskosten, senkt aber auch die Güternachfrage (weil jeder Lohnbezieher weniger Geld für Konsumausgaben zur Verfügung hat); eine Lohnerhöhung läßt die Kosten steigen, aber auch die Güternachfrage. Der einzelne Arbeitsnachfrager spürt die Kosten direkt, die entsprechende zusätzliche Güternachfrage kann ihm zugute kommen, kann aber auch anderen Unternehmern zugute kommen. Das heißt, eine Lohnerhöhung wird zwar die Nachfrage stimulieren, u.U. die Gewinnerwartungen jedes einzelnen Arbeitsnachfragers aber negativ beeinflussen. Wie hier im einzelnen argumentiert wird und welche gegensätzlichen Positionen vertreten werden, erörtern wir im nächsten Kapitel im Zusammenhang mit einer Diskussion der wirtschaftspolitischen Maßnahmen zur Beseitigung der Arbeitslosigkeit.

Wir haben gesehen, daß hinter dem Argument: „Der Lohn ist zu hoch", das so plausibel und direkt dem gesunden Menschenverstand entsprungen scheint, bereits eine bestimmte Theorie über die Funktionsweise unserer Volkswirtschaft steht, eine Theorie, die davon ausgeht, daß Arbeitsangebot und Arbeitsnachfrage über Lohnveränderungen auf Arbeitsmärkten zum Ausgleich gebracht werden, wenn nicht Gewerkschaften überhöhte Lohnforderungen durchsetzen würden; Argument und Theorie basieren aber auf falschen Annahmen, wie wir gezeigt haben.

3.2 „Die Ausbildung ist zu schlecht"

Auch dieses Argument findet man als Ursachenbegründung für Arbeitslosigkeit häufig. Dabei kann einer, der so argumentiert, an die Arbeitslosen denken und etwa meinen: „Hätten sie sich besser qualifiziert, die Mühen und Kosten einer besseren Ausbildung nicht gescheut, dann brauchten sie heute nicht arbeitslos zu sein." Oder er denkt eher an das Ausbildungssystem und stellt sich auf den Standpunkt, daß es ungenügende Ausbildung i.S. fehlender Praxisnähe produziere, daß es nicht ausreichend flexibel sei und benötigte Qualifikationen nicht zum rechten Zeitpunkt, nicht im richtigen Umfang und obendrein nicht am richtigen Ort bereitstelle, auf den Arbeitsmarkt zu wenig ausgerichtet und deshalb unfähig sei, Arbeitslosigkeit zu vermeiden.

Entsprechend wollen wir mit den nachfolgenden Überlegungen einmal bei den individuellen Arbeitsanbietern und dann beim Ausbildungssystem ansetzen.

(1) Den arbeitsmarkttheoretischen Hintergrund des Argumentes, Arbeitslosigkeit habe mit zu schlechter Ausbildung zu tun, bildet die sogenannte Humankapitaltheorie, nach der Qualifikationserwerb durch Ausbildung als Investition in Humankapital angesehen werden kann. Wir haben Ihnen diese Theorie bereits im 1. Kapitel, Abschnitt 2.3, unter der Überschrift „Qualifikationserwerb und Humankapital" vorgestellt.

Sehr vereinfacht gesagt, stellt diese Theorie einen engen Zusammenhang zwischen Ausbildungsinvestition und Einkommen her: Wer viel in seine Ausbildung investiert, z.B. mindestens 13 Jahre bis zum Abitur die Schule besucht und anschließend noch ein Hochschulstudium absolviert, hat hinterher im Berufsleben ein hohes Einkommen, wer weniger investiert, verdient später weniger, und wer allzu wenig investiert, darf sich nicht wundern, wenn er sehr wenig oder gar nichts (Arbeitslosigkeit) verdient. Damit haben Sie die humankapitaltheoretische Erklärung von Arbeitslosigkeit: „Die Ausbildung ist zu schlecht."

Sehen wir uns diese Argumentation ein wenig näher an. Es macht durchaus Sinn, Zeit und Kosten, die man für Schul- und

Hochschulausbildung, für betriebliche Berufsausbildung, für Lernen am Arbeitsplatz und für Weiterbildung aufwendet, als Investitionen in das eigene „Humankapital" aufzufassen, auch wenn man über diese Begriffsbildung, mit der Ökonomen Sach- und Humankapital so herzlos gleichsetzen, die Nase rümpfen mag. Und einleuchtend klingt auch, daß über diesen Aufwand an Zeit und Geld nicht nach dem Zufallsprinzip, sondern aufgrund von Erwägungen über den damit erreichbaren Nutzen, bzw. präziser: über die erreichbare positive Differenz zwischen Aufwendungen und Erträgen, entschieden wird. Warum sollten vernünftig denkende Menschen Lasten auf sich nehmen, wenn sie sich dadurch nicht einen Vorteil versprechen, der größer als die Lasten ist? Wie wir gesehen haben, schließt die Humankapitaltheorie daraus, daß höhere Aufwendungen an Zeit und Geld durch längere und kostspieligere Ausbildung deshalb in Kauf genommen werden, weil das damit erzielbare Mehreinkommen insgesamt die Aufwendungen übersteigt.

Bezieht man nun unser Thema, die Arbeitslosigkeit, in dieses Kalkül mit ein, so muß dieselbe Aussage immer noch gelten, wenn man das Risiko von Arbeitslosigkeit mitberücksichtigt: Das mit Hilfe der Ausbildung erzielbare Mehreinkommen muß unter Berücksichtigung möglicher Dauer und Häufigkeit von Arbeitslosigkeit immer noch höher als die aufzuwendenden Kosten sein; andernfalls würde die jeweils betrachtete Art von Ausbildungsinvestition unterbleiben, wenn man rationales, Nutzen und Kosten abwägendes Verhalten der Humankapitalinvestoren unterstellt.

Für den Humankapitaltheoretiker erscheint damit alles klar; zufrieden rückt er seine Brille zurecht und sieht uns streng an, während wir unser „Ja, aber . . . " zu formulieren versuchen. Wir sind nämlich noch gar nicht zufrieden, denken an die Unterschiede von Sach- und Humankapital aus dem ersten Kapitel und fragen uns, was sie angesichts
— der Zukunftsunsicherheit, unter der Investitionsentscheidungen getroffen werden müssen, und
— des Einflußgefälles auf dem Arbeitsmarkt
bedeuten mögen?

Humankapitalinvestitionen sind schon allein deshalb vergleichsweise größerer Zukunftsunsicherheit unterworfen, weil die Verwertungsperiode so lang ist, nämlich ein ganzes Arbeitsleben von 40 bis 50 Jahren. Demgegenüber sind Amortisationsperioden von Sachkapitalinvestitionen kurz. Selbst für Großanlagen, etwa in der Petrochemie (Raffinerien), wird nur mit 8-jährigen Amortisationsperioden gerechnet.

Was wissen wir über das Risiko der Arbeitslosigkeit des gewählten Berufes, wenn wir uns zur „Investition" entscheiden? Recht wenig, und zwar entweder, weil uns längerfristige Trends, soweit wir sie kennen, nur grobe Anhaltspunkte liefern, oder weil wir, sofern wir uns über aktuelle Entwicklungen informieren, nicht wissen können, ob sie längerfristig anhalten. Um zwei Beispiele zu geben: Einerseits können wir ziemlich sicher sein, daß eine Reihe von Berufen längerfristig **nicht** mehr gefragt sind, etwa Schwertfeger, Faßbinder, Weber ... (gehen Sie unsere verbreiteten Nachnamen durch!). Das hilft uns aber bei der interessanteren Frage kaum weiter, welche Berufe umgekehrt auf weitere Sicht noch gebraucht werden. Andererseits kennen wir aktuelle Entwicklungen wie die Lehrerarbeitslosigkeit, die sich bereits im Ausbildungssystem niederschlägt – seit einiger Zeit nimmt die Anzahl von Bewerbern für Lehramtsstudiengänge spürbar ab. Dieser Trend muß aber nicht unbedingt längerfristig anhalten, denn eine bildungspolitische Neuorientierung könnte die Verhältnisse auf dem Lehrerarbeitsmarkt wieder umkehren.

Wegen dieser Zukunftsunsicherheit ist kaum jemand von uns dagegen gefeit – es sei denn, er sei Beamter –, daß sein Können und Wissen eines Tages auf dem Arbeitsmarkt nicht mehr gefragt ist, er arbeitslos und damit sein Investitionskalkül hinfällig wird. Denken Sie z.B. an den Druckerstreik von 1978, der in der Hauptsache um die Absicherung derjenigen geführt wurde, die durch die Einführung von Lichtsatz und Schreibautomaten (d.h. durch technischen Fortschritt) plötzlich überflüssig wurden und durch kaum bzw. anders ausgebildete Schreibkräfte ersetzt werden konnten. Die Unternehmer und Sachkapitaleigner setzten neue Maschinen ein, ohne die Folgen für die Druckarbeiter und Humankapitalbesitzer zu berücksichtigen. Sie können hier an einem plastischen Beispiel erkennen, wie bedeutsam die Unterschiede zwischen Sach- und Humankapitalvermögen sind, die wir oben ausgeführt haben:
– Der Sachkapitalbesitzer kann seine Maschinen veräußern und neue dafür einkaufen; der Humankapitalbesitzer kann das nicht, er kann sein Können und Wissen, auf dessen Verwertung er angewiesen ist, nicht von sich abtrennen, es verkaufen und dann kurzfristig in neues Humankapital investieren.
– Allgemein kann sich Sachkapital bezüglich Raum, Zeit, Qualität und Quantität flexibler anpassen als Humankapital.

Diese Unterschiede haben zur Folge, daß der Sachkapitalbesitzer handlungsfähiger, mächtiger ist im Vergleich zum Humankapitalbesitzer, dem somit Anpassungslasten auferlegt werden. Wenn sich letzterer durch das Mittel des Streiks zu wehren versucht, ist er damit bemüht, seine Unterlegenheit abzubauen; im Fall des Druckerstreiks ist das teilweise gelungen, indem Karenzzeiten für das Wirksamwerden von Dequalifizierungen vereinbart wurden.

Was bedeutet dieses Ungleichgewicht zwischen Sach- und Humankapitalbesitz für die Humankapitaltheorie als Argument, Arbeitslosigkeit weise auf zu schlechte Ausbildung hin?

Die Investitionen in Qualifikationserwerb und damit Humankapital hängen **auch von der Sicherheit** der zu erwartenden Erträge ab. Da nun Humankapitalbesitzer weniger Handlungsmöglichkeiten, weniger Einfluß als Sachkapitalbesitzer haben, die zugleich diejenigen sind, denen sie ihr Humankapital zur Verwertung überlassen müssen, bleiben Humankapitalinvestitionen hinter dem Umfang zurück, den man erwarten könnte, wenn Humankapitalbesitzer ebenso einflußmächtig wie Sachkapitalbesitzer wären. „Zu schlechte Ausbildung", also gewissermaßen „Unterinvestition" in Humankapital, ist aus dieser Sicht keineswegs falsch oder „irrational", sondern im Gegenteil eine Folge der Machtverhältnisse, des Einflußgefälles, auf dem Arbeitsmarkt. Investitionen, deren Rentabilität andere stärker bestimmen können als der Investor selbst, bleiben hinter dem Ausmaß zurück, das zu erwarten wäre, wenn der Investor selbst mehr Einfluß ausüben könnte. Unternehmer handeln in ähnlichen Fällen gar nicht anders, wie man am Beispiel von Sachkapitalinvestitionen illustrieren kann: Auslandsinvestitionen unserer Unternehmungen finden vor allem dort statt, wo die Investoren nicht befürchten müssen, Ihre Anlagen würden plötzlich enteignet (und damit entwertet); umgekehrt wird nicht in Ländern investiert, von denen angenommen wird, sie könnten Auslandskapital eines Tages zu Volkseigentum erklären.

Wir würden deshalb die Humankapitaltheorie als Ergebnis dieser Analyse durchaus nicht als falsch ablehnen, sondern ihr nur vorhalten, sie vernachlässige die wesentlichen Faktoren des Einflusses der Investoren auf die Rentabilität. Erweitert man die Humankapitaltheorie um diese Faktoren, kann sie im Gegenteil mitbegründen, **warum** die Ausbildung zum Teil schlecht ist: Teile unserer Arbeitsmarktorganisation (externes Segment) wirken in der Tendenz **demotivierend** auf Humankapitalinvestoren. Ihnen das zum Vorwurf zu machen, heißt, von ihnen irrationales Verhalten fordern, und erledigt sich damit wohl weitgehend von selbst.

Zu einem ähnlichen Ergebnis kommt man, wenn man die Argumente, die im 1. Kapitel bereits angeführt wurden, noch einmal aufgreift. Dort wurde darauf verwiesen, daß der Erwerb von Humankapital in weiten Bereichen davon abhängig ist, daß man **bereits einen Arbeitsplatz hat**, weil verwertbare Qualifikationen zunehmend am Arbeitsplatz selbst vermittelt bzw. erworben werden (Lernen am Arbeitsplatz, betriebliche Arbeitsmärkte). Gleichzeitig heißt das, daß die erworbenen Qualifikationen überwiegend nur im jeweiligen Betrieb zu verwerten sind; wer arbeitslos wird, gilt, gemessen an den Anforderungen anderer Betriebe, häufig als unqualifiziert, weil er nicht das beherrscht, was diese an spezifischem Wissen und Können benötigen.

Auch hier erweist sich die Verkürzung, die Unvollständigkeit der Humankapitaltheorie bezüglich der Verwertungsmöglichkeit von Humanvermögen: Erstens vernachlässigt sie, daß man zur (betriebsspezifischen) Humankapitalinvestition bereits einen Arbeitsplatz haben muß; ein Arbeitsloser gleicht damit einem, der Sachkapital in Produktionen investieren will, zu denen ihm der Zutritt verwehrt ist (z.B. auf monopolisierten Märkten), d.h. der gar nicht investieren kann. Zweitens übergeht sie, daß die Investition nur unter Umständen rentabel bleibt, die der Investor nicht hinreichend zu beeinflussen vermag; wird er entlassen, ist seine Investition entwertet.

Im 1. Kapitel wurde weiter darauf verwiesen, daß berufliche Qualifikationen, die im Rahmen des „dualen Systems" betrieblicher Ausbildung erworben wurden, häufig, so in wichtigen Teilen des industriell-großbetrieblichen Bereiches, nicht so sehr die Funktion der Qualifizierung, des Anhäufens von Humanvermögen, haben, sondern lediglich eine Voraussetzung schaffen, hier überhaupt Zutritt zu gewinnen. Wir haben diesen Tatbestand mit dem Ausdruck „Zertifikat" oder „Arbeitsmarktausweis" umschrieben. Vergleichbar ist er vielleicht den Abstandszahlungen, die auf vielen Wohnungsmärkten, auf denen die Nachfrage nach Wohnungen größer als das Angebot ist, geleistet werden müssen. Für den industriell-großbetrieblichen Arbeitsmarktbereich muß entsprechend eine Art Abstandszahlung in Form einer Vorausinvestition in berufsfachliche Qualifikation geleistet werden, damit man Zutritt erhält. Der weitere Qualifikationserwerb findet dann wieder am Arbeitsplatz statt und ist mit denselben Risiken bezüglich kontinuierlicher Verwertung behaftet wie im ersten, vorstehend genannten Fall.

Darüber hinaus sollte man bedenken, daß Ausbildungs- und Arbeitsplatzanbieter Inhalt und Umfang der Qualifikationsmöglichkeiten nach eigenen Zielen festlegen. Der Investor in Humankapital wird nicht gefragt. Ihm bleibt nur die Wahl, sich für eine der bestehenden Qualifikationsmöglichkeiten zu entscheiden oder ganz auf Ausbildung zu verzichten.

Was folgt nun aus all dem?

Natürlich nicht, daß Ausbildung, daß „Investition in Humankapital", überflüssig, falsch oder sinnlos wäre. Nur darf man sie nicht zum Allheilmittel gegen Arbeitslosigkeit verklären. Ausbildung als solche sichert noch keineswegs ihre Verwertung auf dem Arbeitsmarkt. Und zwar einerseits deshalb, weil wir zu wenig darüber wissen können, ob unsere Ausbildung nach Abschluß der Investitionsperiode (der Ausbildungszeit) tatsächlich nachgefragt wird und wenn ja, wie lange; andererseits deshalb, weil Ausbildung allein noch nicht ausreicht, Zugang zu zutrittsbeschränkten Arbeitsmärkten zu gewinnen, auf denen die Beschäftigungssicherheit größer und die Verdienstmöglichkeiten besser sind als im externen Segment. Allgemein haben wir ein Problem unterschiedlicher Einflußmöglichkeiten von Sach- und Humankapitalbesitzern auf dem Arbeitsmarkt vor uns, eine Tatsache, die uns Erklärungshinweise dafür liefert, warum nicht mehr in Ausbildung investiert wird.

Wenn wir uns fragen, welche Konsequenzen sich ergäben, wenn die Arbeitsanbieter trotzdem sehr viel mehr in ihre Ausbildung investieren würden, heißt die Antwort: Auch damit könnte die Arbeitslosigkeit nicht beseitigt werden. Die Unternehmungen würden ihre Einstellstandards heraufsetzen und beispielsweise Bewerber mit Abitur auf Arbeitsplätzen einsetzen, für die vorher ein Hauptschulabschluß ausreichend war. Denn es gäbe in einer derartigen Situation zwar mehr gut ausgebildete Arbeitskräfte, aber deshalb nicht mehr Arbeitsplätze, der Angebotsüberhang würde sich nicht verringern, sondern wäre nur besser qualifiziert; statt schlecht ausgebildeter Arbeitsloser hätten wir gut ausgebildete Arbeitslose.

„Aber wir haben doch Facharbeitermangel, überall fehlen qualifizierte Leute!" Das hört man in der Tat oft. Nur: Welche zahlenmäßige Bedeutung hat diese Feststellung, die so gern verallgemeinert wird, eigentlich? Sehen wir uns einige Zahlen aus den „Amtlichen Nachrichten der Bundesanstalt für Arbeit" für Mai 1978 an:

Bei der Interpretation muß man beachten, daß es sich sowohl auf der Angebotsseite – Arbeitslose – als auch auf der Nachfrageseite – offene Stellen – ausschließlich um solche handelt, die sich bei den Arbeitsämtern melden bzw. ihnen gemeldet werden, also jeweils nur um mehr oder weniger große Teilmengen. Größenvorstellungen lassen sich aus dieser Übersicht gleichwohl gewinnen.

	Arbeitslose	%	offene Stellen	%	Verhältnis Arbeitslose zu offenen Stellen
un- und angelernte Arbeiter	468.493	51,3	82.290	35,0	5,7
einfache Angestellte	108.550	11,9	26.732	10,0	4,1
Facharbeiter	103.241	11,3	78.521	30,7	1,3
gehobene Angestellte	168.261	18,4	60.918	23,8	2,8

Qualifikationsstruktur der Arbeitslosen und offenen Stellen, Mai 1978

— Erstens: In **jeder** Qualifikationsgruppe ist das registrierte Angebot größer als die registrierte Nachfrage; rein quantitativ könnte die Nachfrage sofort befriedigt werden — dann würden immer noch 600.000 Arbeitslose übrig bleiben.
— Zweitens: Vergleicht man die **Struktur** des Angebots und der Nachfrage nach der Qualifikation, zeigen sich deutliche Abweichungen: Das Angebot umfaßt mehr gering Qualifizierte, die Nachfrage mehr Qualifizierte. Dieser Tatbestand bildet den empirischen Hintergrund für das Argument, die Ausbildung sei zu schlecht. Man kann das auch an den Zahlen der letzten Spalte ablesen: Auf jede offene Stelle für un- und angelernte Tätigkeiten entfallen 5,7 Arbeitslose mit dieser Qualifikation, bei den Facharbeitern beträgt das Verhältnis nur 1,3 (damit ist das Angebot aber immer noch 30 v.H. größer als die Nachfrage). Engpässe ergeben sich deshalb vor allem aus strukturellen Divergenzen zwischen Angebot und Nachfrage innerhalb einer Qualifikationsgruppe. Sie sind häufig räumlicher, zumeist aber beruflicher Art — es werden vielfach andere Facharbeiterberufe nachgefragt als angeboten. Hier würde die Höherqualifizierung wenig nützen, das Problem ist die **Anders**qualifizierung und damit die Unsicherheit darüber, in **welchen** Beruf man Humankapital investieren soll . . . Über dieses Problem haben Sie oben viel gelesen.
— Drittens: Die **zahlenmäßige** Bedeutung des Facharbeitermangels ist nach diesen Daten im Vergleich zur Gesamtarbeitslosigkeit insgesamt gering.

(2) Wenden wir uns nun noch der zweiten Bedeutung des Argumentes zu, die Ausbildung sei zu schlecht. Danach zielt das Argument nicht so sehr auf den einzelnen Arbeitsanbieter, sondern auf das Ausbildungssystem und dessen für unzureichend gehaltene Funktionsfähigkeit als Ganzes.

Wir müssen vorausschicken, daß wir hier nur einige globale Überlegungen skizzieren können. Die Ökonomie des Ausbildungssektors ist ein weites Feld und längst selbst zu einer Fachwissenschaft geworden; im Rahmen dieses Buches kann sie nicht angemessen behandelt werden. Das für unseren Zusammenhang Wesentliche läßt sich immerhin grob umreißen.

Die Aufgaben, die dem Ausbildungssystem zugewiesen werden, die Zielsetzungen, an denen es sich auszurichten hat, sind gesellschaftspolitisch schon immer stark umstritten gewesen. Gegenwärtig lassen sich zwei gegensätzliche Standpunkte ausmachen. Nach dem einen wird Ausbildung mehr im Sinne von „Bildung" verstanden und als eigenständiger Wert eingeschätzt. Bildung dient der Entwicklung der Vernunft, dem Wachstum der individuellen Persönlichkeit, und damit zugleich der humanitären Würde einer Gesellschaft insgesamt. Der Soziologe Ralf Dahrendorf hat diese Zielsetzung auf die Formel gebracht: „Bildung ist Bürgerrecht". Derartige Vorstellungen haben philosophisch bis in die Antike zurückreichende Tradition; in der Neuzeit fanden sie auf deutschem Boden am klarsten in der Aufklärung ihren Ausdruck. Kant hatte definiert: „Aufklärung ist der Ausgang des Menschen aus seiner selbstverschuldeten Unmündigkeit", und damit den antiklerikalen, antifeudalistischen Grundgedanken der Aufklärung, die Entwicklung und Ausbildung der individuellen Vernunft, treffend zum Ausdruck gebracht. Über die klassische Pädagogik (Pestalozzi, Wilhelm von Humboldt u.a.) hat sich diese Vorstellung bis heute, wenn auch mit Rückschlägen und Unterbrechungen, erhalten.

Nach dem zweiten — fast entgegengesetzten — Standpunkt, der vor allem von Unternehmervertretern und pragmatisch bzw. kurzfristig orientierten Politikern formuliert wird, hat das Ausbildungssystem eine Hilfsfunktion für den Arbeitsmarkt. Es soll diejenigen Qualifikationen effizient und reibungslos produzieren, die der Arbeitsmarkt braucht. Humanitäre Bildung, politische Bildung, musische Bildung, Künste und Wissenschaft erscheinen aus dieser Sicht sekundär, gut, wenn man sie hat, nur kosten dürfen sie möglichst nichts. Was zählt, sind die Bedürfnisse der gewerblichen Praxis, die Signale des Arbeitsmarktes; das Ausbildungssystem soll sich den Anforderungen der Nachfrageseite unterordnen; richtig ausgebildete Arbeitskräfte sind in richtigem Umfang zur richtigen Zeit und am richtigen Ort zur Verfügung zu stellen.

Keine dieser beiden Extrempositionen ist im Ausbildungssystem der heutigen Bundesrepublik verwirklicht, vielmehr finden wir insgesamt eine mittlere Position vor, mal mehr zur einen Seite neigend (Gymnasium, geisteswissenschaftliche Studiengänge), mal mehr zur anderen (betriebliche Berufsausbildung, Fachober- und Fachhochschulen z.B.). Nur wird uns durch die Illustration der Extrempositionen jetzt klar: Sofern nicht dem Ausbildungssystem ausschließlich Hilfsfunktionen für den Arbeitsmarkt zugewiesen werden, sondern auch humanitäre, emanzipatorische Zielvorstellungen eine Rolle spielen, entstehen Probleme der unzureichenden Übereinstimmung von Ausbildungs- und Beschäftigungssystem.

Wir können noch schärfer formulieren: Selbst wenn das Ausbildungssystem vollständig auf die Interessen des Arbeitsmarktes ausgerichtet wäre, gäbe es doch dieselben Probleme, die wir oben unter Ziffer (1) ausgeführt haben:
— Man weiß nicht genau, welche Qualifikationen vom Arbeitsmarkt gewünscht werden. Das hängt zusammen mit
— der Unsicherheit über zukünftige Entwicklungen,
— mit dem Zeitbedarf von Ausbildungsprozessen.

Die Darstellung der Gegenposition hat gezeigt, daß (Aus-)Bildungsbedürfnisse auch unabhängig von ihrer Verwertbarkeit auf dem Arbeitsmarkt bestehen. Dahinter stehen vielerlei Interessen, z.B. humanitäre, politische, künstlerische, aber auch Statusinteressen. Ein Beispiel für letztere ist die Rede von der sogenannten „Akademikerschwemme", die angeblich dadurch entsteht, daß zu viele junge Menschen studieren. Der pure Begriff zeigt bereits an, daß er von Vertretern der zweiten Extremposition, wonach das Ausbildungssystem allein an den Erfordernissen des Arbeitsmarktes auszurichten sei, geprägt worden ist, denn der Wert einer akademischen Ausbildung wird durch das Wort „Schwemme" bereits negativ beurteilt. Dahinter verbirgt sich die Angst vor wachsender Konkurrenz um Statusprivilegien („Wird nicht mein eigenes Statusprivileg geschmälert, wenn immer mehr Menschen Akademiker werden?"). Nach unserem Eindruck wird an diesem Beispiel eine verbreitete Doppelzüngigkeit erkennbar: Dieselben Leute, die den Arbeitslosen unzureichende oder fehlende Ausbildung vorwerfen, lamentieren andererseits über „Akademikerschwemme" und malen den Teufel eines arbeitslosen Akademikerproletariats an die Wand. Was gilt denn nun eigentlich, möchte man fragen, Ausbildung oder Nicht-Ausbildung — oder etwa nur, man möge ihre Vorurteile nicht bloßlegen?

Wir sagten, daß dieselbe Zukunftsunsicherheit, dieselbe unzureichende Information, die für individuelle Ausbildungsentscheidungen gilt, auch das Ausbildungssystem kennzeichnet. Diese Tatsache hat zu zwei bedeutsamen Entwicklungen geführt, die wir abschließend wenigstens noch erwähnen möchten. Erstens, am Beginn der 70er Jahre, als eine Phase der Vollbeschäftigung mit einem neuen Willen zur Reform zusammentraf, führte dies zu einer Flexibilisierung des gesamten Ausbildungssystem in dem Sinne, daß die Übergänge vertikal und horizontal zwischen verschiedenen Bildungsgängen und -abschnitten erleichtert wurden (Beispiele: Gesamtschulen, Gesamthochschulen). Man hoffte, damit zugleich den Bildungsbedürfnissen und den am Arbeitsmarkt gemessenen Bildungserfordernissen besser entsprechen zu können. Seit Beginn der wirtschaftlichen Rezession 1974 ist diese Bewegung stetig verlangsamt, gestoppt, jetzt z.T. sogar zum Rückwärtsgang veranlaßt worden. Wo Expansionsmöglichkeiten fehlen, greift man schnell auf alte Statuserhaltungsstrategien zurück.

Zweitens entstand etwa gleichzeitig eine neue Fachrichtung der Arbeitsmarktforschung, die sogenannte Flexibilitätsforschung. Sie stellt den Versuch dar, statt des Ausbildungssystems die **Ausbildungsinhalte selbst** flexibler zu machen – flexibler im Sinne von breiter, vielfältiger verwertbar. Die Flexibilitätsforschung hat den Begriff der „Schlüsselqualifikationen" geprägt, um damit solche Kenntnisse, Fähigkeiten und Fertigkeiten zu kennzeichnen, die ihrem Besitzer schnellere Anpassung an Änderungen der Qualifikationsanforderungen auf dem Arbeitsmarkt ermöglichen. Noch sind derartige „Schlüsselqualifikationen" zu wenig erforscht; es ist auch noch zu früh, über den Erfolg oder Mißerfolg der Flexibilitätsforschung zu urteilen. Im günstigen Falle wird sie einen kleinen Beitrag zur Verminderung struktureller Arbeitslosigkeit (Andersqualifikation) leisten können.

(3) Fassen wir knapp zusammen:
– Das Argument, Arbeitslosigkeit beruhe auf „zu schlechter Ausbildung", stimmt in dieser generellen Form weder bezüglich arbeitsloser Individuen noch im Hinblick auf das Ausbildungssystem.
– Der **individuelle Arbeitsanbieter** kann seine Chancen auf dem Arbeitsmarkt durch Humankapitalinvestitionen u.U. verbessern – wenn er zur rechten Zeit in die richtige Qualifikation investiert. Die generelle Höherqualifikation der **Arbeitsanbieter insgesamt** würde nicht zur Beseitigung von Arbeitslosigkeit, sondern im wesentlichen nur zur Erhöhung der Einstellstandards führen.
– Wer das **Ausbildungssystem** dahingehend kritisiert, daß es nicht ausschließlich als Zulieferfabrik nachfrageadäquat qualifizierter Arbeitskräfte fungiert, verkennt dessen weitergehende gesellschaftspolitische Aufgaben. Er macht sich zudem Illusio-

nen über die Fähigkeit des Beschäftigungssystems, seine Anforderungen kurz-, mittel- und langfristig exakt zu erfassen und zu formulieren. Das heißt selbstverständlich nicht, daß das Ausbildungssystem nicht verbesserungsbedürftig und -fähig wäre. Zwei Beispiele wurden genannt.
— Allgemein besteht ein Informationsproblem (Zukunftsunsicherheit); dieses Informationsproblem wird durch das Einflußgefälle auf dem Arbeitsmarkt in seiner Wirkung auf die Inhalte und den Umfang von Humankapitalinvestitionen noch verstärkt.

3.3 „Es gibt zu wenige Arbeitsplätze"

„Arbeitslosigkeit brauchte es nicht zu geben, wenn nur genügend Arbeitsplätze für alle die vorhanden wären, die einen Arbeitsplatz suchen. Ein Angebotsüberhang an Arbeitskräften ist der sichtbare Beweis dafür, daß die Arbeitsnachfrage — anders ausgedrückt: die Zahl der Arbeitsplätze — für Vollbeschäftigung nicht ausreicht." Eine einleuchtende Stellungnahme, nicht wahr? „So ist es", möchte man beipflichten, sich freuen, den Stein des Weisen endlich gefunden zu haben, und dies Buch erleichtert zuklappen, da ja nun alles klar ist.

„Aber der Text geht noch weiter", werden Sie mißtrauisch feststellen und murren: „Gibt's da etwa wieder ein Haar in der Suppe?" Leider ja, obwohl wir es selbst gerne anders hätten. Wir wollen zwei Überlegungen hervorheben.

(1) Es gibt zu wenige Arbeitsplätze — gibt es tatsächlich zu wenige Arbeitsplätze? Gilt das für alle Arten von Arbeitsplätzen? Wenn wir einmal versuchen, uns von unserem Gesamtthema „Arbeitsmarkt und Arbeitslosigkeit" gedanklich zu distanzieren und die thematische Orientierung zurückzustellen (die, wenn man nicht aufpaßt, auch zu einer Fessel werden kann), gewinnen wir Raum, über das, was Arbeit, was ein Arbeitsplatz ist, sozusagen „frei zu phantasieren".

Ist Arbeit eigentlich nur auf Einkommenserwerb gerichtete Tätigkeit? Ist ein Arbeitsplatz eigentlich ausschließlich ein solcher Betätigungsort, an dem man der Erwerbstätigkeit nachgeht? Sind Arbeit und Arbeitsplatz nicht sehr viel allgemeinere Begriffe?

Ist nicht die Hausfrauentätigkeit, das Kochen, Saubermachen, Wäschewaschen, Kinder Großziehen auch Arbeit? Ist nicht die Küche, ist nicht die Wohnung als Haushalt auch ein Arbeitsplatz? Arbeiten wir nicht, wenn wir Haushaltsgeräte oder unser Auto instandhalten oder reparieren? Ist nicht der „Hobbyraum" auch ein Arbeitsplatz? Wie steht es um ehrenamtliche Tätigkeiten in Vereinen, Parteien, Verbänden, Gewerkschaften?

Es ist nicht schwierig, diese Liste zu verlängern. (Würden wir Zeilenhonorar bekommen, wären wir in arger Versuchung, genau dies zu tun.) Aber sie reicht aus, um erkennbar zu machen: In einer von Knappheiten, von nur teilweise erfüllten Wünschen und Bedürfnissen gekennzeichneten Welt, kann die Behauptung nicht richtig sein, es gäbe zu wenige Arbeitsplätze. Im Gegenteil! Nur im Paradies oder im Schlaraffenland des Märchens existieren weder Arbeit noch Arbeitsplätze, in der wirklichen Welt gibt es und bleibt unendlich viel zu tun.

Nein, was gemeint ist, ist dies: **Mit Kapital ausgestattete, profitable Arbeitsplätze** haben wir nicht genug. Die genannten Arbeitsplätze sind nicht profitabel, man kann auf derartigen Arbeitsplätzen kein marktfähiges und einen Gewinn erzielendes Produkt erwirtschaften. Mit dem Argument, es gäbe zu wenige Arbeitsplätze, bezieht man sich demnach nur auf bestimmte, nämlich profitable, und beschränkt sich gleichzeitig auf die gegebenen Bedingungen des Arbeitsmarktes:

— Z.B. auf die vorfindliche **Arbeitsintensität**: Viele von uns haben den Eindruck, daß sie eigentlich „für zwei" arbeiten müssen, daß ihr Arbeitsplatz besser von zwei Beschäftigten auszufüllen wäre; die derzeitige Arbeitsorganisation läßt das aber nicht zu.
— Z.B. auf die **Arbeitszeit**: Wenn wir statt 40 nur 20 Stunden wöchentlich arbeiten würden, würde unser Arbeitsplatz zu zwei Arbeitsplätzen; bei der Teilzeitbeschäftigung sehen wir diese Möglichkeit sehr plastisch.
— Z.B. auf die **Definition von Arbeitsaufgaben**: Wenn etwa im Lehrbereich die Klassenfrequenzen gesenkt, das Verhältnis Schüler : Lehrer oder Studenten : Dozenten vermindert würde, ergäben sich sofort freie Stellen bzw. Arbeitsplätze, dasselbe gilt in vielen sozialen Diensten (Klienten je Bewährungshelfer, je Sozialpädagoge oder Sozialarbeiter, Patienten je Allgemeinmediziner, Facharzt in Krankenhäusern etc.).

Wir halten fest: Nicht Arbeitsplätze allgemein gibt es zu wenige, sondern profitable im Rahmen der gegebenen Wirtschaftsordnung und Arbeitsmarktbedingungen.

(2) Bei unserer zweiten Überlegung setzen wir das Vorangegangene voraus und fragen uns nach dem Erklärungswert des Arguments, es gäbe zu wenige Arbeitsplätze, für das Phänomen der Arbeitslosigkeit.

Arbeitslose suchen Arbeitsplätze; wenn sie keine finden, sind offenbar zu wenige Arbeitsplätze da — dies ist der platte Kern des Arguments. Bei näherer Betrachtung läßt es leider unsere Neugier unbefriedigt, **warum** es zu wenige Arbeitsplätze gibt. Offenbar erfahren wir gar nichts Neues, wenn man uns bedeutet, Arbeitslosigkeit existiere, weil es zu wenige Arbeitsplätze gäbe. In der Fachsprache nennt man einen derartigen Argumentationszusammenhang eine Tautologie, d.h. eine Aussage desselben Sachverhaltes mit verschiedenen Worten. Das ist der Grund, warum wir dem Argument spontan zustimmen zu können meinen, nur sind wir damit nicht schlauer als vorher. Achten Sie einmal auf ähnliche Muster in Zeitungsartikeln, Diskussionen etc., wo es etwa heißen könnte: Es herrscht Arbeitslosigkeit, weil es Arbeitslose gibt; das Wetter ist schön, weil das schlechte Wetter Gottseidank vorbei ist, die Geburtenrate sinkt, weil zu wenige Kinder geboren werden...

Dieses Argument bringt uns also keine neuen Gesichtspunkte. Es läßt die Frage nach den Ursachen für Arbeitslosigkeit unbeantwortet und verweist uns allenfalls auf den Zusammenhang zwischen Gewinnerzielung und Arbeitsplatzbereitstellung.

3.4 „Es wird zuviel rationalisiert"

Ratio — das ist bekanntlich die Vernunft. Die Produktion rationalisieren, heißt demnach, die Produktion „vernünftiger" gestalten, was für uns, die wir als Vorstellungshintergrund unsere gegenwärtige Wirtschaftsordnung im Kopf haben, bedeutet, die Produktion effizienter zu machen. Unter Effizienzsteigerung wiederum verstehen wir, entweder einen gegebenen Produktionsausstoß mit geringeren Einsatzmitteln (z.B. Arbeit, Kapital) zu realisieren oder mit gegebenen Einsatzmitteln einen höheren Ausstoß zu erzeugen.

„Rationalisieren" hat aber noch einen anderen Bedeutungsinhalt, den uns seine Verwendung in der Psychologie lehrt. Dort versteht man unter „Rationalisierung" den Versuch, innere Motive (Gefühle und Einstellungen) derart zu verbergen, daß man seinen Handlungen eine „rationale", mit Verstand und Vernunft untermauerte, Begründung gibt. (Beispiel: Gefühls- und einstellungsmäßig sind Männer häufig davon überzeugt, Frauen überlegen zu sein; sie „rationalisieren" ihr Gefühl mit Begründungen wie der, Frauen seien für bestimmte Tätigkeiten eben „nicht geeignet".)

Wir tun gut daran, beide Bedeutungen des Rationalisierungsbegriffs bei unserer Diskussion von Arbeitslosigkeitserklärungen mitzubedenken. Einmal verweist er uns auf die Effizienzsteigerungen, die durch Rationalisierungen möglich sind, zum zweiten aber auch darauf, daß Rationalisierung und Effizienz im allgemeinen nur in einem Sinne verstanden werden, hinter dem privatwirtschaftliche Gewinninteressen stehen, die sich aber nur auf solche Dinge beziehen, die in das Kostenkalkül der Unternehmungen eingehen. Dies machen wir uns häufig gar nicht mehr klar. Täten wir das, wir würden leicht darauf kommen, daß man unter Rationalisierung auch anderes verstehen könnte, z.B. Arbeitsbedingungen stärker auf menschliche Bedürfnisse auszurichten, sie mehr im Sinne von Mitmenschlichkeit und Kommunikation auszugestalten, sie als stärker selbstbestimmte Aufgaben zu definieren, die geringerer hierarchischer Kontrolle unterliegen, etc.

Rationalisierung im Sinne von Effizienzsteigerung der Produktion ist tatsächlich eine der grundlegenden Aktivitäten von Menschen. Schon immer haben sie gelernt, ihre Betätigungen zu rationalisieren. Sie können das über die Jahrhunderte in der agrarischen Produktion, in der Waffentechnik, in der Fortentwicklung des Handwerks und des Handels verfolgen. Die Auseinandersetzung mit der Natur, die Lösung des Problems, Überlebensmöglichkeiten zu schaffen, hat stets dazu geführt, „günstigere", aufwandsärmere Möglichkeiten der Produktion zu entdecken.

Seit dem Beginn der Industrialisierung hat die Rationalisierung indes eine enorme Beschleunigung erfahren, da einerseits Menschenkraft durch Maschineneinsatz **ersetzt**, andererseits aber auch – und zwar in **ungleich** höherem Maße – menschliche Arbeitskraft durch Maschinen **erweitert** wurde. In langfristiger Perspektive hat sich deshalb weniger (aber auch) eine Erhöhung der Freizeit als eine Erhöhung des Sozialprodukts, d.h. Wirtschaftswachstum, ergeben.

Denken Sie an unsere Diskussion der Unternehmungsfunktionen im 1. Kapitel: Dort wurde deutlich, daß der Unternehmungsfunktion, Kapitalanlagemöglichkeiten, m.a.W.: Gewinnchancen, zu schaffen, in marktwirtschaftlich organisierten Wirtschaftsordnungen Priorität zukommt. Das private Gewinninteresse war und ist der wesentliche Anreiz, Produktionskosten zu senken; die Rationalisierung ist ein zentrales Instrument hierfür.

Es lohnt sich, diesen Gedanken einen Moment weiterzuverfolgen, weil Sie dann die Zusammenhänge zwischen der Arbeitsnachfrage (Unternehmung) und der Rationalisierung leichter nachvollziehen können. Stellen Sie sich die durch Agrarwirtschaft, kleine Handwerks- und Handelsbetriebe gekennzeichnete Wirtschaft in der Mitte des 18. Jahrhunderts auf deutschem Boden als Ausgangssituation vor. Wenn die Rationalisierung i.S. von neuen Werkzeugen, Maschinen und Nutzung nicht-menschlicher Energiequellen im Laufe der Entwicklung ausschließlich dazu benutzt worden wäre, menschliche Arbeitskraft zu **ersetzen**, wir hätten längst die

5- oder gar 1-Stunden-Woche, allerdings auf dem niedrigen Produktionsniveau von damals. Tatsächlich ist die Arbeitszeit aber zunächst stark erhöht und erst nach und nach, im Verlaufe zahlreicher und heftiger Arbeitskämpfe, auf das heutige Niveau reduziert worden, während gleichzeitig der Produktionsausstoß in ungeahntem Maße zugenommen hat.

Daraus ist theoretisch zu schließen – und Theoretiker, die die Unternehmung vor allem als hierarchische Organisation interpretieren, tun das –, daß der technische Fortschritt bzw. die Rationalisierung keineswegs sozusagen „von selbst" entstehen, praktisch eine Art „Naturgesetz" darstellen, an das wir uns notgedrungen einfach fortgesetzt anpassen müßten. Entsprechend ist die Unternehmung als Produktionsorganisation nicht entstanden, weil sie anderen Organisationsformen der Produktion technisch überlegen gewesen wäre, sondern sie entstand als ein Mittel, den Produktionsprozeß (Arbeitszeit, Arbeitsmethode, Arbeitsmaterial) zum Zwecke der Gewinnerzielung unter die Kontrolle des Kapitaleigners zu bringen. Damit konnte sowohl der Güterausstoß gesteigert (Gewinnerzielung über höheren Umsatz), die Arbeitszeit erhöht (16-Stunden-Tag in der ersten Hälfte des 19. Jahrhunderts) bzw. ihr Sinken verzögert und der technische Fortschritt i.S. von Rationalisierung (Kapitalanhäufung durch stetig produktivere Maschinen) beschleunigt werden.

Daraus wird erkennbar, daß technischer Fortschritt bzw. Rationalisierung und besonders ihr Ausmaß **interessenbestimmt** sind; nicht ein Naturgesetz oder der Zufall waltet, sondern Gewinnerzielungsabsichten herrschen vor.

Wer Ausflügen in die Historie mißtraut, kann dieses Argument auch gegenwartsbezogen überprüfen.

Intuitiv verstehen wir unter gegenwärtigen Rationalisierungsprozessen solche, bei denen durch technischen Fortschritt Menschen durch Maschinen ersetzt werden. Das ist nur teilweise richtig, tatsächlich werden nicht nur Menschen durch Maschinen, sondern auch alte durch neue Maschinen, alte, weniger spezialisierte Werkzeuge durch neue, speziellere, ersetzt. Beschäftigungswirkungen ergeben sich also nicht nur durch den direkten Ersatz von Menschen durch Maschinen, sondern auch dadurch, daß alte Werkzeuge und Maschinen nicht mehr nachgefragt werden und diejenigen Unternehmungen, die sie herstellen, vom Markt verschwinden müssen, wenn sie nicht ihrerseits neue, effizientere Produktionswerkzeuge und -maschinen entwickeln. Der Rationalisierungs**anreiz** – Möglichkeiten der Kostensenkung – geht in einen Rationalisierungs**druck** über:

Unternehmungen **wollen** rationalisieren, um Kosten zu senken und ihre Gewinnaussichten zu verbessern, und sie **müssen** rationalisieren, wenn sie konkurrenzfähig bleiben wollen. Die sich hieraus beständig ergebende Rationalisierungsnachfrage hat ganze Industrien entstehen lassen (z.B. Maschinenbau, Computerindustrie), deren Unternehmungen als zentrale langfristige Absatzstrategie die Erfindung und Entwicklung effizienterer Produktionstechnologien installiert haben.

Wir betonen diesen Gesichtspunkt, um zu zeigen, daß Rationalisierungsanreiz und -druck letzten Endes eine Folge unserer Wirtschaftsordnung sind. Denn häufig hört man: Es wird rationalisiert, weil die Löhne zu hoch und die Gewerkschaften mit ihren Forderungen zu unverschämt sind, weil man keine geeigneten Arbeitskräfte findet oder weil man die Arbeitsplätze „humanisieren", menschlicher gestalten, will. Diese Gesichtspunkte spielen eine Rolle, mal mehr, mal weniger (meistens weniger), sind aber zweitrangig im Vergleich mit dem Rationalisierungsdruck auf die **Effizienz der Produktionsorganisation** und die **Senkung der Kosten insgesamt**, den das Gewinnerzielungsinteresse ständig als grundlegende Kraft ausübt.

Also ist Rationalisierung eine wesentliche Ursache von Arbeitslosigkeit? Wir meinen: ja.

Bisher haben wir den arbeitsparenden Effekt von Rationalisierungen hervorgehoben. Es ist aber auch schon deutlich geworden, daß er historisch vom Produktionswachstum überkompensiert worden ist. Während einerseits Arbeitsplätze „wegrationalisiert" werden, werden dort, wo die effizienteren Maschinen und Anlagen gebaut werden, neue Arbeitsplätze geschaffen. Wenn die Wirtschaft wächst, werden außerdem die „freigesetzten" Arbeitskräfte für die zusätzliche Gütererzeugung benötigt. Der Nettoeffekt läßt sich, global betrachtet, durch den Vergleich von Wirtschaftswachstumsrate (Zuwachs des Bruttosozialprodukts) und Wachstum der Arbeitsproduktivität abschätzen. Vergleichen Sie unsere Ausführungen oben zur technologischen Arbeitslosigkeit! Sofern die Wachstumsrate des Bruttosozialprodukts mindestens so hoch ist wie die der Arbeitsproduktivität, führt die strukturelle Nachfrageverminderung nach Arbeitskräften durch Rationalisierung nicht zu dauernder, sondern nur zu struktureller Arbeitslosigkeit i.S. des qualitativen Auseinanderklaffens von Angebot und Nachfrage, weil die „Freigesetzten" nicht unbedingt dem Anforderungsprofil der wachstumsbedingten Zusatznachfrage entsprechen.

Von den meisten Wirtschaftsforschungsinstituten werden für

die Zukunft nur noch geringe Wachstumsraten des Bruttosozialprodukts vorausgesagt. Soll man deshalb auf Rationalisierung verzichten? Soll man zumindest weniger rationalisieren, soll man „anders", z.b. in Richtung auf „Humanisierung" der Arbeitsplätze, rationalisieren?

Diese Forderungen, so einleuchtend und naheliegend sie anmuten, sind im Rahmen unserer Wirtschaftsordnung nicht direkt zu verwirklichen. Private Unternehmerwirtschaft ist ohne private Kostensenkungsstrategien kaum denkbar; für letztere ist die Rationalisierung ein wesentliches Instrument (wenn nicht sogar **das** wesentliche). Und Humanisierungsbestrebungen können nur in dem Ausmaß erfolgreich sein, wie Möglichkeiten der Kostensenkung mit der von Arbeitsplatzhumanisierung zusammenfallen; das ist ein noch nicht ausgeschöpfter, insgesamt aber sehr enger Rahmen.

Also bleibt uns nur, an den **Folgen** der Rationalisierung arbeitsmarktpolitisch anzusetzen, mithin an den Symptomen zu kurieren, die Ursachen aber nicht zu beseitigen?

Die gegenwärtige Wirtschaftspolitik erlaubt in der Tat keine weitergehenden Ansätze. Die Wirtschaftsordnung erscheint ihr unantastbar, so bleibt ihr im wesentlichen nur, auf Wirtschaftswachstum zu setzen, während allerorten Bürgerinitiativen gegen neue Wachstumsprojekte entstehen und die ökologische Bewegung der „Grünen" anzeigt, daß die sog. ökonomischen „Sachzwänge" an Überzeugungskraft verlieren. Wir werden hierüber im vierten Kapitel noch ausführlicher nachdenken.

Eine Möglichkeit, die Rationalisierung positiv zu nutzen, kann man in Arbeitszeitsenkungen sehen: Der Produktivitätsfortschritt könnte — statt zur zunehmenden Spaltung in Beschäftigte und Unbeschäftigte bei gleichbleibender Arbeitszeit zu führen — so genutzt werden, daß durch allgemein sinkende Arbeitszeit Vollbeschäftigung erreicht wird. Hierauf kommen wir im 3. Kapitel (Abschnitt 2.5) und noch einmal im 4. Kapitel zurück.

3.5 „Wir haben zu viele Gastarbeiter"

Im Jahre 1955 hatten wir 80.000 Gastarbeiter — bzw. richtiger: ausländische Arbeitnehmer — in der Bundesrepublik; das waren 0,4 v.H. der beschäftigten Arbeitnehmer insgesamt (= Ausländerquote). 1965 waren es bereits 1,12 Millionen und eine Ausländerquote von 5,3 v.H., 1975 2,06 Millionen und 10,2 v.H.; 1978 schließlich 1,87 Millionen, die Ausländerquote betrug 9,3 v.H. Die Zahl der ausländischen Arbeitnehmer zuzüglich ihrer nichterwerbstätigen Familienangehörigen beläuft sich gegenwärtig auf

4,2 Millionen Menschen, das sind knapp 7 v.H. der Gesamtbevölkerung in der BRD.

Das sind in der Tat beachtliche Zahlen. Aber außergewöhnlich, gar einzigartig, sind sie nicht. In der gesamten uns bekannten Historie hat es „Gastarbeiter" gegeben. Schon immer waren Menschen aus Gründen des nackten Überlebens oder wirtschaftlicher Not gezwungen – häufig wurden sie auch von anderen gezwungen –, ihre Heimat zu verlassen. Das zeigen die auf Sklavenarbeit beruhenden Gesellschaften der Antike, die Völkerwanderungen des gesamten Mittelalters, die neuzeitlichen Sklavenverschiffungen, hauptsächlich aus Afrika, nach Süd- und Nordamerika, die exorbitanten Auswandererzahlen nach Nordamerika vor allem im Verlaufe der industriellen Revolution in Europa (allein zwischen 1880 und 1890 1,5 Millionen deutsche Auswanderer). Man schätzt, daß zwischen 1851 und 1950 37 Millionen Menschen nach den USA auswanderten, davon nicht weniger als 31 Millionen Europäer.

Und auch auf deutschem Boden sind die heutigen Zahlen so neu nicht. Bereits 1914 gab es ca. 1,2 Millionen ausländische Arbeiter, was, bezogen auf die Gesamtbeschäftigtenzahl, einer heute vergleichbaren Ausländerquote entsprach. Im nationalsozialistischen Deutschland, während des 2. Weltkriegs, wurden im August 1943 5,2 Millionen ausländische Zwangsarbeiter (Zivilpersonen und Kriegsgefangene) gezählt.

Heute kennt fast jedes industrialisierte Land die Klage, man habe zu viele Gastarbeiter. Allein in den neun Mitgliedsstaaten der Europäischen Gemeinschaft leben zur Zeit 6 Millionen ausländische Arbeitnehmer. Weltweit ist eine Zunahme von Flüchtlings-, Auswanderer- und „Gastarbeiter"-Strömen zu verzeichnen. Unser Argument fügt sich also in eine überkommene historische und internationale Problematik ein, umschreibt aber als arbeitsmarktpolitisches Problem in der Bundesrepublik Deutschland nicht mehr als die Spitze eines Eisbergs, noch dazu dessen Sonnenseite, während Schatten und eisige Not von ihm gar nicht erfaßt werden.

Genau betrachtet, handelt die Feststellung, wir hätten zu viele Gastarbeiter, nicht von **Gründen** für die Existenz von Arbeitslosigkeit, sondern zielt unverblümt auf die **Maßnahmeempfehlung**, ausländische Arbeitnehmer sollten zur Behebung unseres Arbeitslosenproblems „rausgeworfen", nach Hause geschickt werden. Hiermit befassen wir uns weiter unten im 3. Kapitel.

Soweit das Argument dieses Abschnitts überhaupt eine Ursachenanalyse von Arbeitslosigkeit beinhaltet, läuft sie ungefähr darauf hinaus, wir könnten und sollten alle Arbeitsplätze selbst besetzen, sie nicht Ausländern überlassen bzw. sie uns von ihnen „wegnehmen" lassen. Damit läßt sich das Argument in eine globale und eine strukturelle Komponente aufspalten. Global bedeutet sie: Wir haben zu wenige Arbeitsplätze; wenn die ausländischen Arbeitnehmer weg sind, reichen die Arbeitsplätze für uns. Strukturell bedeutet sie: Welche Tätigkeiten erfüllen die ausländischen Arbeitnehmer? Wollen und werden Deutsche auch diese Arbeitsplätze einnehmen?

Bei fast 1,9 Millionen ausländischer Arbeitnehmer und rund 900.000 Arbeitslosen könnte die Arbeitslosigkeit, global betrachtet und rein rechnerisch, beseitigt werden, wenn man die Ausländer nach Hause schickte. Nur hätten wir dann zusätzlich zu den derzeit bestehenden freien Stellen eine weitere Million unbesetzter Arbeitsplätze. Die Folge wären massenhafte Produktionsausfälle und Lieferzeitverlängerungen, die zu starkem Preisauftrieb und auf mittlere Frist u.a. zu Ersatzimporten, Auslandsinvestitionen, Beschleunigung der Rationalisierung etc. führen müßten, mithin ein hohes Risiko zu neuer Arbeitslosigkeit in sich bergen würden.

„Wenn das so ist", könnte man einsichtig folgern, „schicken wir eben nicht alle, sondern gerade so viele Ausländer nach Hause, wie wir zur Beseitigung der Arbeitslosigkeit benötigen". Ja, wenn es — ungeachtet aller gesellschaftspolitischen Gegenargumente — so einfach wäre! **Welche** ausländischen Arbeitskräfte wären denn auszusondern, nach welchen **Kriterien** wäre arbeitsmarktpolitisch vorzugehen? Wir sehen an dieser Stelle ganz deutlich, daß globale Betrachtungen von strukturellen nicht abgekoppelt werden können; wer in einer komplizierten, hoch arbeitsteilig organisierten Gesellschaft globale Größen verändern will, muß auch deren strukturelle Komponenten stets mitberücksichtigen.

In der Wiederaufbauphase der Nachkriegszeit wurde der Arbeitskräftebedarf, nachdem die Arbeitslosigkeit weitgehend abgebaut war, zunächst mit Arbeitskräften aus den ehemals deutschen Ostgebieten und insbesondere aus der DDR gedeckt. Nach dem Mauerbau 1961 entwickelte sich aber die Anwerbung ausländischer Arbeitskräfte zu einer langanhaltenden Notwendigkeit — und sie wurde massiv betrieben (denken Sie an die eingangs gegebenen Zahlen).

Diese Ströme von ausländischen Arbeitnehmern haben allerdings nicht, wie oft vermutet wird, deutsche Arbeitskräfte verdrängt. Wir zitieren aus einer Veröffentlichung der Bundesanstalt für Arbeit von 1973: „Positiv im Sinne einer vorrangigen Ausschöpfung der inländischen Arbeitskraftreserven ist, daß die Gebiete mit der relativ höchsten Ausländerkonzentration (Baden-Württemberg, Hessen) zugleich Gebiete mit unterdurchschnittlicher Arbeitslosigkeit bei hohen Erwerbsquoten sind . . . Umgekehrt sind die Gebiete mit überdurchschnittlicher Arbeitslosigkeit (Niedersachsen-Bremen, Rheinland-Pfalz/Saarland) zugleich Gebiete mit besonders niedriger Ausländerkonzentration bei unterdurchschnittlichen Erwerbsquoten im Bundesvergleich . . ." Damit wird ganz klar, daß Zuwanderungsströme gerade dorthin erfolgt sind, wo Arbeitskräfteknappheit bestand, und dort unterblieben, wo das inländische Arbeitsangebot ausreichend war.

Haben die ausländischen Arbeitnehmer somit schon in Zeiten des hohen wirtschaftlichen Wachstums deutsche Arbeitskräfte nicht verdrängt, sondern im Gegenteil Nachfragelücken schließen helfen, zeichnet sich für die Folgephase, zunächst Rückgang, dann gering wachsende Wirtschaftsaktivität, dasselbe Ergebnis ab. Zwischen 1973 und 1977 war der Rückgang der Beschäftigung ausländischer Arbeitnehmer überdurchschnittlich hoch in denjenigen Bundesländern, in denen zuvor die höchsten Zuwachsraten und Ausländerquoten vorhanden waren; so in Bayern (− 28 v.H.), Baden-Württemberg (− 27 v.H.) und Hessen (− 26 v.H.). Nicht Verdrängung, sondern das blanke Gegenteil: überproportionaler Beschäftigungsrückgang, kennzeichnet das Verhältnis ausländischer und inländischer Beschäftigungsmöglichkeiten in der Krise. Das zeigen auch globale Zahlen: 1977 betrug die Ausländerarbeitslosigkeit 4,9 v.H. gegenüber 4,6 v.H. der Arbeitslosigkeit von Inländern, wobei man berücksichtigen muß, daß
− zwischen 1973 und 1977 die Zahl ausländischer Arbeitnehmer um 626.000 zurückgegangen ist (wären sie noch hier, die Ausländerarbeitslosigkeit müßte fast 30 v.H. betragen!),
− die „stille Reserve", d.h. die nicht-registrierte Arbeitslosigkeit, bei Ausländern einen erheblich höheren Anteil als bei den Deutschen ausmacht.

Diese mehr globalen Befunde und Überlegungen sind zu ergänzen um strukturelle. Für besonders wichtig halten wir die Zusammenhänge zwischen sektoralem Strukturwandel und Ausländerbeschäftigung sowie zwischen einzelnen Wirtschaftsgruppen und Ausländerquote.

Über einen etwas längeren Zeitraum betrachtet, hat die Quantität von Arbeitsplätzen in der Gütererzeugung (Sekundärsektor) abgenommen, während gleichzeitig mehr Arbeitsplätze im Dienstleistungsbereich (Tertiärsektor) entstanden sind; Schlagworte wie das von der „Dienstleistungsgesellschaft" oder der „nachindu-

striellen Gesellschaft", auf die wir zuzusteuern scheinen, fassen diese Tendenz eines sektoralen Strukturwandels etwas voreilig, aber prägnant, zusammen.
— Im Zeitraum 1960–1970 waren im Sekundärbereich regelmäßig über 80 v.H., im Tertiärbereich, und zwar vor allem in Verkehrsberufen, im Gaststättengewerbe und in Reinigungsberufen, ebenso konstant die restlichen knapp 20 v.H. der ausländischen Arbeitnehmer tätig;
— im gleichen Zeitraum hat aber der Dienstleistungssektor – trotz rückläufigen inländischen Erwerbstätigenpotentials – 1,1 Million inländische Arbeitnehmer zusätzlich aufgenommen;
— möglich war diese Entwicklung, weil das Verarbeitende Gewerbe bei insgesamt etwa gleichbleibender Arbeitskräftezahl 1 Million und das Baugewerbe 200.000 ausländische Arbeitnehmer zusätzlich, d.h. zum Ausgleich des Rückgangs der Inländerbeschäftigung, aufgenommen haben.

„Dieser sektorale Umschichtungsprozeß hängt eng mit dem Vordringen qualifizierter Tätigkeiten für Montage, Wartung und Bau technischer Anlagen, für Verwaltung und Gütervertrieb sowie für Dienstleistungen im öffentlichen Interesse und in der Güterproduktion zusammen. In diese Richtung laufen die Berufswünsche, Ausbildungsentscheidungen, Berufseinmündungen, innerbetrieblicher und zwischenbetrieblicher Arbeitsplatzwechsel sowie Aufstiegserwartungen der Inländer. Andererseits sind die ausländischen ungelernten bzw. angelernten Arbeitskräfte . . . in die Arbeitsplätze niedriger Qualifikationsanforderungen nachgerückt, die von den inländischen Arbeitnehmern in Richtung auf die vermehrt angebotenen Tätigkeiten hoher Qualifikation verlassen worden sind" (Bundesanstalt für Arbeit).

Sieht man sich differenzierte Zahlen für einzelne Wirtschaftsgruppen an, kann man feststellen, daß die Ausländerquoten vor allem dort überdurchschnittlich hoch sind, wo die Attraktivität von Arbeitsplätzen durch unsere Landsleute vergleichsweise geringer eingeschätzt wird, so z.B. in Gießereien, in der Gruppe Ziehereien und Stahlverformung, in der Textilverarbeitung, dem Bauhauptgewerbe, dem Gaststättengewerbe. In einigen dieser Bereiche klagt man sogar heute, trotz Arbeitslosigkeit, über Arbeitskräftemangel — und das trotz überproportionaler Ausländerbeschäftigung.

Von der Behauptung „Wir haben zu viele Gastarbeiter" bleibt nach all dem wenig Plausibles übrig. Vielmehr zeigt sich deutlich, wenn man die globalen, sektor- und wirtschaftszweigstrukturellen

Zahlen und Tendenzen mit unseren Überlegungen zur Arbeitsmarktsegmentation zusammenfaßt: Die Ausländerbeschäftigung hat uns Deutschen auf dem Arbeitsmarkt erhebliche Vorteile verschafft. Der Strukturwandel konnte nicht nur wesentlich leichter bewältigt werden, sondern hat in seiner Verknüpfung mit der Beschäftigung von Ausländern dazu geführt, daß unsere Landsleute in erheblichem Ausmaß Übergang vom externen zu den zutrittsbeschränkten, bevorzugten Arbeitsmärkten gefunden haben. In dem Umfange, in dem deutsche durch ausländische Arbeitnehmer im externen Segment ersetzt wurden, konnten inländische Arbeitskräfte besser bezahlte, sicherere Arbeitsplätze mit größeren Aufstiegschancen einnehmen, während gleichzeitig im selben Ausmaß Anpassungslasten an Ausländer abgewälzt wurden. Nicht wir, sondern sie tragen das größere Arbeitsplatzrisiko, ja, sie haben unseres, insgesamt gesehen, erheblich vermindert.

3.6 „Den Arbeitslosen geht es zu gut"

Wer diese Meinung vertritt und sie als einen Beitrag zur Erklärung von Arbeitslosigkeit auffaßt („Handelsblatt"-Leser wissen Bescheid), argumentiert etwa folgendermaßen: „Die Absicherung gegen Arbeitslosigkeit durch die Arbeitslosenversicherung hat nachteilige Folgen für die Beschäftigung. Immer mehr ‚Drückeberger' und ‚Faulenzer' ergreifen die Chance, sich auf die Bärenhaut zu legen oder ihren privaten Hobbies nachzugehen, während die arbeitswillige Mehrheit der Solidargemeinschaft der Arbeitslosenversicherung die Zeche zahlen muß. Daß es offene Stellen gibt, daß z.B. die Bauwirtschaft und das Gaststättengewerbe über Arbeitskräftemangel klagen, beweist doch, daß jeder arbeiten kann, der dies nur will. Also muß das Arbeitslosengeld drastisch gesenkt werden; nur so entsteht ein existentiell fühlbarer Zwang, mit dem die verbreitete Neigung zur ‚Drückebergerei' wirksam zu bekämpfen ist."

Was ist dran an diesem Argument, das von Teilen der (konservativen) Politiker, vielen Unternehmern und Unternehmervertretern, nicht selten aber auch von Arbeitskräften – freilich solchen, die selbst einen Arbeitsplatz haben – vertreten wird?

Es enthält zum einen eine Tatsachenbehauptung – den Arbeitslosen gehe es zu gut –, die näher zu untersuchen ist (1). Zum zweiten enthält es, wenn auch nicht so klar ausgesprochen, eine entschiedene Meinung über die Verteilung von Anpassungslasten. Soweit Arbeitsmarktungleichgewichte entstehen, soll die Angebotsseite, sollen die Arbeitskräfte und Arbeitslosen, sich anpassen (z.B. Aufnahme einer Beschäftigung im Bau- oder Gaststättengewerbe). Auch hierauf wird kurz einzugehen sein (2).

Drittens schließlich wird mit dem Argument eine eindeutige Therapieempfehlung gegeben: Es ist eine Aufforderung an Politiker, das Arbeitslosengeld soweit abzusenken, bis auch der letzte Arbeitslose sich nicht mehr vor der Aufnahme einer neuen Beschäftigung „drücken" kann. Hierauf werden wir im 3. Kapitel zurückkommen.

(1) Geht es den Arbeitslosen zu gut? Die Fakten sprechen sehr deutlich dagegen. Es liegen mehrere Untersuchungen vor, die die finanziellen und psycho-sozialen Folgen von Arbeitslosigkeit für die Betroffenen übereinstimmend als außerordentlich gravierend einschätzen.

„Das Arbeitslosengeld beträgt 68 vom Hundert des um die gesetzlichen Abzüge, die bei Arbeitnehmern gewöhnlich anfallen, verminderten Arbeitsentgelts . . .", heißt es im § 111, Abs. 1 AFG. Nach einer von „Infratest" im Auftrag des Bundesministers für Arbeit und Sozialordnung 1978 durchgeführten empirischen Erhebung verringerte sich das monatliche Haushalts-Nettoeinkommen der befragten Arbeitslosen durchschnittlich um 600 DM. Ein Drittel der Arbeitslosen ist mit Zahlungsverpflichtungen in Verzug gekommen bzw. mußte Schulden machen. Ist die Dauer des Anspruchs auf Arbeitslosengeld abgelaufen – nach höchstens 1 Jahr, Sie erinnern sich –, muß Arbeitslosenhilfe beantragt werden. Sie beträgt 58 v.H. des zuletzt verdienten Netto-Arbeitsentgeltes, unterliegt aber dem Sozialfürsorgeprinzip, d.h. wird nur gezahlt, soweit Bedürftigkeit nachgewiesen werden kann. Z.B. müssen Arbeiterfamilien, in denen Mann und Frau berufstätig sind, zumeist damit rechnen, daß der arbeitslose Ehepartner keinen Anspruch auf Arbeitslosenhilfe hat. Das ist besonders für diejenigen ein schwerer Schlag, die sich für doppelte Erwerbstätigkeit entschieden hatten, um überhaupt ein erträgliches Einkommen zu erzielen.

Als noch bedrückender werden die psycho-sozialen Belastungen von den Arbeitslosen empfunden. In einer englischen Untersuchung wird die menschliche Erfahrung mit der Arbeitslosigkeit durch die Abfolge von Schock – Optimismus – Pessimismus und schließlich Fatalismus beschrieben. Dem anfänglichen tiefen Schock folgt eine Phase des Optimismus, die zu intensiver Arbeitssuche genutzt wird. Mit zunehmender Dauer der Arbeitslosigkeit weicht der Optimismus aber immer tieferem Pessimismus,
– weil Geldsorgen auftreten;
– weil Langeweile und Zukunftsunsicherheit den Arbeitslosen belasten und dazu häufig die ganze Familie, die dann, statt ein

psychischer Stabilisator zu sein, ihrerseits zur zusätzlichen Belastung wird;
- weil das Selbstwertgefühl erheblichen Schaden leidet: Man wird von Nachbarn und Kollegen geschnitten, die aus Arbeit oder wenigstens Einkommenserwerb erwachsende Selbstbestätigung fehlt, man fühlt sich überflüssig, unnütz, ja, als „Schmarotzer" an der Gesellschaft;
- weil mit zunehmender Arbeitslosigkeitsdauer die Aussicht auf neue Arbeit abnimmt: Langfristig Arbeitslose zählen zu den besonders schwer vermittelbaren Arbeitskräften.

Zuletzt verfällt der Arbeitslose typischerweise in Fatalismus, die letzte Hoffnung auf eine neue Stelle verschwindet, er resigniert, findet sich ab — aber nur oberflächlich, während innerlich eine tiefe Distanz zu der Wirtschafts- und Gesellschaftsordnung, in der er lebt, entsteht. Die Gefahr, die daraus für den sozialen Zusammenhalt der Gesellschaft erwächst, sollten wir angesichts unserer historischen Erfahrungen sehr ernst nehmen. Im September 1978 war bereits ein Fünftel aller Arbeitslosen mehr als ein Jahr arbeitslos...

Aber man hört und liest doch immer wieder von „Drückebergern"!? Die schon erwähnte Infratest-Studie stellt hierzu fest: Nur in **10 v.H.** der Fälle, in denen ein Vermittlungsvorschlag der Arbeitsämter erfolglos blieb, lag das daran, daß der Bewerber nicht wollte. Es gibt hierfür eine ganze Reihe von Gründen; wir nennen hier nur:
- Z.B. die sog. „59er-Regelung". Ein Jahr vor Erreichen der flexiblen Altersgrenze von mindestens 60 Jahren werden Arbeitskräfte mit ihrem „Einverständnis" entlassen. Für die Dauer dieses Jahres zahlt das Arbeitsamt Arbeitslosengeld, der Unternehmer die Differenz zum letzten Lohn (daher das „Einverständnis"). Mit der Vollendung des 60. Lebensjahres werden diese Arbeitslosen dann in die Altersrente übernommen — natürlich mit einer entsprechend geringeren Rente, als wenn sie bis zum 65. Lebensjahr gearbeitet hätten.
- Z.B. die Überbrückung bestimmter Wartezeiten — bis zum Beginn des Wehrdienstes, eines Ausbildungsverhältnisses, bis zur Besetzung eines erst später frei werdenden, erstrebten Arbeitsplatzes etc.
- Schließlich gibt es auch solche Gründe, die landläufig mit „Faulheit" und „Drückebergerei" umschrieben werden. Erst eine nähere soziologische Analyse könnte zeigen, ob und gegebenenfalls wann eine derartige Charakterisierung korrekt ist. Uns genügt hier klarzustellen: Die These von der „Drückeberge-

rei" hat quantitativ eine verschwindend geringe Tatsachengrundlage (vielleicht 1, vielleicht 2 v.H. aller Arbeitslosen?). Wie außerordentlich unattraktiv das angebliche süße Nichtstun der Arbeitslosigkeit ist, können wir uns an uns selbst verdeutlichen, wenn wir unsere gefühlsmäßige Reaktion auf die Vorstellung beobachten, wir könnten morgen entlassen werden und hätten keine Arbeitsplatzalternative in Sicht. Vorfreude, beglücktes Aufatmen, wohlige Entspannung? Bei uns jedenfalls nicht, im Gegenteil . . .

(2) Trotzdem wird die These ständig aufs neue wiedergekäut. Wir können den Gründen hierfür näherkommen, wenn wir uns die Argumentation noch einmal näher anschauen. Nach ihr gibt es offenbar keine „Schuldigen" als die Arbeitslosen selbst. Über die Funktionsweise des Arbeitsmarktes, über arbeitsmarktwirksame staatliche Reglements, wird gar nicht nachgedacht. Unausgesprochen scheint die Vorstellung zu walten, möglicherweise existierender Arbeitsplatzabbau in einigen Bereichen würde durch offene Stellen in anderen perfekt kompensiert. Und das heißt, wie jetzt besser erkennbar wird: An den Arbeitsnachfragern, den Unternehmungen, kann es nicht liegen, daß Arbeitslosigkeit existiert, und entsprechend sind auch Politiker aus dem Schneider, weil gar kein „arbeitsmarktpolitischer Handlungsbedarf" besteht.

Hinter der Verbreitung der These, den Arbeitslosen gehe es zu gut, stehen also bestimmte Interessen:
Manche Politiker geben der Versuchung nach, auf diese Weise die Bedeutung der ihnen gestellten Aufgabe, für Ausgleich auf dem Arbeitsmarkt zu sorgen, herunterzuspielen: Nicht wir Politiker, sondern die „faulen" Arbeitslosen sind schuld an der Arbeitslosigkeit; sie müssen sie auch wieder beseitigen.

Den sozial unaufgeklärten unter den Unternehmern ist das Arbeitslosengeld, mindestens seine Höhe, oft deshalb ein Dorn im Auge, weil sie vermuten, daß sie ohne diese Einrichtung für manche Arbeitsplätze leichter billige Arbeitskräfte finden würden. Dabei können sie aufgrund ihrer Interessenlage kaum zugeben, daß sie teilweise Arbeitsplätze anbieten, die niemand (mehr) annehmen mag. Wenn sie hierfür trotz Arbeitslosigkeit keine oder aus ihrer Sicht nur ungeeignete Leute finden, liegt das eben an der „Faulheit" oder dem „Anspruchsdenken" der Arbeitslosen. Ihre eigenen Ansprüche lassen sie dabei außer Betracht. Ganz selbstverständlich wird von den Arbeitslosen Anpassung erwartet, während die umgekehrte Möglichkeit, nämlich die Arbeitsbedingungen zu verbessern, die Löhne anzuheben, die Einstellstandards abzusenken etc., kaum erwogen wird.

(Ein wenig blinkt hinter beiden Einstellungen das alte Sprichwort auf: „Oh heiliger Sankt Florian, verschon' mein Haus, zünd' and're an.")

Schließlich wird die „Drückeberger"-These auch von manchen Arbeitskräften vertreten. Diese idealisieren dann vielleicht den Zustand, von abhängiger Beschäftigung frei zu sein, indem sie dessen enorme Kosten übersehen. Einige fürchten, die von ihnen gezahlten Beiträge zur Arbeitslosenversicherung würden an die „Falschen" verausgabt und ihnen selbst bliebe im Bedarfsfalle nichts übrig – was natürlich nicht stimmt, denn der eigene Anspruch wird durch die Erfüllung der Ansprüche Dritter nicht geschmälert. Eine Rolle mag auch das unausgesprochene Bedürfnis spielen, die eigene Angst vor Arbeitslosigkeit zu verdrängen, indem man das Arbeitslosigkeitsrisiko nicht bei der Nachfrageseite, sondern nur bei der Angebotsseite sucht. Das hilft zu „rationalisieren": Ich bin nicht wie die Arbeitslosen, also werde ich auch nicht arbeitslos.

3.7 „Die Gewinne sind zu niedrig"

Mit dem Argument, die Gewinne seien zu niedrig, behauptet man einen Zusammenhang zwischen Gewinnhöhe und Anzahl der Arbeitsplätze oder zwischen Gewinnerhöhung und vermehrter Nachfrage nach Arbeitskräften. Dieser Zusammenhang mag zum einen darin gesehen werden, daß höhere Gewinne einen verstärkten Anreiz bewirken, vermehrt Arbeitskräfte nachzufragen; der Zusammenhang mag zum anderen aber auch damit begründet werden, daß höhere Gewinne von der Finanzierungsseite her eine verstärkte Investition in Arbeitsplätze erlauben. Beide Begründungen wollen wir im folgenden etwas näher betrachten.

Im vorigen Kapitel haben wir unter anderem die drei Funktionen einer Unternehmung diskutiert: Güter zu produzieren, Arbeitsplätze bereitzustellen sowie Kapitalanlagemöglichkeiten zu schaffen. Wir haben dort auch hergeleitet, daß die dritte Unternehmungsfunktion in unserem Wirtschaftssystem als Zweck einer Unternehmung, die anderen beiden Unternehmungsfunktionen als Mittel zur Erfüllung dieses Zwecks begriffen werden können. Daraus folgt, daß Arbeitsplätze nur dann bereitgestellt und Güter nur dann produziert werden, wenn es aus Kapitalanlagegesichtspunkten heraus als rentabel erscheint. Die Rentabilität hängt aber von der Gewinnhöhe ab. Oberflächlich betrachtet, scheint das Argument: „Die Gewinne sind zu niedrig", also zu stimmen. Doch ist es in dieser Form und mit den in ihm angelegten Folgerungen trotzdem nicht ganz richtig.

Denn **nicht die momentan bestehende Gewinnhöhe** ist das Ent-

scheidende, sondern die **Gewinnerwartung**. Hinzu kommen muß, daß die Gewinnerwartung nur durch eine Mehrproduktion von Gütern realisiert werden kann – und nicht lediglich durch Preiserhöhungen –, so daß tatsächlich ein Mehrbedarf an Arbeitskräften besteht. Aber auch das reicht noch nicht aus, um einen Zusammenhang zwischen Gewinn und Bereitstellen von Arbeitsplätzen herzustellen: Gewinn- und Absatzerwartungen können auch durch Rationalisierungsinvestitionen verwirklicht werden. Dies bedeutet, daß man zunächst einmal lediglich einen Zusammenhang zwischen Gewinnerwartung und Investition feststellen kann. Ob eine höhere Gewinnerwartung auch zu einer höheren Arbeitsnachfrage führt, hängt also davon ab, wie diese höhere Gewinnerwartung realisiert werden kann. Die Arbeitsnachfrage steigt aufgrund höherer Gewinnerwartungen nur dann, wenn
– die höheren Gewinne nur durch eine Mehrproduktion von Gütern realisiert werden können;
– Rationalisierungsinvestitionen nicht möglich oder zu teuer sind;
– alternative Kapitalanlagen, wie Produktion im Ausland oder Halten von Wertpapieren, nicht attraktiv genug sind.
Sind hohe Gewinne realisiert worden, so ist von der Finanzierungsseite her natürlich eine Investition in Arbeitsplätze möglich. Doch hierbei ist zu beachten, daß eigene Finanzmittel nicht „billiges Geld" sind, da man bei Investitionsentscheidungen Renditeberechnungen zugrundelegt, die eine Verzinsung des Eigenkapitals berücksichtigen. Man kalkuliert mit einem Zinsaufschlag in der Höhe, die beim Einsatz von Fremdkapital zu zahlen wäre. Damit sind die Kosten für den Einsatz von Eigenkapital nicht geringer und eigene Finanzmittel nicht billiger. Der Unternehmer wird die verschiedenen Anlagemöglichkeiten für sein Kapital daraufhin überprüfen, welches die rentabelste Anlage ist. Hohe Gewinne führen daher von der Finanzierungsseite aus betrachtet nicht automatisch dazu, daß vermehrt Arbeitsplätze bereitgestellt werden.

Dies sind alles an und für sich Selbstverständlichkeiten und keine intellektuell aufwendigen Gedankenübungen. Dennoch begegnet man in der aktuellen Diskussion um Beschäftigungsprobleme sehr oft dem lapidar verkürzten Argument, daß die Garantie höherer Gewinne die Arbeitslosigkeit beseitigen würde. So plausibel es klingt, so durchscheinend ist aber auch der hinter diesem Argument stehende Interessenstandpunkt.

Wir haben gesehen, was an diesem Argument nicht stimmt: Die Voraussetzungen, wann höhere Gewinne oder exakter: Gewinnerwartungen zu einer Investition in Arbeitsplätze – und nicht lediglich zu anderen Anlageentscheidungen – führen, werden nicht offengelegt. Höhere Gewinnerwartungen bewirken nur dann eine höhere Arbeitsnachfrage, wenn eine Investition in Arbeitsplätze sowohl die attraktivste als auch eine hinreichend rentable Kapitalanlage darstellt.

4. Zusammenfassung

Angesichts der Vielfalt der vorangegangenen Argumente, die das komplexe Problem der Arbeitslosigkeit stets nur aus einem bestimmten Blickwinkel beleuchtet haben, dürfen Sie jetzt keine Wiederholungen der Einzelargumente, gleichsam in Stenogrammform, erwarten. Statt dessen wollen wir einige verallgemeinernde Überlegungen anstellen.

Ein Vorteil der gewählten Darstellungsweise, die „Erklärungen" für Arbeitslosigkeit an gängigen Meinungen zu orientieren, besteht darin, daß man auf diese Weise leichter die **Interessengebundenheit** von Erklärungsversuchen erkennen kann. Jede der auf dem Arbeitsmarkt operierenden Gruppen – Arbeitskräfte, Unternehmungen, Staat – versucht, die Schuld bei anderen, nicht aber bei sich selbst zu suchen, und den letzten beißen die Hunde.

Die Nachfrageseite erwärmt sich für die Argumente: „Der Lohn ist zu hoch", „die Ausbildung ist zu schlecht", „den Arbeitslosen geht es zu gut" – womit die Schuld bei den Arbeitskräften und deren Gewerkschaften oder beim Staat plaziert wird. Natürlich wird sie sich auch hüten, gegen das Argument, die Gewinne seien zu niedrig, etwas einzuwenden; es ist ja außerordentlich wohltuend, wenn dieser Klageruf nicht nur ihr eigener ist, sondern von Teilen der Öffentlichkeit unterstützt wird.

Der „Staat", das sind in diesem Falle Arbeitsmarktpolitiker, wird an allen Argumenten mehr oder weniger positive Seiten entdecken, so lange jedenfalls, als er nicht plötzlich als der Alleinschuldige dasteht. Zwar wird er, wie wir im ersten Kapitel anläßlich der Arbeitsmarktfunktion, Ausgleich zwischen Angebot und Nachfrage zu schaffen, ausführlich dargelegt haben, sehr genau darauf achten, inwieweit die aktuelle Arbeitslosigkeit als gesellschaftliches Problem gewertet wird, und danach den Grad seiner Aktivitäten bestimmen.

Aber öffentlich kursierende Argumente, die ihn nicht direkt ins Visier nehmen – wie es bei allen hier erörterten der Fall ist –, wird er nicht dementieren, sondern teils stärker, teils weniger stark unterstützen. Das Ausmaß der Unterstützung solcher Thesen hängt davon ab, inwieweit das staatliche Steuerungsinstrumentarium geeignet ist, Gegenmaßnahmen zu ergreifen. Die Politikwissenschaft hat für diesen Sachverhalt den Begriff „informatorische Steuerung" gefunden. Staatlicherseits wird vermittels öffentlicher Äußerungen maßgebender Politiker, Aufrufen und Appellen denjenigen Argumenten mehr Gewicht beigemessen, die die Arbeitsmarktparteien in die Verantwortung nehmen, und weniger denen, die nach Aktivitäten des Staates verlangen. Insgesamt gesehen, wird versucht, das Problem der Arbeitslosigkeit in seiner Bedeutung herunterzuspielen; denken Sie nur an den Abschnitt über die „Definition von Arbeitslosigkeit".

Die Arbeitsangebotsseite schließlich, die die Last der Arbeitslosigkeit zu tragen hat, findet sich in einer schwierigen Lage. Gewerkschaften konzentrieren sich auf Bedingungsfaktoren, die bei der Nachfrageseite ansetzen, z.B. auf Rationalisierungen oder auf das Argument, es gäbe zu wenige Arbeitsplätze, und sie operieren defensiv angesichts von Argumenten, der Lohn sei zu hoch oder die Gewinne seien zu niedrig, indem sie hierfür Gegenargumente entwickeln. Sehr viele einzelne Arbeitskräfte, die den Gewerkschaften nicht nahe stehen oder die z.T. Schwierigkeiten haben, ökonomische Zusammenhänge zu überblicken, personalisieren das Problem der Arbeitslosigkeit und machen entsprechend entweder die Arbeitslosen selbst oder aber die Gastarbeiter hierfür verantwortlich. Damit verschieben sie aber die Problematik auf die schwächsten Gruppen, die weniger als alle anderen Einfluß nehmen können, und verfahren nach dem Muster: Der Benachteiligte selbst ist schuld an seiner Benachteiligung — mit meiner relativen Bevorzugung, gar mit den Strukturen, die Bevorzugte und Benachteiligte hervorbringen, hat das nichts zu tun. Unsere Diskussion dieser Argumente — „den Arbeitslosen geht es zu gut", „wir haben zu viele Gastarbeiter" — sollte verdeutlicht haben, daß diese Sichtweise falsch ist.

Die Strategie der Schuldabwälzung, die von beiden Arbeitsmarktseiten und auch vom Staat betrieben wird, ist noch weiter verbreitet, als es durch die vorgestellten Argumente zum Ausdruck kommt. Z.B. hätten wir als weitere Argumente in unsere Diskussion aufnehmen können: „Das Ausland, die Ölscheichs, die Inflation etc. haben schuld". Sie sehen, daß damit die Schuld- oder Verursachungsfrage entweder auf das Ausland oder hochabstrakte ökonomische Tatbestände abgewälzt wird, jedenfalls auf solche, für die unsere Arbeitsmarktparteien und der Staat nicht direkt oder scheinbar nicht direkt verantwortlich gemacht werden können. Wir haben das unterlassen, weil wir einerseits sehr viel umfassender, weniger unmittelbar arbeitsmarktorientiert, hätten argumentieren müssen, andererseits aber nicht viel Neues dabei herausgekommen wäre: Auch derartige Argumente dienen mehr der Identifizierung von Schuldigen als der Suche nach Ursachen. Denn – wir wollen das hier nur andeuten – derartige Faktoren **können** eine Rolle spielen, etwa **wenn** sie Gewinnerwartungen unsicherer machen, **wenn** sie Absatzmöglichkeiten beschränken, **wenn** sie die Funktionsfähigkeit des marktwirtschaftlichen Systems beeinträchtigen, **wenn** sie Rohstofflieferungen im Verhältnis zum Versorgungsniveau konkurrierender Industriestaaten verknappen. Aber die Auswirkungen auf unseren Arbeitsmarkt sind so stark vermittelt, hängen von so vielen zusätzlichen Einflußgrößen ab, daß derartige Argumente wenig durchschlagskräftig sind.

Welches Fazit läßt sich aber dann hinsichtlich der Ursachen von Arbeitslosigkeit ziehen?

Die allgemeinste, theoretisch zutreffende, zugleich aber ungemein abstrakte Erklärung für Arbeitslosigkeit lautet: Die Kosten der Einstellung sind zu hoch. Kosten sind hier nicht zu interpretieren als absolute Lohnhöhe, sondern (aus Unternehmersicht) zu messen an

- den Absatzerwartungen (wird mein Absatz bzw. der zusätzliche Erlös höher sein als die zusätzlichen Lohnkosten?);
- den Anlagealternativen (ist es gewinnbringender, im Ausland, in Papieren etc. das Geld anzulegen?);
- den Beschäftigungsalternativen (ist es günstiger, Sonderschichten, Überstunden etc. zu fahren; können Lieferfristen verlängert werden?);
- den Rationalisierungsmöglichkeiten (soll ich statt zusätzlicher Arbeitskräfte besser arbeitssparende Maschinen einsetzen?);
- allgemein den Gewinnerwartungen (kann ich aus zusätzlicher Beschäftigung von Arbeitskräften höhere Gewinne erwarten als ohne?).

Daraus folgt: Der Umfang der Beschäftigung hängt in erster Linie von den Motiven und Verhaltensweisen der Nachfrageseite auf dem Arbeitsmarkt, den Unternehmungen, ab. Weiter folgt daraus, daß die Struktur unseres Wirtschaftssystems so ausgelegt ist, daß es sich über Arbeitslosigkeit stabilisiert. Nachfrageschwankungen führen entweder zu Vollbeschäftigung – wobei Übernachfrage durch die Hereinnahme ausländischer Arbeitskräfte weitgehend befriedigt werden kann – oder zu Arbeitslosigkeit, zum Aufbau eines „Lagers" an Arbeitskräften, das bei steigender Nachfrage wieder abgebaut wird.

3. Kapitel: Was kann man gegen Arbeitslosigkeit tun?

In diesem Kapitel wollen wir zunächst einige grundsätzliche Bemerkungen zu den arbeitsmarkt- und wirtschaftspolitischen Maßnahmen, ihren Möglichkeiten und Grenzen, machen, um sodann die wichtigsten vorgeschlagenen oder bereits praktizierten Politiken vorzustellen.

1. Einige grundsätzliche Bemerkungen

An und für sich ist die Betrachtung von wirtschaftspolitischen Instrumenten und Maßnahmen die Umkehrung der Analyse von wirtschaftlichen Zusammenhängen. Fragt man in einer theoretischen Analyse nach den Ursachen, die für bestimmte Wirkungen verantwortlich sind, so untersucht man in einer wirtschaftspolitischen Betrachtung die Instrumente und Maßnahmen, die eine gewünschte Wirkung, d.h. ein wirtschaftspolitisches Ziel, zu erreichen gestatten. Insofern können wir bei der folgenden Diskussion der wirtschaftspolitisch vorgeschlagenen oder praktizierten Maßnahmen jeweils Bezug nehmen auf die theoretischen Ausführungen im zweiten Kapitel zu den entsprechenden Argumenten. Dadurch können wir uns an manchen Stellen etwas kürzer fassen und sparen unnötige Wiederholungen.

Doch gilt es, zwei Gesichtspunkte zu bedenken, die darauf verweisen, daß eine wirtschaftspolitische Betrachtung nicht lediglich eine Umkehrung einer theoretischen Analyse ist. Zum einen müssen sich erkannte Ursachen nicht unbedingt in wirtschaftspolitische Maßnahmen umsetzen lassen, und zum anderen kann (und sollte) sich eine wirtschaftspolitische Diskussion auch auf die Konstruktion von Instrumenten beziehen, die einen erfolgversprechenden Eingriff in das Wirtschaftsgeschehen überhaupt erst ermöglichen. Der erste Gesichtspunkt betrifft ein gegebenes wirtschaftspolitisches Instrumentarium in der Hand einer wirtschaftspolitischen Instanz, die unter Umständen eine exakte Ursachenanalyse für das Vorhandensein von Arbeitslosigkeit erstellen kann, gleichwohl die Arbeitslosigkeit nicht zu beseitigen vermag, da sie keine hinreichende administrative Kontrolle über die Verursachungsfaktoren besitzt. Der zweite Gesichtspunkt betrifft den Umfang und die Qualität eines erweiterbaren wirtschaftspolitischen Instrumentariums, das Eingriffsmöglichkeiten in den Wirtschaftsprozeß erlaubt, so daß die Verursachungsfaktoren direkt oder indirekt in geeigneter Weise beeinflußt werden können.

In diesem Kapitel werden wir uns darauf beschränken, die momentan arbeitsmarktpolitisch und wirtschaftspolitisch möglichen und bereits praktizierten Maßnahmen gegen Arbeitslosigkeit auf ihre Wirkungen und Grenzen hin zu diskutieren sowie solche in der aktuellen Diskussion befindlichen Vorschläge zu erörtern, die zumindest teilweise kurzfristig realisierbar erscheinen, wenn sie auch vielleicht aus verschiedenen, noch zu überprüfenden Gründen nicht politisch umgesetzt werden. Wir werden dabei erkennen, daß allen diesen Maßnahmen doch recht enge Wirkungsgrenzen gesetzt sind. Im nächsten Kapitel aber werden wir uns dieser Beschränkung entledigen und eine weitere Perspektive einzunehmen versuchen. Wir werden das kurzfristig nicht Machbare denken und gerade hierdurch viel schärfer die Grenzen der aktuellen Arbeitsmarkt- und Wirtschaftspolitik sehen sowie die ihr innewohnenden Zielkonflikte erkennen.

2. Diskussion der Maßnahmen

In diesem Abschnitt werden wir die wichtigsten in der aktuellen Diskussion befindlichen und grundsätzlich auch praktikablen Maßnahmen gegen Arbeitslosigkeit diskutieren.

2.1 *„Den Lohn senken"*

Bei der Diskussion dieser Maßnahme können wir auf das zurückgreifen, was wir im vorigen Kapitel zu dem Argument: „Der Lohn ist zu hoch", gesagt haben; wir beziehen uns auf die dort gemachten Aussagen, ohne sie nochmals herzuleiten. Eine wichtige Folgerung unserer theoretischen Diskussion lautet: Der Marktmechanismus wird immer stärker durch hierarchische Organisationsformen mit typisierten Entscheidungsprozeduren, Aufstiegsleitern, innerbetrieblichen Umschulungsmaßnahmen ersetzt. Der Lohn als Instrument, auf dem Arbeitsmarkt Angebot und Nachfrage zu koordinieren, verliert dadurch an Bedeutung gegenüber anderen, eher auf qualitativen Merkmalen basierenden Koordinationsverfahren, die durch eine Segmentation des Arbeitsmarktes gestützt werden. Die Folge ist eine mengenmäßige, über Variierung der Einstellstandards durchgeführte Anpassung der Unternehmungen an saisonale, strukturelle und konjunkturelle Veränderungen bei relativ konstanten Löhnen und Lohnstrukturen. Gerade durch die Festsetzung relativ stabiler Lohnstrukturen innerhalb von Unternehmungen entziehen sich die Unternehmungen den möglicherweise fluktuierenden Lohnstrukturen auf unternehmungsexternen Arbeitsmärkten und öffnen sich diesen nur über bestimmte untere Zutrittsstellen. Lohnsenkungen können demnach keine allgemeinen Beschäftigungswirkungen entfalten.

Es verbleibt, die Frage zu prüfen, ob Lohnsenkungen nicht dazu führen können, daß über die Zutrittsstellen mehr Arbeitskräfte eine Beschäftigung finden. Zur Beantwortung dieser Frage müssen wir uns sowohl auf die Entscheidungsebene einer einzelnen Unternehmung als auch auf die gesamtwirtschaftliche Ebene aller Unternehmungen insgesamt begeben. Für die einzelne Unternehmung bedeuten geringere Lohnforderungen für Eingangspositionen natürlich eine Kostenentlastung. Nur bezieht sich diese Kostenentlastung lediglich auf die Randbelegschaft, ist also vergleichsweise gering. Bei gegebenen Gewinn- und Absatzerwartungen einer Unternehmung müßten die Löhne für Eingangspositionen drastisch sinken, damit überhaupt ein Beschäftigungseffekt auftritt. Darüber hinaus ist nicht zu sehen, daß derartige Lohnsenkungen für Eingangsberufe die Gewinn- und Absatzerwartungen der Unternehmungen positiv verändern werden, da diese auf längerfristigen Kalkülen über Nachfrage- und Technologieentwicklungen basieren. Das heißt: Lohnsenkungen führen nicht zu einer nennenswerten Beschäftigungserhöhung seitens der einzelnen Unternehmung. Das heißt auch: Die Anpassung einer Unternehmung an veränderte Umweltbedingungen wird immer über Variationen der Randbelegschaft geschehen; lediglich die Kosten dieser Anpassung werden über Lohnsenkungen teilweise verringert. Das heißt schließlich: Für Randbelegschaften besteht lediglich die Alternative, bei Löhnen nahe oder unter dem sozialen Existenzminimum eine etwas größere Beschäftigung oder bei bestimmten höheren Mindestlöhnen eine etwas geringere Beschäftigung zu realisieren.

Wir verstehen nun auch besser, was an Argumenten wie: „Eine Lohnsenkung verringert die Arbeitslosigkeit" oder „Es gibt immer ein Lohnniveau und eine Lohnstruktur, bei der Vollbeschäftigung herrscht", nicht korrekt ist. Diese Argumente basieren auf zwei Voraussetzungen:
— Arbeitsnachfrage und Arbeitsangebot werden über (vollkommen funktionierende) Märkte koordiniert;
— Lohnsenkungen beeinflussen in hinreichendem Maße positiv die Gewinn- und Absatzerwartungen der Unternehmer.
Beide Voraussetzungen sind aber nicht erfüllt, wie wir in diesem Buch ausführlich dargelegt haben.

Wenden wir uns nun der gesamtwirtschaftlichen Ebene zu. Auf dieser Ebene müssen wir den doppelten Charakter von Löhnen beachten: Löhne sind zum einen Kostenfaktor, zum anderen aber auch ein wichtiger Nachfragefaktor bezüglich der produzierten

Güter (neben der Nachfrage des Staates, der Nachfrage des Auslands und der Nachfrage der Investoren). Diese Tatsache führt zu einem Dilemma; denn eine von der Kostenseite her erwünschte Lohnsenkung beinhaltet gleichzeitig eine von der Ertragsseite her unerwünschte Nachfragesenkung. Je nachdem, vor welchem theoretischen Hintergrund man argumentiert, kann man zwei Positionen unterscheiden:
– Eine Nominallohnsenkung kann die Nachfrage nach Gütern, und damit die Preise, so stark sinken lassen, daß der Reallohn, und damit die Beschäftigung, unverändert bleibt.
– Eine Nominallohnsenkung senkt die Kosten des Faktors Arbeit so, daß die Arbeitsnachfrage so weit steigt, daß die Gesamtnachfrage unverändert bleibt und die Beschäftigung steigt.

Indem man das Nachfrageelement des Lohnes betont, kann man eine – zunächst paradox erscheinende – dritte Position vertreten:
– Eine Nominallohnerhöhung erhöht die Nachfrage nach Konsumgütern so stark, daß die Gewinn- und Absatzerwartungen der Unternehmer insgesamt in einem Maße positiv beeinflußt werden, daß die Arbeitsnachfrage steigt (und mithin die Arbeitslosigkeit zurückgeht).

Welche Position ist korrekt? Diese Frage kann man so abstrakt nicht beantworten; an allen Positionen ist etwas Wahres dran. Doch sollte man folgendes beachten. Aus der Sicht des einzelnen Unternehmers steht der Kostenaspekt des Lohnes im Vordergrund; denn die Kosten fallen bei ihm an, die durch Lohnerhöhung geschaffene zusätzliche Nachfrage aber kann (und wird im Regelfall auch) anderen Unternehmern zugute kommen. Das heißt, der einzelne Unternehmer wird mit sicheren Kosten belastet, diesen erhöhten Kosten stehen aber durchaus unsichere höhere Absatzmöglichkeiten gegenüber. Unternehmer werden also für geringe Lohnerhöhungen sein, werden aber auch ihre Gewinn- und Absatzerwartungen nicht an Lohnkostenentwicklungen binden. Aus der Sicht der Gewerkschaften bedeuten Lohnverzichte quasi eine sichere Vorleistung, der eine unsichere Erwartung darüber gegenübersteht, ob durch Lohnverzichte tatsächlich mehr Arbeitsplätze bereitgestellt werden. Gewerkschaften werden also prinzipiell zugunsten von Lohnerhöhungen argumentieren. Diese unterschiedlichen Sichtweisen führen zu einer volkswirtschaftlich fatalen Situation: Bei geringen Gewinn- und Ertragserwartungen der Unternehmer haben die Gewerkschaften nur die Alternative, bei geringen Lohnforderungen eine Depression herbeizuführen oder bei hohen Lohnforderungen (und entsprechender Geldpolitik der Notenbank) eine Stagflation einzuleiten.

Aus all dem folgt, daß auch bei einer gesamtwirtschaftlichen Betrachtung Lohnsenkungen kein geeignetes Mittel sind, um Arbeitslosigkeit zu vermeiden. Löhne sind nur eine Größe unter anderen und haben nur indirekte Beziehungen zu Gewinn- und Ertragserwartungen der Unternehmer (dagegen eine direkte Beziehung zur aktuellen Gewinnhöhe), sind vielmehr verstärkt mit der Erfüllung von Informations- und Verteilungsfunktionen belegt als mit der Erfüllung einer Koordinationsfunktion.

Nun mag man dies bedauern oder die Meinung vertreten, daß Löhne in einer Marktwirtschaft aber vor allem Koordinationsaufgaben zu erfüllen hätten. Dem ist aber nicht so – und aus guten Gründen. In früheren Zeiten war die gesamte Arbeiterschaft das Anpassungsreservoir der Unternehmungen; heute sind es „nur" noch einzelne Gruppen von Berufstätigen. Das Entstehen und Bestehen von Arbeitsmarktsegmenten geht einher mit einer Anpassung der Unternehmen über Randbelegschaften. **Durch die Verfestigung von Lohnstrukturen und die Ersetzung des Arbeitsmarktmechanismus durch hierarchische Organisationsformen hat der Lohn seine Koordinationsfunktion teilweise eingebüßt.** Dadurch steht er aber heute nur in sehr geringem Maße als Instrument zur Beeinflussung der Beschäftigungslage zur Verfügung. Bewirkt ist diese Entwicklung auch und vor allem durch das Erstarken von Gewerkschaften und die Erkämpfung der Tarifautonomie. Bedauert man auch dies, wenn man dem Lohn seine Koordinationsfunktion zurückwünscht?

2.2 „Die Ausbildung verbessern, umschulen und die Mobilität erhöhen"

Sie finden hier drei Maßnahmen bzw. Maßnahmenbündel staatlicher Bildungs- und Arbeitsmarktpolitik unter einer Überschrift zusammengefaßt und fragen sich vielleicht, ob nunmehr auch wir vom Rationalisierungseifer ergriffen werden, auf Ihre Kosten den Versuch ausführlichen und verständlichen Schreibens endgültig aufgeben und statt dessen „Darstellungseffizienz" anstreben, indem wir die Argumente alle auf einmal bringen, um desto schneller mit diesem Kapitel fertig zu werden.

So ist es natürlich nicht. Die Maßnahmenbündel gehören zusammen, weil sie von einer einheitlichen Zielvorstellung geleitet werden, die man etwa so ausdrücken könnte: „Um den Ausgleich zwischen Nachfrage und Angebot auf dem Arbeitsmarkt herbeizuführen, **muß die Angebotsstruktur den Nachfragebedingungen angepaßt werden.**" Betont wird also die Erfüllung der nachfrageseitigen Arbeitsmarktfunktion, geeignete Arbeitskräfte bereitzustellen. An die genannten Maßnahmenbündel knüpft sich dabei die Erwartung, daß durch ihren Einsatz gleichzeitig die beiden weiteren Arbeitsmarktfunktionen miterfüllt werden: Einkommen für die Arbeitskräfte zu beschaffen und Ausgleich zwischen Nachfrage und Angebot zu gewährleisten.

„Die Ausbildung verbessern" meint deshalb genauer, die Arbeitskräfte so auszubilden, daß sie von den Unternehmungen auch nachgefragt werden. Ebenso heißt „Umschulung", Arbeitskräften mit Qualifikationen, die auf dem Arbeitsmarkt weniger oder nicht mehr benötigt werden, andere, von Unternehmungen erwünschte, Qualifikationen zu vermitteln. Ganz ähnlich zielen Maßnahmen zur „Erhöhung der Mobilität" in einem allgemeineren Sinne darauf, die Arbeitskräfte an Nachfragebedingungen anzupassen, indem man ihren Widerstand gegen Änderungen ihres Arbeitsplatzes, ihres Berufes, ihres beruflichen Status und ihres Arbeitsortes durch staatliche Anreize und Sanktionen herabsetzt.

Das Herz- oder „Kernstück" des Arbeitsförderungsgesetzes „ist die Stärkung der beruflichen Mobilität der Arbeitnehmer – d.h. die Förderung der beruflichen Ausbildung, Fortbildung und Umschulung, der Anpassung an die veränderte und sich ständig ändernde Arbeits- und Berufswelt" (Josef Stingl, Präsident der Bundesanstalt für Arbeit). So ist es; man kann sogar noch weiter gehen und die drei diesem Abschnitt überschriebenen Maßnahmenbündel als Schwerpunkt bundesdeutscher Arbeitsmarktpolitik überhaupt ansehen, neben die als globales beschäftigungspolitisches Instrument die Belebung der gesamtwirtschaftlichen Nachfrage mit vergleichbarem Gewicht tritt.

Ist das nicht ein erstaunliches Phänomen? Nach allem, was Sie im 2. Kapitel unter der Überschrift „Die Ausbildung ist zu schlecht" über die Humankapitaltheorie gelesen haben, kann die Tatsache, daß sich Arbeitsmarktpolitik vor allem auf berufliche Ausbildung, Fortbildung und Umschulung sowie auf Maßnahmen zur Mobilitätserhöhung stützt, nur Verwunderung hervorrufen. Wir haben bereits hervorgehoben, daß Ausbildungsinvestitionen mit großen Risiken bezüglich zukünftiger Entwicklungen behaftet sind und daß ihre Rentabilität von Faktoren abhängt (wie stabile Beschäftigung), die der einzelne „Ausbildungsinvestor" nicht hinreichend beeinflussen kann. Wir haben weiter gezeigt, daß zusätzliche Ausbildungsinvestitionen als Gesamtstrategie – d.h. wenn alle Arbeitskräfte gleichzeitig in ihre Ausbildung investieren – im wesentlichen dazu führen müssen, daß die Einstellstandards angehoben werden, während zusätzliche Arbeitsplätze davon nicht zu erwarten sind. Und trotzdem ist dies das Kernstück arbeitsmarktpolitischer Maßnahmen? Warum nur?

Häufig wird zur Beantwortung dieser Frage auf Strukturanalysen der Arbeitslosigkeit verwiesen, z.B. auf eine Erhebung vom September 1978, nach der 470.000 oder 54,4 v.H. aller Arbeitslosen ohne Ausbildung waren. Man verfährt dann nach dem falschen Muster, aus einem **statistischen Zusammenhang** — Arbeitslosigkeit und fehlende Ausbildung — eine **Ursachenanalyse** kurzschlüssig abzuleiten. Ebensogut könnte man z.B. erheben, wie viele Arbeitslose blaue Augen haben, im Supermarkt einkaufen oder eine bestimmte Partei wählen — und aus den Ergebnissen dieser statistischen Erhebungen z.B. folgern: Blauäugigkeit vermindert das Risiko der Arbeitslosigkeit; wer im Supermarkt einkauft, unterliegt damit einer dreimal so hohen Wahrscheinlichkeit, arbeitslos zu werden, wie der Rest der Arbeitskräfte; wer Partei X wählt, wird nie arbeitslos. Das ist — mit Verlaub — ausgemachter Unsinn. Erinnern Sie sich an unsere Feststellungen zur Arbeitsmarktsegmentation? Dort wurde deutlich, daß Arbeitskräften im externen Teilarbeitsmarkt die Hauptlast der Anpassung an Beschäftigungsschwankungen auferlegt wird. Die Zugehörigkeit zu diesem Segment bzw. das Ausgeschlossensein von zutrittsbeschränkten Arbeitsmärkten ist demnach in hohem Maße verantwortlich dafür, wer arbeitslos wird und wer nicht. Und gerade das externe Segment bietet kaum Möglichkeiten zur Qualifikation. Nicht die mangelnde Qualifikation von Arbeitslosen, sondern die Existenz eines externen Arbeitsmarktes mit hohem Arbeitsplatzrisiko und nur geringen Chancen zur Qualifizierung bewirkt die überproportionale Betroffenheit wenig ausgebildeter Arbeitskräfte von der Arbeitslosigkeit.

Woher kommt es aber, daß das Argument mangelnder Ausbildung als Ursache für Arbeitslosigkeit so beliebt, so eingängig, so überaus weit verbreitet ist? Warum einigt sich alle Welt so leicht auf diese Erklärung?

Wir glauben, daß hierfür vor allem zwei Argumente wesentlich sind; beide sind eng miteinander verknüpft.

Zum ersten liegt es an der Dominanz des Leistungsprinzips (im Gegensatz zum Solidaritätsprinzip) und der Betonung des Prinzips der individuellen Freiheit (und damit der individuellen Verantwortlichkeit) in unserer Gesellschafts- und Wirtschaftsordnung. Diese Prinzipien stehen mit guten Gründen im Vordergrund, die wir hier gar nicht kritisieren wollen. Allerdings muß man auch erkennen, daß uns unser vorrangiges Interesse für die individuelle Eigenverantwortlichkeit andererseits der Gefahr aussetzt, überindividuelle — d.h. soziale und ökonomische — Bedingungen oder

„Verantwortlichkeiten" als Ursachen von Problemen vieler Menschen nicht zu sehen oder zu vernachlässigen – z.B. Arbeitslosigkeit, aber auch Armut, Eigentumsdelikte, Drogen- und Alkoholmißbrauch, psychische Verelendung u.a.m. Unsere allzu ausschließliche Fixierung auf die Forderung, jeder müsse leistungsbereit und leistungsfähig sein, läßt uns häufig vergessen zu fragen, inwieweit die gesellschaftlichen Verhältnisse jedem Einzelnen die **Möglichkeit** hierzu geben. Leicht stellen wir uns auf den Standpunkt: „Jeder ist seines Glückes Schmied" – und übersehen, daß diese Spruchweisheit nur dort richtig sein kann, wo jeder die gleichen Chancen hat, sein Glück zu schmieden. Von Chancengleichheit ist unsere Arbeitsmarktorganisation immer noch weit entfernt; unsere Segmentationsanalyse zeigt ja, daß bestimmte Arbeitskräftegruppen immer und immer wieder zu Lasteseln der Benachteiligungen werden.

Der zweite Grund hängt mit dem ersten zusammen; er besteht darin, daß staatliche Institutionen, daß Arbeitsmarktpolitiker mit derartigen Maßnahmen zeigen können, **daß sie etwas gegen Arbeitslosigkeit tun**, auch wenn sie tatsächlich keine grundlegenden, an den Ursachen ansetzende Gegenmaßnahmen ergreifen. Denn die Ursachen liegen eben wesentlich tiefer. Sie liegen in unserer Wirtschaftsordnung begründet, deren privatwirtschaftlich organisierte Unternehmungen **sich über Arbeitslosigkeit stabilisieren**. Und an der Wirtschaftsordnung und damit an der zentralen Ursache für Arbeitslosigkeit mag niemand rühren: keine der „staatstragenden" Parteien, kein Politiker, keines der etablierten Wirtschaftsforschungsinstitute, auch nicht der Sachverständigenrat der sogenannten „5 Weisen" (der allerdings schon gesetzlich – Politiker bauen vor – auf die „soziale Marktwirtschaft" verpflichtet ist). Jeder empfindet die ökonomischen und sozialen Zwänge als unveränderliche Beschränkungen seiner Politikempfehlungen – und mag über diese Beschränkungen nicht mehr nachdenken.

Gehen wir nach dieser mehr generellen Einschätzung noch ein wenig in die Details der genannten Maßnahmen. Ihre gemeinsamen Wirkungsprinzipien, das ist vorweg zu betonen, liegen darin, daß
– einerseits Anpassungskosten den Arbeitnehmern angelastet, aber **subventioniert** werden;
– andererseits dadurch im günstigen Falle Ausbildungskosten für die Unternehmungen gesenkt, aber deren Gewinnerwartungen nicht erhöht werden (bei schlechter Absatzmarktlage nützen, wie Sie inzwischen mehrfach im Text nachgelesen haben, Kostenreduzierungen beim Arbeitseinsatz gar nichts).

Die Maßnahmen sind im Arbeitsförderungsgesetz in den Paragraphen 33 bis 55 geregelt: §§ 40–46 handeln speziell von beruflicher Ausbildung und beruflicher Fortbildung, §§ 47–49 von beruflicher Umschulung, §§ 53–55 von der „Förderung der Arbeitsaufnahme", die – zusammen mit den Zumutbarkeitsregelungen des § 103 und den zugehörigen Verordnungen – auf Mobilitätserhöhung im engeren Sinne gerichtet sind.

Was die berufliche Ausbildung, Fortbildung und Umschulung angeht, so werden Zahlungen sowohl an die ausbildenden Institutionen als auch an die Teilnehmer an diesen Maßnahmen (Unterhaltszahlungen) geleistet. Aus dem Arbeitslosenversicherungsfonds werden demnach einerseits das Bildungssystem, andererseits die Teilnehmer an diesen Maßnahmen subventioniert. Es wird also letzten Endes nicht das Risiko der Investition in Humankapital herabgesetzt (hierfür bedürfte es sicherer Arbeitsverhältnisse), sondern es wird die Finanzierung der Investitionen anders verteilt; es findet eine Lastverschiebung zugunsten des individuellen Arbeitsanbieters und zu Lasten derer statt, die in die Arbeitslosenversicherung einzahlen.

Die Bundesanstalt für Arbeit referiert folgende Ausgaben:

	1973	1976	1977
	(Millionen DM)		
Ausbildung	238	260	303
Fortbildung	233	288	217
Umschulung	67	160	169
Unterhaltsgeld (Fortbildung + Umschulung)	1.233	1.427	711
Institutionelle Förderung	48	43	31

Zur Interpretation dieser Zahlen muß man die Arbeitslosenquoten der genannten Jahre heranziehen: 1973 betrug sie 1,2 v.H., 1976 4,6 v.H., 1977 4,5 v.H. Daraus folgt: Mit ansteigender Arbeitslosigkeit steigen z.T. die Aufwendungen für die hier behandelten Maßnahmen, jedoch längst nicht im Ausmaß der Zunahme von Arbeitslosigkeit. Für diejenigen, die Anspruch auf Unterhaltsgeld geltend machen können, weil sie sich fortbilden oder umschulen lassen und deshalb nicht erwerbstätig sein können, sind die Ausgaben sogar drastisch gesunken. Ebenso sind die Aufwendungen für institutionelle Förderung in der Krise gegenüber 1973 um mehr als ein Drittel zurückgegangen (hierunter sind „Darlehen und Zuschüsse für den Aufbau, die Erweiterung und Ausstattung von Einrichtungen einschließlich überbetrieblicher Lehrwerkstätten, die der beruflichen Ausbildung, Fortbildung oder Umschulung dienen" – § 50 AFG – zu verstehen).

Sehen wir uns weitere Zahlen derselben Quelle an:

	Eintritte in Maßnahmen zur beruflichen Förderung in 1.000	Teilnehmer an Vollzeitmaßnahmen auf Jahresbasis in 1.000
1973	226,9	100
1974	232,6	115
1975	270,9	130
1976	151,5	101
1977	135,9	69

Der Trend der vorstehend genannten Zahlen wird hier noch deutlicher: Gegenüber dem hohem Beschäftigungsstand 1973 steigen die Zahlen der **Neueintritte** in Maßnahmen der beruflichen Förderung sowie der **Gesamtbestand** an Teilnehmern von Vollzeitmaßnahmen nur unterproportional an; ab 1976 haben wir starke Reduzierungen (Neueintritte fast halbiert).

Wie ist das alles zu erklären? Nun, unser arbeitsmarktpolitisches Herz- oder Kernstück an Maßnahmen ist offenbar notwendig, um strukturelle Anpassungen erleichtern zu helfen – es ist aber nicht speziell gegen globale Arbeitslosigkeit ersonnen. Dies zeigt das unterproportionale Anwachsen des Finanzierungsbedarfs und der Teilnehmerzahlen bei zunehmender Arbeitslosigkeit. Das dramatische Absinken der gezahlten Unterhaltsgelder und der Anzahl der Neueintritte und Teilnehmerzahlen an Maßnahmen zur beruflichen Förderung ist indes speziell auf das „Haushaltsstrukturgesetz" vom 18.12.1975 (entworfen, formuliert und durchgesetzt also zu Zeiten des Höchststandes der Krise) zurückzuführen; damals wurden die Unterhaltsgelder von 90 v.H. des letzten Arbeitsentgeltes auf 58 v.H., **d.h. auf den Satz der Arbeitslosenhilfe**, zurückverordnet. Nur bestimmte Arbeitskräftegruppen, nämlich Arbeitslose, von Arbeitslosigkeit unmittelbar Bedrohte und Arbeitnehmer ohne beruflichen Abschluß erhalten unter bestimmten Bedingungen nunmehr den auch verminderten Satz von 80 v.H. des letzten Arbeitsentgeltes. Wir erkennen, daß selbst das Herzstück der Arbeitsmarktpolitik, als welches es nach außen hin immer hervorgehoben wird, gegenüber Finanzierungsüberlegungen nicht standzuhalten vermag: Versuche einer „vorausschauenden", „vorbeugenden" Arbeitsmarktpolitik fallen weitgehend in sich zusammen, wenn der Finanzierungsrahmen eng wird. Was bleibt, ist das Versicherungsprinzip der Arbeitslosigkeit, der Anspruch auf Arbeitslosengeld oder Arbeitslosenhilfe, nachdem das Kind bereits in den Brunnen gefallen ist. Jeder ist eben seines Glückes Schmied, sehe er zu, daß er gut schmiede und Beamter oder Arbeitsmarktpolitiker oder aber Unternehmer werde...

Und wie sieht es mit den Aufwendungen zur „Förderung der Arbeitsaufnahme" aus? Hier die Zahlen, wiederum laut Bundesanstalt für Arbeit:

	alle Leistungen[1]) Millionen DM	Leistungen an Arbeitgeber (Eingliederungsbeihilfen) in v.H. aller Leistungen
1973	33,4	26,3
1974	47,7	35,6
1975	138,9	72,3
1976	239,0	77,7
1977	355,0	75,0

[1]) Art der Leistungen: a) an Arbeitsuchende: Bewerbungskosten, Reisekosten, Fahrkostenbeihilfe, Umzugskosten, Arbeitsausrüstung, Trennungsbeihilfe, Überbrückungsbeihilfe, sonstige Hilfen; b) an Unternehmungen: Eingliederungsbeihilfe

Bei insgesamt stark angestiegenen Aufwendungen geht der Anteil von Zahlungen an Arbeitskräfte von 3/4 auf 1/4 zurück; 75 v.H. aller Leistungen zur Förderung der Arbeitsaufnahme sind 1977 auf die Konten von Unternehmungen überwiesen worden, um ihnen die „Eingliederung von Arbeitsuchenden" zu erleichtern: für gut 100.000 Eingliederungsfälle 266 Millionen DM. Demgegenüber sind 1977 89 Millionen DM an solche Arbeitsuchenden geflossen, die die erforderlichen Mittel nicht selbst aufbringen konnten, um durch Erstattung von Bewerbungskosten, Reisekosten, Überbrückungsbeihilfen etc. die Arbeitsaufnahme zu fördern.

Der mobilisierende Effekt dieser Maßnahmen ist schwierig abzuschätzen. Man kann vermuten, daß die Verschärfungen der Zumutbarkeitsregelungen des § 103 AFG die stärksten Auswirkungen hatten, denn, so stellt die mehrfach zitierte Infratest-Studie von 1978 fest: „Arbeitslosigkeit ist in starkem Maße mit beruflichen Veränderungen verbunden. Im Vergleich zur letzten Stelle vor der Arbeitslosigkeit wechseln von den Wiederbeschäftigten
— 51 v.H. die Branche,
— 48 v.H. die Berufsgruppe,
— 30 v.H. die Berufsposition.
...16 v.H. der wiederbeschäftigten Arbeitslosen gehen aus dem

erlernten Beruf (vorher) in un- oder angelernte Tätigkeiten (nachher). ... Den Dequalifikationstendenzen stehen auf der anderen Seite auch Qualifizierungsprozesse gegenüber (z.B. Rückkehr in den erlernten Beruf 4 v.H., Teilnahme an Lehrgängen zur Umschulung oder Fortbildung 7 v.H.). ... 26 v.H. mußten Einkommensverschlechterungen hinnehmen."

Der Effekt der Mittel, die zur Förderung der Arbeitsaufnahme ausgegeben wurden, kann ebenfalls nur grob abgeschätzt werden. Die Zahlung von Eingliederungsbeihilfen an die Unternehmungen ist an die Voraussetzung gebunden, daß schwer vermittelbare Arbeitsuchende eingestellt werden. Benachteiligten Gruppen wird somit der Weg aus der Arbeitslosigkeit erleichtert. Allerdings weist die fortbestehende hohe Gesamtarbeitslosigkeit darauf hin, daß die Unternehmungen überwiegend nicht **zusätzliche** Arbeitskräfte einstellen, sondern lediglich den **Ersatzbedarf** decken (wie auch die Infratest-Studie bestätigt). Demnach konnte durch diese Mittel die Arbeitslosigkeit kaum abgebaut, sondern lediglich **umverteilt** werden; **nicht zusätzliche, sondern anders strukturierte Beschäftigung wurde subventioniert**. Schließlich ist die Wirkung der Direktzahlungen an Arbeitsuchende sicherlich hilfreich, aber im Hinblick auf die Verminderung von Arbeitslosigkeit gering: Die Gesamtsumme ist vergleichsweise klein, und die Frage bleibt offen, in welchem Umfange die Aufnahme einer neuen Beschäftigung **allein** von diesen Zahlungen abhing.

Bei einer Gesamtbeurteilung der drei Maßnahmenbündel sollte man allerdings nicht nur – wie wir es hier getan haben – auf den erheblichen Unterschied zwischen Anspruch und Wirklichkeit hinweisen. Denn diejenigen, die an Ausbildungs-, Fortbildungs- und Umschulungsmaßnahmen teilnehmen, bewerten diese Chance sicherlich ganz überwiegend positiv. Es wäre sehr zu wünschen, daß derartige Möglichkeiten sogar erweitert werden und daß die Einschränkung der Unterhaltszahlungen durch das Haushaltsstrukturgesetz von 1975 rückgängig gemacht wird. Wir brauchen mehr, nicht weniger, Aus- und Weiterbildung. Uns kam es in diesem Abschnitt demgegenüber darauf an, deutlich zu machen, daß derartige Maßnahmen **als Politik gegen Arbeitslosigkeit** unzureichend und oberflächlich sind.

2.3 „Gezielt Arbeitsplätze schaffen"

Unter dieser Überschrift verbirgt sich ein reichhaltiges und auf den ersten Blick schwierig überschaubares Arsenal von Politikinstrumenten; vieles von dem, was unter die allgemeinen Rubriken „Wirtschafts- und Arbeitsmarktpolitik", z.T. auch „Sozialpoli-

tik", fällt, wird uns offiziell unter dieser Überschrift angeboten — teilweise sogar zu Recht. Eine — für unsere Zwecke geeignete — grobe Einteilung läßt sich treffen, indem man das Instrumentenarsenal danach gliedert, ob es
- auf die Schaffung von Arbeitsplätzen in der Wirtschaft gerichtet ist oder
- sich auf den Bereich des öffentlichen Dienstes bezieht.

Für den ersten Fall lassen sich Maßnahmen, die eine allgemeine Belebung der Güternachfrage und in deren Folge eine vermehrte Arbeitskräftenachfrage bewirken sollen, von solchen trennen, die man unter dem Begriff der „Wirtschaftsförderung" zusammenfassen kann. Für den zweiten Fall unterscheiden wir Maßnahmen, die auf eine direkte Ausweitung des öffentlichen Dienstes zielen, von solchen, die als „Arbeitsbeschaffungsmaßnahmen" der Bundesanstalt für Arbeit eher indirekt und zeitlich befristet Arbeitsplätze für öffentliche Dienstleistungen bereitstellen.

Maßnahmen des zweiten Typus werden im nächsten Abschnitt unter dem Titel „Der Staat als Ersatzbeschäftiger" diskutiert, von den Maßnahmen des ersten Typus behandeln wir die allgemeine Nachfragebelebung im Abschnitt „Die Nachfrage stimulieren". Verbleibt für die Überlegungen dieses Abschnitts also das Maßnahmenbündel, das man mit „Wirtschaftsförderung" schlagwortartig charakterisieren kann.

Und obwohl wir damit, wie es scheint, das Thema recht weitgehend eingeschränkt haben, haben wir uns doch unversehens ein neues, viel zu großes Fragenfeld zur Beackerung aufgetan. Wer sich über „Wirtschaftsförderung" ausreichend exakt verbreiten wollte, müßte sich nicht nur die Zeit zum Schreiben eines dicken Wälzers nehmen, sondern auch noch einen geduldigen Verleger finden, der Fristüberschreitungen bei der Ablieferung des Manuskripts zu genießen weiß wie ein säumiger Zahler, dessen Schuld in Vergessenheit gerät. Wir „lösen" dieses Problem, indem wir sowohl auf Vollständigkeit als auch Exaktheit verzichten (was uns auch leichter fällt) und stattdessen mehr beispielhaft vorgehen — das hindert uns aber nicht, zu einer einigermaßen zutreffenden arbeitsmarktpolitischen Bewertung dieses Instrumentariums zu gelangen. (Wer sich darüber wundert, der hat noch nicht genügend sozialwissenschaftliche Bücher gelesen.)

Maßnahmen der Wirtschaftsförderung — oft schelmisch Arbeitsplatzförderung genannt — sind in unserer Wirtschaft fast allgegenwärtig. Es gibt solche des Bundes, der Länder und der Gemeinden, solche, die Bund und Länder, Länder und Gemeinden gemeinsam treffen, es gibt nationale und internationale (Beispiel:

EG). Es gibt allgemeine und gezielte (Unterschied ungefähr wie zwischen Wasserzerstäuber und Gießkanne), zeitlich begrenzte und unbegrenzte, Einzel- und Gesamtprogramme, Sonder-, Spezial- und Ausnahmehilfen. Es gibt Zuschüsse, Zulagen, Darlehen, Kredite zu regulären und niedrigeren Zinsen, Steuersenkungen, -schenkungen und -stundungen, Gebühren- und Abgabennachlässe und -befreiungen; kurz: Es gibt einen außerordentlichen Einfallsreichtum der zuständigen Politiker zum Wohle des Ganzen.

Etwas genauer könnte man unterscheiden:
— **Regionale** Wirtschaftsförderung zum Ausgleich räumlicher Unterschiede der Wirtschaftskraft;
— **sektorale** bzw. **wirtschaftszweigspezifische** Förderung (z.B. Agrarsektor, Verkehr, Stahl, Werften, Kohle etc.);
— Förderung einzelner **Unternehmungsgruppen** (etwa Mittelstandsförderung);
— Förderung einzelner **Aktivitätsbereiche von Unternehmungen** (Beispiele: Forschung und Entwicklung, betriebliche Weiterbildung).

Sehen wir uns, wiederum als Exempel, die **regionale** Wirtschaftsförderung etwas genauer an, finden wir
— übernationale Förderungsprogramme (EG-Regionalförderung),
— bundesgesetzliche Regelungen und Programme (Raumordnungsgesetz und Bundesraumordnungsprogramm, das Investitionszulagen- und das Zonenrandförderungsgesetz),
— Bund-Länder-Aktivitäten wie das Gesetz über die Gemeinschaftsaufgabe „Verbesserung der regionalen Wirtschaftsstruktur",
— vielfältige Landesförderungen im Rahmen von Länderprogrammen und Landesentwicklungsplänen,
— Wirtschaftsförderungen der Gemeinden z.B. durch Bereitstellung von Industrieflächen, Senkungen und Stundungen von Gemeindesteuern und -abgaben,
— wirtschaftsfördernde Aktivitäten von Industrie- und Handelskammern, Handwerkskammern, Landwirtschaftskammern,
— schließlich Programme der regionalen und kommunalen Wirtschaftsförderungsgesellschaften. (Die Liste ist nicht vollständig.)

Greifen wir, als letztes Beispiel, einmal das Gesetz über die Gemeinschaftsaufgabe „Verbesserung der regionalen Wirtschaftsstruktur" heraus, stoßen wir unter der Rubrik „Verarbeitendes Gewerbe" auf folgende zu fördernde Aktivitäten:
— Errichtung von Betrieben,
— Erwerb stilliegender Betriebe,

- Erwerb von Betrieben, die von Stillegung bedroht sind,
- Erweiterung und Verlagerung am bisherigen Standort oder in einen Schwerpunkt bei gleichzeitiger wesentlicher Erweiterung,
- grundlegende Rationalisierung und Umstellung,
- technische Neuerungen und Kooperationen.

Damit soll der Aufzählungen genug sein; bereits aus den bisherigen entsteht der Eindruck, daß sich die Wirtschaft nur schwerlich der Förderung durch öffentliche Gelder entziehen kann. – Müßte es aber dann nicht Arbeitsplätze wie Sand am Meer geben?

Die Antwort ist, wie uns auch die Realität zeigt: nein. Der Grund dafür liegt darin, daß alle diese Maßnahmen lediglich an der Kostenseite der Unternehmungen ansetzen, nicht aber an der Erlösseite, und daß sie mithin die Absatz- und Gewinnerwartungen nicht erhöhen können. **Die Unternehmungen schaffen nicht bereits deshalb Arbeitsplätze, weil ihnen Teile der Kosten subventioniert werden, sondern erst dann, wenn sie steigende Absätze und Gewinne erwarten, auf die sie mit einer Produktionsausweitung reagieren.** (Wir gehen auf diesen Zusammenhang unter 2.6 noch ausführlich ein.)

Der Staat kann mit Wirtschaftsförderungsmaßnahmen auf strukturelle Änderungen hinwirken (räumliche Verteilung von Produktionsstätten, sektoraler Wandel, Förderung des technologischen Wandels, Milderung von nachteiligen Folgen des Strukturwandels); inwieweit er damit Erfolg hat, ist schwer abzuschätzen. Sehr zweifelhaft ist z.B. der zweite Teil der folgenden Behauptung der Bundesanstalt für Arbeit: „Im Rahmen der Gemeinschaftsaufgabe ‚Verbesserung der regionalen Wirtschaftsstruktur' wurden im Zeitraum 1972 bis Ende 1976 öffentliche Hilfen für ein gewerbliches Investitionsvolumen von jährlich rund 10 Milliarden DM gewährt. Dadurch wurden pro Jahr durchschnittlich rd. 99.000 neue Arbeitsplätze geschaffen und rd. 68.000 bestehende gesichert." **Niemand kann nämlich sagen, ob und inwieweit diese Investitionen gesenkt worden wären, wenn es die öffentlichen Hilfen nicht gegeben hätte.** Vieles spricht jedenfalls dafür, daß ein großer Teil dieser Investitionen **auch ohne Wirtschaftsförderung** durchgeführt worden wäre, aber nun, da es sie einmal gibt, wird sie natürlich gern zur Kostensenkung in Anspruch genommen.

Wir können mangels überzeugender empirischer Untersuchungen nicht behaupten – und wollen das auch gar nicht –, daß Wirtschaftsförderungsmaßnahmen als Mittel zur Schaffung von Arbeitsplätzen gänzlich ungeeignet seien. Sie tragen dazu bei, den Strukturwandel teils zu fördern, teils seine unerwünschten Auswirkungen zu mildern; insofern kann man vermuten, daß sie auch die **strukturelle** Arbeitslosigkeit vermindern oder wenigstens nicht zu stark ansteigen lassen. Als Maßnahme gegen eine **allgemeine hohe** Arbeitslosigkeit, wie wir sie jetzt seit Jahren erleben, ist die vorgestellte Wirtschaftsförderung aber kaum effizient.

2.4 „Der Staat als Ersatzbeschäftiger"

Daß der Staat in Zeiten hoher Arbeitslosigkeit als Ersatzbeschäftiger auftreten solle, ist eine Forderung, die angesichts der ihn besonders angehenden Arbeitsmarktausgleichsfunktion sehr nahezuliegen scheint. „Wenn die ‚freie Wirtschaft' nicht genügend Arbeitskräfte nachfragt", so könnte man argumentieren, „dann muß dies eben der Staat tun. Mehr Arbeiter, Angestellte und Beamte in die öffentlichen Unternehmungen, in die Verwaltungen; mehr Personal für Sicherheit und Ordnung, Rechtsschutz, Kultur, soziale Sicherung und so weiter – damit kann gleichzeitig die Arbeitslosigkeit beseitigt und das Angebot an staatlichen Diensten, das allen zugute kommt, ausgeweitet werden."

Aber nicht nur professionelle Gesetzesbrecher, Steuerhinterzieher und Kulturmuffel würden diesem Argument kaum positive Seiten abgewinnen können; ernster zu nehmen wären die Sorgen der Steuerzahler, die keinen Wert darauf legen, noch mehr vom Inhalt ihres strapazierten Geldbeutels mit dem Staat teilen zu müssen. Fast alle Arbeitslosen wären freilich anderer Meinung. Die folgende Analyse wird das Für und Wider dieses Argumentes beleuchten.

Unsere Überlegungen werden überschaubarer, wenn wir unterscheiden, ob der Staat direkt als Ersatzbeschäftiger auftreten soll (1) oder eher indirekt, d.h. unter Einschaltung der Bundesanstalt für Arbeit, „Arbeitsbeschaffungsmaßnahmen" durchführen soll (2).

(1) Mit der seit langem zu beobachtenden Ausweitung der Staatsaufgaben ist auch die Beschäftigung im öffentlichen Dienst stark angewachsen; 1978 gab es rund 3,5 Millionen Vollbeschäftigte und 0,5 Millionen Teilzeitbeschäftigte im Staatsdienst. Den größten Anteil der Vollbeschäftigten stellten die Beamten mit 1,67 Millionen, gefolgt von den Angestellten mit 1,07 Millionen und den Arbeitern mit 0,79 Millionen. Betrug der Anteil Beschäftigter im öffentlichen Dienst (Bund, Länder, Gemeinden und Sozialversicherungen) in den fünfziger Jahren noch 8 v.H. der Erwerbstätigen, so ist er bis 1975 auf 13,7 v.H. gewachsen.

Diese Daten geben ein ungefähres Bild der bisherigen Größenordnung öffentlicher Beschäftigung; mit Hilfe zugänglicher Statistiken ließe es sich noch stark verfeinern. Aber Klarheit darüber, ob die Anzahl der Arbeitskräfte im öffentlichen Dienst zu klein ist — wie die Existenz von Arbeitslosigkeit uns als Schlußfolgerung aufzunötigen scheint —, ob sie vielleicht jetzt schon zu groß ist, wie manche schimpfen, oder ob sie gegenwärtig möglicherweise „gerade richtig" und deshalb konstant zu halten ist — diese Klarheit können Statistiken nicht liefern. Das Problem stellt sich anders: **Welche Aufgaben soll der Staat in welchem Umfang übernehmen; welche Güter und Dienste soll er, spezifiziert nach Quantität und Qualität, nach Zeitpunkt und Ort, bereitstellen?** Erst aus der Beantwortung dieser — politisch ebenfalls äußerst strittigen — Fragen läßt sich der staatliche Arbeitskräftebedarf ableiten. (Hierauf kommen wir gleich zurück.)

Nun sind aber diejenigen, die den Staat zur „Ersatzbeschäftigung" von Arbeitslosen auffordern, nicht darum verlegen, auf Versorgungsdefizite an öffentlichen Gütern oder Dienstleistungen hinzuweisen; eine Reihe von Untersuchungen haben sich in letzter Zeit mit dieser Frage beschäftigt. Dies sind Beispiele, die die Bundesanstalt für Arbeit zusammengetragen hat:

- Entwicklung und Ausbau der Vorsorgemedizin, des Arbeits- und Unfallschutzes, der Nahverkehrssysteme, eines leistungsfähigen Erwachsenenbildungssystems;
- verstärkte Maßnahmen im Bereich der Humanisierung von Arbeitsverhältnissen, der Bereitstellung öffentlicher Dienstleistungen für Berufstätige in den Spätnachmittags- und Abendstunden, der sozialen Integration von ausländischen Arbeitnehmern und ihrer Angehörigen;
- Ausweitung der Beratungstätigkeiten für Verbraucher, Jugendliche, Rentner, Eheleute, die Landbevölkerung und den Mittelstand;
- mehr Anstrengungen für Arbeits-, Ausbildungs-, Berufs- und Rehabilitationsberatung, für Erziehungs-, Freizeit- und Bildungsberatung allgemein;
- mehr Sicherheits- und Kontrollpersonal für die Ordnungsämter, die Wirtschaftskriminalpolizei, die Gewerbeaufsichtsämter, die Eichämter, Lebensmittel- und Arzneikontrollbehörden sowie die Chemischen Untersuchungsämter insgesamt;
- mehr Personal für bisher unterversorgte Bereiche wie Sozialarbeit, Altenbetreuung, Arbeitslosenbetreuung, Verwaltungs- und Finanzgerichte, für Umweltschutz und Landschaftspflege, für den Zivilschutz — und, und, und . . .

An gesellschaftspolitisch sinnvollen Vorschlägen für zusätzliche oder zu erweiternde öffentliche Ausgaben und damit zur Erhöhung der Beschäftigung im öffentlichen Dienst fehlt es also nicht; die hier vorgetragenen sind sogar weitgehend unkontrovers. Problematischere Fragen entstehen dort, wo die Staatstätigkeit stärker in Konkurrenz zu privatunternehmerischen Aktivitäten treten könnte oder wo staatliche Monopolproduktionen vorhanden sind bzw. entstehen könnten; hierauf gehen wir aber – in Sorge um die ohnehin gefährdete Erkennbarkeit des roten Fadens durch das Argumentationsgewirr – nicht näher ein.

Statt dessen möchten wir auf zwei grundlegende Probleme staatlicher Ersatzbeschäftigung durch Vermehrung der Stellen im öffentlichen Dienst hinweisen: Erstens stellt sich die Frage, ob – wie behauptet wird – Arbeitslosigkeit durch staatliche Ersatzbeschäftigung beseitigt werden kann, zweitens, wie das finanziert werden soll. (Beide Probleme gehören indes zusammen; wir trennen sie hier nur der Übersichtlichkeit wegen.)

(1.1) Mit Ausnahme der Arbeitslosenberatung und -betreuung hängt keine der aufgeführten zusätzlichen staatlichen Dienstleistungen direkt mit dem Umfang von Arbeitslosigkeit zusammen, vielmehr erscheinen sie sinnvoll auch unabhängig von der Lage auf dem Arbeitsmarkt; sie umschreiben Versorgungsdefizite, deren Beseitigung Bund, Ländern und Gemeinden als Gegenwarts- und Zukunftsaufgaben gestellt sind. Wäre es deshalb nicht widersinnig, z.B. Ordnungsämter und Wirtschaftskriminalpolizei in Zeiten der Rezession üppig mit Personal auszustatten, in der Hochkonjunktur aber nur noch einen „Notdienst" aufrecht zu erhalten? Wäre das überhaupt realisierbar, wenn man an den Zeitbedarf notwendiger Ausbildungen oder an die besondere Beschäftigungssicherheit im öffentlichen Dienst denkt?

Grundsätzlich ist zweierlei zu bedenken:
– Soll der Staat wirklich seine Aktivitäten dem Vollbeschäftigungsziel **unterordnen**, d.h. seine Nachfrage nach Arbeitskräften nicht mehr an gesellschaftlichen Zielen ausrichten, sondern **darüber hinaus und vor allem** den Beschäftigungseffekt seiner Güterproduktionen beachten? Wäre dies nicht fast eine Pervertierung der sozialen Marktwirtschaft, die doch gerade aus der optimalen Befriedigung der Bedürfnisse ihrer Mitglieder ihre Legitimation bezieht?
– Ist die Regierung nicht ökonomischen und sozialen Zwängen unterworfen, und muß sie diese Zwänge bei ihren Entscheidungen nicht berücksichtigen, will sie wiedergewählt werden?

Daraus folgt, daß – ähnlich wie die Arbeitsnachfrage der privaten Wirtschaft von dem Überlebensziel der Unternehmungen geprägt ist – die staatliche Arbeitsnachfrage eine aus den von Wählern nachgefragten öffentlichen Gütern und Diensten **abgeleitete Nachfrage** ist. Die Arbeitsmarktsituation wirkt sich deshalb gar nicht **unmittelbar** auf die öffentliche Personalpolitik aus, weil diese zunächst nur an der Erstellung der „Produktion" orientiert ist, d.h. am Angebotsumfang von öffentlichen Gütern und Diensten, der durch den politischen Prozeß bestimmt wird.

(Die Arbeitsmarktsituation spielt allerdings dann eine für die Wiederwahl einer Regierung entscheidende Rolle, wenn sie so prekär geworden ist, daß sie im Empfinden der Gesellschaftsmitglieder die Bedeutung der sonstigen Güter- und Dienstebereitstellung des Staates übersteigt. In diesem Falle ordnet die Regierung aus Eigeninteressen ihre allgemeinen Ziele dem Beschäftigungsziel teilweise unter – und verfälscht damit als Nebenergebnis ihre eigentliche Aufgabe: Gesellschaftlich erwünschte Güter in angemessenem Umfange bereitzustellen. Dies ist ein Defekt einer Marktwirtschaft, die an chronischen Beschäftigungsproblemen leidet.)

Aber auch eine **mittelbare, indirekte Wirkung** der Arbeitsmarktsituation auf die öffentliche Personalpolitik gibt es, allerdings eine arbeitsmarktpolitisch gesehen negative: Im öffentlichen Dienst werden Zeiten eines Angebotsüberhangs an Arbeitskräften wie von privaten Unternehmungen dazu genutzt, Einstellstandards heraufzusetzen bzw. Einstiegspositionen herabzustufen, Arbeitsverträge vermehrt zeitlich zu befristen und die Arbeitsintensität zu erhöhen.

Fassen wir beide Überlegungen (unmittelbare und mittelbare Auswirkung der Arbeitsmarktsituation auf die öffentliche Personalpolitik) zusammen, können wir folgern: Der Staat als Ersatzbeschäftiger, von dem die Übernahme aller Arbeitslosen in den öffentlichen Dienst erwartet wird, ist überfordert; es erscheint angesichts der abgeleiteten Staatsnachfrage nach Arbeitskräften außer in Extremfällen wenig realistisch, sich vorzustellen, er könne je nach Arbeitsmarktlage den öffentlichen Dienst ausweiten oder einschränken. Viel wäre aber schon gewonnen, wenn die Beschäftigung im öffentlichen Dienst enger und fester an die mittel- bis langfristige Entwicklung der Staatsaufgaben gebunden würde, d.h. wenn die Einstellpolitik **verstetigt** würde – anstatt die der Personalbüros privater Unternehmungen kopflos nachzuahmen, Einstellstopps zu verhängen und Personal abzubauen, wie in der letzten Rezession ab 1974 geschehen. Eine **Verstetigung** der Stellen- und Einstellungspolitik würde das Problem der Arbeitslosigkeit nicht beseitigen, aber mildern.

(1.2) Diese Forderung wirft natürlich die Frage nach der Finanzierung auf, die Sie sicherlich schon eine ganze Weile auf der Zunge haben. In der Tat: Wenn es nicht gelingt – und das erscheint für die meisten genannten Bereiche ausgeschlossen –, die Leistungen über den Markt zu verkaufen, dann müssen sie über Steuern, Abgaben und/oder höhere Staatsverschuldung finanziert werden. Damit sind Probleme wie das einer „zumutbaren" Steuerquote bzw. das des „richtigen" Staatsanteils an der Wirtschaft überhaupt angesprochen. Diese Fragen werden in der Öffentlichkeit gegenwärtig unter Schlagworten wie „Staatsverschuldung", „Reprivatisierung" oder „Bürokratisierung" stark diskutiert. Wir kommen hierauf im Abschnitt 2.6 dieses Kapitels anläßlich der sogenannten „antizyklischen" Konjunkturpolitik noch einmal zurück.

An dieser Stelle ist aber hervorzuheben, daß wie man das Problem der Arbeitslosigkeit auch dreht und wendet – mit ihm **auf jeden Fall** Kosten entstehen, Kosten, die so und auch anders verteilt werden können. Gegenwärtig übertragen wir die größten Lasten den Arbeitslosen, die auf Einkommen und produktiv verbrachte Lebenszeit verzichten müssen. Gleichzeitig entstehen aber der Gesamtgesellschaft Kosten dadurch, daß nützliche und notwendige Tätigkeiten, von denen wir oben Beispiele gegeben haben, **nicht** ausgeführt werden. Ist der Vorschlag nicht mehr als einer Überlegung wert, zugleich Arbeitslosigkeit zu mildern **und** wichtige, bisher noch vernachlässigte, öffentliche Güter und Dienstleistungen zu produzieren, auch wenn wir dadurch höhere Steuerlasten in Kauf nehmen müssen?

(2) Das arbeitsmarktpolitische Instrument der „Arbeitsbeschaffungsmaßnahmen" ist, im Gegensatz zur staatlichen „Ersatzbeschäftigung" im öffentlichen Dienst, nicht auf **Dauer-**, sondern auf **zeitlich befristete, überbrückende Beschäftigungsverhältnisse** ausgerichtet. Die gesetzliche Regelung findet sich wieder im Arbeitsförderungsgesetz, in dem die §§ 91–99 von „Maßnahmen zur Arbeitsbeschaffung" handeln. Der lediglich auf zeitlich befristete Überbrückung gerichtete Charakter von Arbeitsbeschaffungsmaßnahmen (ABM) ergibt sich aus § 91 AFG, in dem es heißt, bevorzugt förderungswürdig seien solche Arbeiten, „die geeignet sind, die **Voraussetzungen** (Hervorhebung hinzugefügt) für die Beschäftigung von Arbeitslosen in Dauerarbeit zu schaffen..."

Das Instrument selbst ist nicht neu. Bereits nach Ende des ersten Weltkrieges wurde es in größerem Umfange eingesetzt, als die heimkehrenden Soldaten keine Arbeit fanden; ebenso im nationalsozialistischen Deutschland der dreißiger Jahre (obgleich in dieser Zeit die Bedeutung arbeitsbeschaffender Maßnahmen keineswegs soweit reichte, wie man heute häufig vermutet). Für die allerjüngste Vergangenheit gibt die Bundesanstalt für Arbeit folgende Zahlen:

	Inanspruchnahme (Personen in 1.000)					
	1973	1974	1975	1976	1977	1978
Allgemeine Maßnahmen zur Arbeitsbeschaffung	2	3	16	29	38	47

Die in der Übersicht erkennbare steigende Tendenz hat sich inzwischen fortgesetzt; mit dem „Arbeitsmarktpolitischen Programm der Bundesregierung für Regionen mit besonderen Beschäftigungsproblemen" wurden zuletzt 1979 Mittel in Höhe von 150 Millionen DM zusätzlich zu den Aufwendungen der Bundesanstalt für Arbeit (1977: 580 Millionen DM) bereitgestellt.

Wie bei der unter Ziff. (1) behandelten Form staatlicher Ersatzbeschäftigung durch Stellenvermehrung im öffentlichen Dienst werden auch durch das Instrument der Arbeitsbeschaffungsmaßnahmen Fragen nach der Art der zu fördernden Arbeiten und nach dem Finanzierungsproblem aufgeworfen. Zusätzlich ist bei ABM aber zu untersuchen, ob sie tatsächlich positive Beschäftigungswirkungen haben; das muß, anders als bei einer Ausweitung des öffentlichen Dienstes, nämlich nicht unbedingt der Fall sein.

(2.1) Nach dem Gesetzesauftrag sollen vor allem solche Arbeiten gefördert werden, die Voraussetzungen schaffen, Arbeitslose in Dauerarbeitsverhältnisse zu vermitteln. Das bedeutet zweierlei: Erstens, Tätigkeiten und Dienste zu fördern, die die Folgen von Strukturveränderungen und technischen Entwicklungen mildern oder die, wie viele soziale und Beratungsdienste, die Chancen benachteiligter Gruppen auf dem Arbeitsmarkt verbessern (z.B. Bildungs- und Förderkurse, Schularbeitsaufsicht etc.); zweitens, die in den ABM Beschäftigten selbst durch ihre Tätigkeiten weiter und so zu qualifizieren, daß sie nach Beendigung der Maßnahme leichter einen Arbeitsplatz finden können. Als Beispiel sei auf das oben erwähnte „Arbeitsmarktpolitische Programm" verwiesen, in dem es u.a. heißt: „Schwerpunkte sollen vor allem sein: Dienste zur Erhaltung der selbständigen Lebensführung älterer und behinderter Bürger, die Betreuung von Ausländerkindern sowie die Schaffung von Beratungs- und Betreuungsdiensten in sozialen Brennpunkten. Da soziale Dienste nicht zuerst auf- bzw. ausgebaut werden können, um dann später wieder abgebaut bzw. eingestellt zu werden, geht es bei diesem Programm darum, eine großzügige und zeitlich ausreichende Finanzierung der gesamten Auf- und Ausbauphase der sozialen Dienste mit einer längerfristigen Perspektive zu verbinden." Letzteres heißt also im Klartext, daß nach Abschluß der ABM mehr staatliche Arbeitsplätze im Bereich sozialer Dienste bereitzustellen und den ABM-Geförderten anzubieten sind.

Eine bedenkenswerte Alternative bzw. Ergänzung zu den derzeit favorisierten ABM hat eine Forschergruppe der Carl-von-Ossietzky-Universität in Oldenburg vorgeschlagen. Unter Verweis auf ausländische Erfahrungen, vor allem in Kanada, wird angeregt, „für die schwer integrierbaren Gruppen des Arbeitsmarktes Arbeiten über ABM zu finanzieren, die **nicht** zum Produktentausch über Märkte führen, sondern dem eigenen Ge- und Verbrauch oder der Selbsthilfe innerhalb von Gruppen unter sinnvollen Kooperationsformen dienen. Derartig organisierte Arbeiten könnten modellhafte Anhaltspunkte zur Erprobung neuer Produktions-, Arbeits- und Lebensformen liefern, von denen aus sinnvolle Auswirkungen auf die Gestaltung anderer Arbeitsprozesse ausgehen könnten." Aus der Not der Arbeitslosigkeit könnte so u.U. eine Tugend der finanziell geförderten Entdeckung, Erprobung und Entwicklung von Lebens- und Arbeitsformen gemacht werden, die sich — mindestens teilweise — dem privaten Gewinnkalkül des regulären Arbeitsmarktes entziehen. Sie erkennen hier Anknüpfungspunkte zu dem, was im 2. Kapitel im Zusammenhang mit dem Argument „Es gibt zu wenige Arbeitsplätze" angedeutet wurde: Der Vorschlag zielt auf die Einrichtung und Erprobung sozusagen „nicht-profitabler" Arbeitsplätze.

(2.2) Die Finanzierung von Arbeitsbeschaffungsmaßnahmen erfolgt zum einen aus Mitteln der Bundesanstalt für Arbeit und damit aus dem Topf der Arbeitslosenversicherung, darüber hinaus aber im Rahmen von Sonderprogrammen auch aus Bundesmitteln, deren Gewährung in der Regel davon abhängig gemacht wird, daß auch das jeweilige Bundesland zuzahlt.

Interessant ist nun eine Kostenvergleichsrechnung zwischen Maßnahmen zur Arbeitsbeschaffung und Arbeitslosigkeit, die die Bundesanstalt für Arbeit aufmacht: 1977 betrugen die durchschnittlichen Jahresgesamtaufwendungen pro Arbeitslosen 20.030 DM, je in ABM zugewiesenen Arbeitnehmer **nur unwesentlich mehr,** nämlich 20.650 DM.

Diese zunächst überraschende Tatsache ist darauf zurückzuführen, daß bei den Kosten der Arbeitslosigkeit nicht nur die

Zahlungen von Arbeitslosengeld und Beiträgen zur Krankenversicherung zu berücksichtigen sind, sondern auch die **Zahlungsausfälle**: Arbeitslose zahlen keine Arbeitslosenversicherung und keine Beiträge zur Rentenversicherung, und sie zahlen erheblich weniger Steuern. Von der Finanzierungsseite aus betrachtet, macht es gesamtwirtschaftlich deshalb kaum einen Unterschied, wenn Arbeitslose ihre erzwungene Untätigkeit gegen eine Beschäftigung in ABM eintauschen.

Ja, aber, wenn das so ist, dann könnte man doch die Arbeitslosigkeit beseitigen, indem man für alle Arbeitslosen Arbeitsplätze im Rahmen von Arbeitsbeschaffungsmaßnahmen bereitstellt? Leider ist es so einfach nicht; denn das Problem bleibt bestehen: **Welche Arbeitsplätze sollen geschaffen werden?** Zudem müssen sie das Kriterium der Befristung, des Übergangscharakters, erfüllen; andernfalls wären wir wieder bei einer Ausweitung des öffentlichen Dienstes mit durchschnittlich sehr viel höheren Arbeitsplatzkosten pro Jahr (nach einer Schätzung des Bundesinnenministeriums: 53.000 DM). Immerhin ist aber die Zahl der ABM-Geförderten, wie die Tabelle oben zeigt, bis 1978 und auch seither erheblich erhöht worden, und die Bundesanstalt für Arbeit beurteilt ABM außerordentlich positiv: „Arbeitsbeschaffungsmaßnahmen haben sich als wirkungsvolles Instrument der Bundesanstalt für eine unmittelbare Entlastung der Arbeitslosigkeit erwiesen. Die dadurch mögliche zusätzliche Beschäftigung mit öffentlichen Mitteln als Alternative zum Unterstützungsbezug ist vielen anderen Instrumenten überlegen." Kein Wunder, daß sie sich bemüht, weitere Arbeitsplätze für ABM ausfindig zu machen und zu empfehlen.

(2.3) Sind die Arbeitsmarktwirkungen von ABM so uneingeschränkt positiv, wie man nach dem Vorstehenden vermuten könnte? Wir möchten zum Schluß dieses Abschnitts zwei Aspekte hervorheben, die für eine Gesamtwürdigung dieses Instruments heranzuziehen sind.

Das ist einmal der Überbrückungscharakter von ABM. Soweit es nicht gelingt, ABM-Geförderten nach Abschluß der Maßnahmen eine Dauerbeschäftigung zu vermitteln, werden sie wieder arbeitslos und verlieren den Glauben an die Sinnhaftigkeit dieser Betätigungen. Die durchschnittliche Maßnahmedauer – rund ein halbes Jahr – ist bisher noch zu kurz; die Übernahme der Geförderten durch den Maßnahmeträger bleibt weit hinter den Erwartungen zurück, viele werden wieder arbeitslos. Einige Tätigkeiten innerhalb von ABM sind außerordentlich unattraktiv, und obwohl ABM-Arbeitskräfte eine den regulär Beschäftigten vergleichbare

Arbeit leisten, sind sie von allen Rechten und Absicherungen, die sich aus Tarifverträgen ergeben, ausgeschlossen.

Der zweite problematische Gesichtspunkt, den wir betonen wollen, hängt mit der Art der Finanzierung von ABM zusammen. Sie verleitet geradezu dazu, sogenannte „Mitnehmereffekte" hervorzubringen. Damit ist gemeint, daß etwa Kommunen Teile ihrer Aufgaben von der Solidargemeinschaft der Versicherten über ABM finanzieren lassen, anstatt hierfür Stellen im öffentlichen Dienst zu schaffen oder aufrecht zu erhalten. Als Beispiel wird auf eine Kommune verwiesen, die erst Friedhofsgärtner entläßt und dann neue über ABM wieder einstellt. Private Träger, aber auch die Länder (ABM im Bildungsbereich) sind derselben Versuchung ausgesetzt – und oft genug werden sie ihr nachgegeben haben und weiter nachgeben: Wer Finanzierungslasten auf andere abwälzen kann, ist oft allzu leicht dazu bereit. Das Ausmaß derartiger Mitnehmereffekte ist natürlich nicht genau bekannt, Erfahrungen bei vergleichbaren Maßnahmen – etwa Lohnsubventionen für Unternehmungen, die auf Vermittlung des Arbeitsamtes Bewerber aus bestimmten Arbeitslosengruppen einstellen – deuten aber darauf hin, daß sie nicht unwesentlich zu Buche schlagen.

2.5 „Kürzung der Arbeitszeit"

Die logische Grundstruktur des Argumentes, die Arbeitslosigkeit könne durch Kürzung der Arbeitszeit beseitigt werden, ist außerordentlich einfach. Entsprechend der Nachfrage nach Gütern und Dienstleistungen legen die Produzenten (Unternehmungen, Staat) dasjenige Arbeitsvolumen fest, das zur Produktion dieser Güter und Dienste notwendig gebraucht wird. Das Arbeitsvolumen ist das rechnerische Produkt aus Arbeitszeit mal Anzahl von Arbeitskräften; z.B. hat eine 100-Mann-Fabrik ein wöchentliches Arbeitsvolumen von $40 \times 100 = 4.000$ „Mann-Stunden".

Schwankt nun die Nachfrage nach Gütern und Diensten und damit das notwendige Arbeitsvolumen, kann man zur Anpassung entweder **die Arbeitszeit** oder **die Arbeitskräfteanzahl** oder auch **beide** variieren. Für unser Arbeitsmarktgeschehen ist eine kurz- bis mittelfristig weitgehend inflexible Arbeitszeit typisch, weshalb zur Anpassung umso größere Variationen der Arbeitskräfteanzahl erfoderlich sind.

Die diesem Abschnitt überschriebene Forderung zielt nun auf eine Vertauschung der Rollen. Danach soll die Arbeitskräftenachfrage auf Vollbeschäftigungsniveau quantitativ stabil bleiben, die Arbeitszeit hingegen flexibilisiert – d.h. bei Arbeitslosigkeit: gekürzt – werden. Man hat unter Verwendung dieser einfachen Überlegungen berechnet, daß für jede Stunde wöchentlicher Arbeitszeitsenkung rund 500.000 Arbeitskräfte zusätzlich eingestellt werden müßten, wenn das Arbeitsvolumen insgesamt unverändert bleiben soll.

Bevor wir einige Details diskutieren, möchten wir unsere Behauptung, die Arbeitszeit sei kurz- bis mittelfristig weitgehend inflexibel, ein wenig präzisieren. Wir denken hierbei an die tariflich oder durch Gesetzgebung festgelegten Arbeitszeiten, nicht dagegen an die einzelbetrieblichen Spielräume (Überstunden, Sonderschichten, Kurzarbeit), die durchaus nicht klein sind. Für sie gilt noch immer die Arbeitszeitordnung von 1938 im Hinblick auf Überstundenregelungen sowie das Arbeitsförderungsgesetz bezüglich Kurzarbeit. Die Obergrenze für Überstunden ist deshalb recht hoch (60 Wochenstunden) – historisch erklärbar aus der auf Rüstungsproduktion ausgerichteten Wirtschaft zur Zeit der Entstehung der Arbeitszeitordnung –, und auch die Kurzarbeitsregelungen nach dem AFG sind relativ großzügig, weil diese zur Vermeidung von Arbeitslosigkeit gedacht und konzipiert sind. Im folgenden geht es uns zunächst um gesetzliche oder tarifliche Arbeitszeitkürzungen; auf die einzelbetrieblichen Spielräume kommen wir noch einmal zurück.

Alle diskutierten Möglichkeiten der Arbeitszeitkürzung lassen sich danach gliedern, ob es um die Verminderung
— der Lebensarbeitszeit (Verlängerung der Bildungsphase und Vorverlegung der Altersgrenze),
— der Jahresarbeitszeit (Urlaub),
— der Wochenarbeitszeit oder
— der Tagesarbeitszeit (Pausen)
geht. Gesetzliche Maßnahmen beziehen sich vor allem auf die Verkürzung der Lebensarbeitszeit, zusätzlich auf einen Aspekt der Jahresarbeitszeit, nämlich den Bildungsurlaub (1). Die anderen Möglichkeiten fallen vornehmlich in den Gestaltungsbereich der Tarifparteien (2).

(1) Die Verkürzung der Lebensarbeitszeit ist, genau betrachtet, eigentlich keine Arbeitszeitverkürzung im üblichen Sinne, sondern vielmehr eine **Verminderung des Arbeitskräfteangebotes**. Denn das ist das Ergebnis, wenn entweder junge Menschen später ins Erwerbsleben eintreten oder alte z.T. früher als bisher ihre Erwerbstätigkeit beenden oder auch Mütter und evtl. Väter für die Zeit der Betreuung und Erziehung kleiner Kinder ihre Berufstätigkeit unterbrechen.

Im Bildungsgesamtplan ist bereits die generelle Einführung des

10. Schuljahres und/oder eines Berufsbildungsgrundjahres festgeschrieben worden; diese Einführung könnte aus arbeitsmarktpolitischen Gründen vorgezogen werden. Diese Maßnahme hätte insgesamt einen „Entlastungseffekt" von 330.000 jugendlichen Arbeitsanbietern.

Noch stärker wären die angebotsmindernden Folgen weiterer Herabsetzungen der flexiblen Altersgrenze. Die Bundesanstalt für Arbeit stellt hierzu fest: „Unterstellt man, daß bei einer weiteren Herabsetzung der flexiblen Altersgrenze bei den Männern 60 % der 62jährigen, 50 % der 61jährigen, 40 % der 60jährigen und bei den Frauen 50 % der 58- und 59jährigen von der Möglichkeit des vorzeitigen Rentenbezugs Gebrauch machen, dann bewegt sich der quantitative Entzugseffekt für den Arbeitsmarkt in folgenden Größenordnungen:"

	Männer	Frauen (in 1.000)	insgesamt
1977	180	70	250
1980	150	130	280
1985	190	120	310
1990	230	110	340

Während eine Ausdehnung der Bildungsphase durchaus vernünftig sein kann, sofern die Lehrinhalte tatsächlich zu einer besseren staatsbürgerlichen und ökonomisch verwertbaren Qualifikation führen und nicht lediglich eine Aufbewahrung der Jugendlichen in der Schule bemänteln, ist der vorzeitige Austritt aus dem Erwerbsleben nicht unproblematisch, auch wenn er sozialpolitisch erwünscht sein mag.

Zunächst ist für ein Vorziehen der Altersgrenze nur das Prinzip der Freiwilligkeit akzeptabel; niemand sollte „abgeschoben" werden, der noch arbeiten möchte. Es ist aber nicht auszuschließen, daß ein sozialer Druck für ältere Menschen entsteht, ihre Arbeitsplätze zu verlassen, wenn verbreitete Arbeitslosigkeit über längere Zeit fortbesteht. Zudem mag durch eine weitere Vorverlegung der flexiblen Altersgrenze der Trend noch verstärkt werden, die Arbeitsbedingungen nicht in Richtung auf humanere Gestaltung, sondern auf Erhöhung der Arbeitsintensität zu verändern. Wenn ältere, u.U. in ihrer physischen Leistungsfähigkeit geminderte Arbeitskräfte noch früher als bisher in den Ruhestand „geschickt" werden können, entfällt ein weiterer Anreiz, die Arbeitsbedingungen so zu gestalten, daß sie nicht zum vorzeitigen Verschleiß der Arbeitskraft führen. Außerdem sollte auch bedacht werden, was weitere Vorverlegungen der Ruhestandsgrenze für solche Tätigkeiten bedeuten können, für die langfristig angesammeltes Wissen, lange Berufs- oder Arbeitsplatzerfahrung, benötigt werden. Sie würden als Nebenfolge tendenziell entwertet werden; – will man dies wirklich?

(2) Betrachten wir nun mögliche Arbeitszeitreduktionen im engeren Sinne. Mit Ausnahme des Bildungsurlaubs, der zwar auch Gegenstand von Tarifverträgen sein kann, aber ebenso in der Kompetenz des Gesetzgebers liegt, handelt es sich hierbei um Maßnahmen, die von den Tarifvertragsparteien auszuhandeln sind.

Bildungsurlaub ist Länderkompetenz. Soweit er bisher gesetzlich verankert wurde (z.B. in Hessen), ist sein Ausnutzungsgrad durch die Arbeitskräfte außerordentlich gering. Eine zentrale Erklärung hierfür ist das Fehlen eines adäquaten Erwachsenenbildungssystems (erinnern sie sich an entsprechende Bemerkungen im Abschnitt „Der Staat als Ersatzbeschäftiger"?). Inzwischen existieren auch eine Reihe tarifvertraglicher Regelungen des Bildungsurlaubs, aber auch sie werden nur wenig ausgenutzt.

Was arbeitszeitverkürzende Maßnahmen der Jahres-, Wochen- und Tagesarbeitszeit angeht, stehen sich hier Gewerkschaften und Arbeitgeberverbände mit nahezu unvereinbaren Vorstellungen gegenüber. Während die Gewerkschaften alle drei Maßnahmen zum Ziel ihrer Tarifpolitik erheben, sind die Arbeitgeberverbände wenig, z.T. überhaupt nicht, konzessionsbereit. Die Abwehr derartiger gewerkschaftlicher Forderungen ist vielmehr im sogenannten „Tabu"-Katalog verankert, genauer im „Katalog der zu koordinierenden lohn- und tarifpolitischen Fragen – vom 12.10.1965, in der Fassung vom 15.12.1968, vom 6.5.1975 und vom 16.5.1978" der Bundesvereinigung der Deutschen Arbeitgeberverbände. Darin heißt es u.a. über Urlaubsregelungen: „In keinem Falle darf die 6-Wochen-Grenze überschritten werden"; über die Wochenarbeitszeit: „Verkürzung der Wochenarbeitszeit unter 40 Stunden keinesfalls zu verantworten"; zur Pausenregelung: „Zusätzliche bezahlte Pausen können auf eine generelle Unterschreitung der 40-Stunden-Woche hinauslaufen und begegnen dann den zur Verkürzung der Wochenarbeitszeit ausgeführten grundsätzlichen Bedenken". Die Ergebnisse der letzten Tarifrunden zeigen deutliche Spuren dieser vereinheitlichten Willensbildung auf der Seite der Arbeitgeber; der „Einstieg" in die 35-Stunden-Woche ist bisher nicht gelungen. Zumeist wurden Verlängerungen des Jahresurlaubs vereinbart, die aber unter der im Katalog festgelegten Höchstgrenze blieben.

Wer vorschlägt, zur Bekämpfung der Arbeitslosigkeit die Arbeitszeit zu verkürzen, sieht sich in die Lage versetzt, bezüglich Jahres-, Wochen- und Tagesarbeitszeitveränderungen in tarifpolitischen Auseinandersetzungen Partei ergreifen zu müssen, und zwar für die Gewerkschaftsseite. Entsprechend müßte er in eine Analyse gewerkschaftlicher tarifpolitischer Strategien und ihrer möglichen Erfolgschancen im Hinblick auf Arbeitszeitverkürzungen eintreten. Leider kann das hier nicht unsere Aufgabe sein; das Studium gewerkschaftlicher und unternehmerischer Konflikt- und Verhandlungsstrategien ist viel zu komplex, als daß man es hier — gleichsam nebenher — „erledigen" könnte. Wir erlegen uns deshalb Zurückhaltung auf — und bringen es doch nicht fertig, die folgenden Bemerkungen zu unterdrücken. Sie beziehen sich erstens darauf, einige spezifische Faktoren beiderseitiger Handlungsstrategien wenigstens zu benennen (1). Zweitens wollen wir, in aller Kürze, auf wichtige Konsequenzen der vieldiskutierten Frage „Arbeitszeitverkürzung mit oder ohne Lohnausgleich?" aufmerksam machen (2).

(1) Die für alle Bereiche tarifpolitischer Auseinandersetzungen beachtliche Tatsache, daß überbetriebliche Tarifvereinbarungen und ihre Umsetzung in Einzelbetrieben auseinanderklaffen, ist für arbeitszeitverkürzende Regelungen besonders relevant. Letztere können durch die Vereinbarung von Überstunden und Sonderschichten auf betrieblicher Ebene konterkariert werden. Die Segmentationsanalyse hat gezeigt, daß eine Spaltung zwischen Stamm- und Randbelegschaften existiert. Es ist nicht unplausibel anzunehmen, daß die Unternehmungen und mit ihnen z.T. die Betriebsräte auf die Loyalität der Stammbelegschaften setzen bzw. ihren Einfluß derartig berücksichtigen müssen, daß im Ergebnis nicht primär zusätzliche Arbeitskräfte eingestellt, sondern statt dessen Überstunden und Sonderschichten (z.B. für die Gewährung befristeter Arbeitsplatzgarantien wie im Automobilbau) weiterhin vereinbart werden.

Ähnlich könnte der Effekt zusätzlicher Arbeitskräftenachfrage, der von Arbeitszeitverkürzungen ausgeht, durch verstärkte Rationalisierungen und insbesondere durch Maßnahmen zusätzlicher Arbeitsintensivierungen ganz oder teilweise neutralisiert werden.

Vereinfacht gesagt kann man tarifpolitische Auseinandersetzungen um die Arbeitszeitverkürzung deshalb als Feld gleichsam beiderseitiger „Doppelstrategien" ansehen. Für Gewerkschaften ergibt sich das Erfordernis, nicht nur überbetriebliche Vereinbarungen über Arbeitszeitverkürzungen anzusteuern, sondern sich auf einzelbetriebliche Ausweichstrategien einzustellen. Umgekehrt können Arbeitgeber nicht nur durch „koordinierte" Tarifpolitik Arbeitszeitverkürzungen ablehnen, sondern darüber hinaus ihr Wirksamwerden in den Unternehmungen unterlaufen.

(2) Die Frage des Lohnausgleichs ist vor allem für Verkürzungen der Wochenarbeitszeit brisant. (Bei Urlaubsverlängerungen ist voller Lohnausgleich die Regel; d.h. zusätzlich vereinbarte Urlaubstage führen nicht zu einer Verminderung des Jahresarbeitseinkommens.)

Wir unterstellen zunächst modellhaft, Arbeitszeitverkürzungen würden tatsächlich zu einer entsprechenden Mehrnachfrage nach Arbeitskräften führen, und betrachten als Beispiel ein Arbeitsverhältnis, das bei 10 DM Stundenlohn und 40 Stunden Wochenarbeitszeit 400 DM Wocheneinkommen erbringt. Wenn **kein Lohnausgleich** erfolgt, würde eine Arbeitszeitverkürzung von 5 Prozent auf 38 Wochenstunden das Einkommen um ebenfalls 5 Prozent auf 380 DM senken.

Der Beschäftigte würde bei gleichem Stundenverdienst weniger arbeiten und müßte ein insgesamt sinkendes Geldeinkommen in Kauf nehmen, hätte aber einen „Freizeitgewinn" von 2 Stunden wöchentlich; **die Unternehmung** hätte bei unverändertem Lohnsatz eine geringere Lohnsumme zu zahlen, aber auch ein um 5 Prozent gesunkenes Arbeitsvolumen für die Produktion festzustellen. **Gesamtwirtschaftlich** betrachtet, müßte — wenn die Produktion nicht sinken soll — der 5-prozentige Verlust an Arbeitsvolumen durch eine entsprechende Anzahl zusätzlich einzustellender Arbeitskräfte gedeckt werden; dann würden, bei insgesamt unverändertem Arbeitsvolumen, identischen Stundenlöhnen und gleichbleibender Gesamtlohnsumme, mehr Menschen in Arbeitsverhältnissen tätig sein und die Arbeitslosigkeit abgebaut oder überwunden werden können.

Das Beispiel verdeutlicht, daß Arbeitszeitverkürzung ohne Lohnausgleich als Maßnahme gegen Arbeitslosigkeit allein zu Lasten der abhängig Beschäftigten geht; dieselbe Gesamtlohnsumme wird zwischen denen, die schon vorher Arbeitsplätze hatten, und denen, die vorher arbeitslos waren, anteilsmäßig aufgeteilt. Die schon vorher Beschäftigten müßten zugunsten der Arbeitslosen Einkommensverluste hinnehmen — hätten allerdings auch mehr Freizeit.

Voller Lohnausgleich dagegen würde bedeuten, daß in unserem Beispielarbeitsverhältnis in 38 Stunden weiterhin 400 DM verdient würden. Dazu müßte der Stundenlohn auf 10,53 DM erhöht werden, der Lohnsatz müßte also um 5,3 Prozent steigen. Man kann nun, wieder modellhaft, die Konsequenzen wie im ersten Fall durchgehen. Wie dort müßten zur Aufrechterhaltung der Produktion bei gleichem Arbeitsvolumen mehr Arbeitskräfte eingestellt werden, nun aber würde sich die Gesamtlohnsumme um 5,3 Prozent erhöhen. Kein schon früher Beschäftigter würde Einkommenseinbußen erleiden; die Arbeitslosen würden Arbeitsplätze erhalten und auf ihnen dasselbe Einkommen wie ihre weiterbeschäftigten Kollegen erzielen. In diesem Falle gingen die Kosten dieser Maßnahme allein zu Lasten der Unternehmungen.

Fragen wir uns nun nach Unterschieden zwischen Modellfall und Realität. Zunächst ist festzustellen, daß die Kosten zusätzlicher Beschäftigung für die Unternehmungen nicht nur Lohnsatz mal Stundenzahl, wie oben angenommen, ausmachen. Tatsächlich entstehen für jedes Arbeitsverhältnis auch Fixkosten des Arbeitseinsatzes, Kosten also, die weitgehend arbeitszeitunabhängig sind. Hierzu gehören die Einstellkosten (Anwerben, Auswählen), Einarbeitungs- und andere Qualifizierungskosten, Kontrakt- und Kontrollkosten. Darüber hinaus können die Kosten aufgrund geringerer Kapazitätsauslastung der Maschinen und Anlagen steigen. Erinnern Sie sich an das 1. Kapitel? Dort wurde dargelegt, daß die Fixkosten des Arbeitseinsatzes mit dazu beigetragen haben, daß der Arbeitsmarkt segmentiert ist.

Es ist deshalb selbst dann nicht damit zu rechnen, daß Arbeitszeitverkürzungen in **vollem Umfange** durch die Einstellung neuer Arbeitskräfte kompensiert werden könnten, wenn kein Lohnausgleich erfolgte, weil auch dies zu einer Steigerung der **gesamten** Lohnkosten (steigende fixe plus konstante variable Lohnkosten) führen müßte. Die Unternehmungen würden versuchen, diese Steigerungen abzufangen oder zu vermeiden, indem sie Mehrarbeit und Arbeitsintensivierungen durchzusetzen versuchten und u.U. noch stärker auf Rationalisierungen setzen würden. Freilich könnten sie nicht den gesamten Arbeitsnachfrageeffekt von Arbeitszeitverkürzungen neutralisieren; er würde aber geringer als rein rechnerisch sein.

Noch geringer würde der Arbeitsnachfrageeffekt ausfallen, wenn die Arbeitszeitverkürzung mit vollem Lohnausgleich, d.h. mit steigenden Lohnsätzen, einherginge. Nun könnte man zwar argumentieren, höhere Löhne für mehr Beschäftigte führten zu einer erhöhten Güternachfrage, damit zu steigendem Absatz und im Ergebnis zu steigenden Absatz- und Gewinnerwartungen der Unternehmer. Aber der einzelne Unternehmer spürt die steigenden Kosten direkt, während die zusätzliche Güternachfrage ihm zugute kommen, aber auch anderen Unternehmungen zufließen kann. Steigende Kosten sind ihm sicher, ob und wieweit auch sein Absatz steigt, ist zum Zeitpunkt des Inkrafttretens etwaiger Arbeitszeitverkürzungen mit Lohnausgleich unsicher. (Vergleichen Sie hierzu auch unsere Überlegungen zum Thema „Den Lohn senken" in diesem Kapitel.)

Im Gegensatz zu unserem Beispiel geht es in den Tarifverhandlungen aber in erster Linie nicht um Umverteilung von Einkommen und Arbeitszeiten auf konstantem Produktionsniveau, sondern um die Aufteilung des Produktivitätszuwachses. Er liegt in der Bundesrepublik in längerfristiger Betrachtung bei 3–4 v.H. jährlich; bedingt wird er durch Faktoren wie technischer Fortschritt, Arbeitsintensivierung, effektivere Arbeitsorganisation, Lerneffekte (z.B. Lernen am Arbeitsplatz) u.a.m. Selbst bei einer sog. „kostenniveauneutralen" Lohnpolitik – bei der die Lohnsätze nur im Ausmaß des Produktivitätswachstums steigen und mithin der Anteil aus abhängiger Beschäftigung am Volkseinkommen unverändert bleibt – gibt es deshalb Spielräume für Arbeitszeitverkürzungen, wenn Lohnerhöhungen entsprechend kleiner ausfallen. Trotzdem stoßen Forderungen nach Arbeitszeitverkürzungen auf den erbitterten Widerstand der Arbeitgeber. Wie ist das zu erklären?

Zur Beantwortung dieser Frage muß man sich – neben den bisher schon genannten Gründen – klarmachen, daß die Einflußmacht beider Arbeitsmarktparteien mit dem Umfang der Beschäftigung bzw. Arbeitslosigkeit zusammenhängt. Mehr Beschäftigung und weniger Arbeitslose – das verknappt das Arbeitsangebot und stärkt den Einfluß der Gewerkschaften. Die Unternehmungen müssen dann gegenseitig um Arbeitskräfte konkurrieren; sie senken ihre Einstellstandards, locken mit besseren Löhnen und Arbeitsbedingungen; aufmüpfige Arbeitnehmer können nicht mehr so leicht durch andere Arbeitskräfte ersetzt werden; Randbelegschaften werden erweitert und können an der innerbetrieblichen Mitbestimmung teilnehmen. Umgekehrt versetzt ein Arbeitskräftereservoir von Arbeitslosen die Arbeitgeber in eine stärkere betriebliche und tarifpolitische Verhandlungsposition. Sie können sich die Zusammenhänge selbst leicht ausmalen und auf die Frage anwenden: Was bedeutet das alles für die Einstellung der Arbeitgeberverbände und der Gewerkschaften zu Arbeitszeitverkürzungen?

Verbleibt noch, das Thema „Teilzeitarbeit" in den Gesamtzusammenhang von „Kürzung der Arbeitszeit" einzuordnen. Unter Teilzeitarbeit wird zumeist Halbtagsarbeit verstanden; man könnte aber auch viele andere Formen von Teilbeschäftigungen hinzuzählen: stundenweises Arbeiten, einige Tage pro Woche, monatliche, halbjährliche und sogar jährliche Aufteilungen (letztere z.B.

als „Sabbat-Jahr" in Dänemark bereits in der Diskussion).
Teilzeitarbeit ist nach unserer Auffassung in erster Linie ein Instrument, mit dem ein **gegebenes Arbeitsvolumen flexibler aufgeteilt werden kann.** Es kann aber auch, so stellt die Bundesanstalt für Arbeit fest, in einem gewissen Ausmaß direkt der Verminderung von Arbeitslosigkeit dienen: „Durch eine Ausweitung der Teilzeitarbeit ist eine direkte Entlastung der Arbeitslosigkeit

Zeitraum	Arbeitszeit in Stunden		
	täglich	wöchentlich	
um 1800	10 –12	?	Periode der
um 1820	11 –14	?	Arbeitszeit-
zw. 1830 u. 1860	14 –16	80–85	verlängerung
1860er Jahre	12 –14	78	erste Phase der
1870er Jahre	12	72	Arbeitszeit-
1880er Jahre	11	66	verkürzung
1891 ff.	10 1/2–11	63–65	zweite Phase
1901 ff.	10 –10 1/2	59–61	der Arbeitszeit-
1911 ff.	10	54–60	verkürzung
1918–1923	(8)	(48)	Periode des „schematischen" 8-Stunden-Tages
1924	[1])	50,4	Periode lang-
1930		44,2[2])	fristiger
1935		44,4[2])	Stagnation
1940		50,1	der
1946		39,5[2])	Arbeitszeiten
1950		48,1	
1955		48,6	
1960		44,1[3])	dritte Phase der
1965		42,0	Arbeitszeit-
1970		40,7	verkürzung
1975		40,1	

Die Arbeitszeitentwicklung in Deutschland

[1]) Ab hier keine durchgängigen Statistiken der Tagesarbeitszeit verfügbar.
[2]) Niedrigere Durchschnittswerte wegen Massenarbeitslosigkeit.
[3]) Ab hier tariflich vereinbarte Wochenarbeitszeit. „Die Daten lassen bis Anfang der 70er Jahre ein Auseinanderdriften von tariflicher und tatsächlicher Arbeitszeit erkennen, das auf eine zunehmende Zahl von Überstunden zurückzuführen ist."
Quelle: Schmiede, R.: Die Entwicklungen der Arbeitszeit in Deutschland – Eine Übersicht. In: Arbeitskampf um Arbeitszeit, Kritisches Gewerkschaftsjahrbuch 1979/80. Hrsg. von O. Jacobi, E. Schmidt und W. Müller-Jentsch. Berlin 1979, 71–87.

von Männern und Frauen möglich. Im Jahresdurchschnitt 1977 standen 186.800 Arbeitslosen, die Teilzeitarbeit suchten, lediglich 20.700 Teilzeitstellen offen. Ferner wirken Übergänge von Voll- in Teilarbeit und Einmündungen von Arbeitslosen, die Teilzeitstellen wünschen, aber Vollzeitarbeit annehmen müssen, bei mehr Teilarbeit entlastend."

Der Einführung von mehr Teilzeitarbeitsplätzen stellen sich — neben den Kostenargumenten der Unternehmungen — vor allem die derzeitigen gesetzlichen, tariflichen und sozialversicherungsrechtlichen Regelungen entgegen, die ganz überwiegend auf vollzeitliche Arbeitsverhältnisse ausgerichtet sind. Regelungen der Arbeitslosen-, Kranken- und besonders der Rentenversicherung sind bisher noch unzureichend auf Teilzeitbeschäftigung zugeschnitten; tarif- oder beamtenrechtliche Laufbahnregelungen für Teilzeitarbeiten fehlen oder sind unterentwickelt.

Arbeitszeitflexibilisierung durch Teilzeitarbeit — eine Ergänzung zur Arbeitszeitverkürzung — setzt die Lockerung und Anpassung aller dieser Regelungen voraus und ist deshalb als kurzfristig greifende Maßnahme gegen Arbeitslosigkeit nur bedingt tauglich. Mittel- bis längerfristig kommt ihr aber wachsende Bedeutung zu.

Der Soziologie R. Schmiede vom Frankfurter Institut für Sozialforschung hat kürzlich die Entwicklung der Arbeitszeiten in Deutschland seit 1800 zusammengestellt. Wir wollen Ihnen diese interessanten Ergebnisse, wenn auch stark verkürzt, zum Schluß dieses Abschnittes weitergeben (s. S. 154).

Was meinen Sie, wie es weitergeht?

2.6 „Die Güternachfrage stimulieren"

Es gibt wirtschaftliche Situationen, in denen die gesamtwirtschaftliche Güternachfrage nicht ausreicht, um die bestehenden Kapazitäten voll auszulasten; solche Situationen bezeichnen wir als Rezession (wenn die Gesamtnachfrage im Vergleich zur gesamtwirtschaftlichen Kapazität allmählich zurückgeht) oder als Depression (wenn ein Zustand einer allgemeinen Unterauslastung der gesamtwirtschaftlichen Kapazität erreicht ist und über einen gewissen Zeitraum fortdauert). Allgemeines Anzeichen einer Rezession oder einer Depression ist das Entstehen und Bestehen einer größeren Arbeitslosigkeit. Da diese Art der Arbeitslosigkeit auf konjunkturellen Ursachen beruht — eine Wirtschaft durchläuft regelmäßig innerhalb eines sogenannten Konjunkturzyklus die Phasen Aufschwung, Boom, Rezession und Depression —, bezeichnen wir sie auch als konjunkturelle Arbeitslosigkeit.

Ist man sich in der wirtschaftswissenschaftlichen Fachliteratur auch über diese Definitionen einig, so ist man sich doch überhaupt nicht einig über die Ursachen der konjunkturellen Entwicklungen. Einige Autoren vertreten die Ansicht, daß im Zuge des Wachstums die Kapazitäten zwar nach korrekten Gewinnkalkülen ausgedehnt werden, die gesamtwirtschaftliche Nachfrage aber aus verschiedenen Gründen nicht Schritt hält; solche Gründe werden in einer Sättigung der Konsumgüternachfrage, in einem Rückgang der Investitionsgüternachfrage aufgrund von Zinssteigerungen oder in einer Verknappung der Kreditmittel durch den Bankensektor gesehen. Andere Autoren sind der Meinung, daß die Ausdehnung der gesamtwirtschaftlichen Nachfrage im Zuge des Wachstumsprozesses zwar hinreichend ist, daß aber aus bestimmten Gründen die Kapazitäten zu stark ausgeweitet werden; solche Gründe können in falschen Erwartungen der Investoren oder in einer mangelhaften Koordination von Investitions- und Sparplänen der Investoren und Haushalte durch den Preis- und Zinsmechanismus liegen.

Es würde den Rahmen unseres Buches sprengen, wenn wir detailliert auf die einzelnen Konjunkturtheorien eingehen würden; dies ist aber auch nicht nötig. Es genügt für unsere Problemstellung, den diesen Konjunkturtheorien zugrundeliegenden allgemeinen Sachverhalt herauszuarbeiten. Dies wollen wir im folgenden kurz und knapp, wie es unsere Art ist, tun. Dazu betrachten wir die beiden folgenden Sätze:

— „Ein erhöhtes Sparen führt zu einer Verringerung des Volkseinkommens".
— „Ein erhöhtes Sparen führt zu einer Erhöhung des Volkseinkommens".

Beide Sätze widersprechen sich offenbar; man bezeichnet sie beide zusammen als das Sparparadoxon.

Im ersten Satz wird Sparen als Nachfrageausfall interpretiert: Ein erhöhtes Sparen senkt die Gesamtnachfrage und führt mithin zu einer Verringerung des Volkseinkommens, während ein niedrigeres Sparen die Gesamtnachfrage und folglich auch das Volkseinkommen erhöht. Aus der Sicht der Investitionsgüternachfrage besagt das Sparparadoxon folgendes: Eine Erhöhung der Nachfrage nach Investitionsgütern führt zu einer Erhöhung des Volkseinkommens, eine Senkung der Investitionsgüternachfrage bewirkt eine Verringerung des Volkseinkommens. Diese Wirkung nennt man den **Einkommenseffekt der Investition**. Tatsächlich hat die Investitionsgüternachfrage noch einen weiteren Effekt: Der reale Kapitalstock (Maschinen, Anlagen usw.) erhöht sich, die volkswirtschaftliche Produktionskapazität steigt. Diesen Effekt nennt man den **Kapazitätseffekt der Investition**. Sollen mehr Investitionsgüter produziert werden, dann muß in einer vollbeschäftigten Wirtschaft der Konsumgütersektor schrumpfen und der Investitionsgütersektor wachsen — durch Wanderung von Produktionsfaktoren. Also müßte die Ersparnis steigen, d.h. die Konsumgüternachfrage sinken, um diese Verschiebung zu gewährleisten. Daraus folgt der zweite oben angegebene Satz. Was ist hier los?

Wie jedes Paradoxon läßt sich auch das Sparparadoxon von den zugrundeliegenden Annahmen her lösen. Sparen hat zwei Aspekte: Es beinhaltet zum einen einen Nachfrageausfall bezüglich der Konsumgüter, es ermöglicht zum anderen eine Erhöhung des Kapitalstocks und damit des Volkseinkommens. **Das Problem ist, ob die Ersparnis zur Investition benutzt wird oder nicht.** Wird die Ersparnis nicht in Investitionen umgewandelt, schlägt nur der Nachfrageausfall zu Buche: Das Volkseinkommen verringert sich. Wird die Ersparnis in Investitionen umgesetzt, entsteht kein Nachfrageausfall, da der geringeren Nachfrage nach Konsumgütern eine höhere Nachfrage nach Investitionsgütern gegenübersteht: Das Volkseinkommen wächst durch den Kapazitätseffekt der Investitionen. Da die Investitionen einen Einkommenseffekt und einen Kapazitätseffekt haben, muß bei einem gleichgewichtigen Wachstum über eine Kapazitätsausdehnung die Auslastung der Kapazitäten durch den Einkommenseffekt weiterer Investitionen sichergestellt werden; diese Investitionen haben aber wiederum einen Kapazitätseffekt und so fort. Verlangsamt sich dieser dynamische Prozeß, entstehen Unterauslastung von Kapazitäten sowie Krisen und mithin konjunkturelle Arbeitslosigkeit. Der Zyniker entdeckt eine Parallele zu den — verbotenen — Schneeballgeschäften.

Es wird nun deutlich, warum eine Wirtschaft nicht dauerhaft gleichgewichtig wächst, indem die geplante Ersparnis fortlaufend in geplante Investitionen umgewandelt wird, und warum immer wieder konjunkturelle Arbeitslosigkeit entsteht. **Denn der Preis- und Zinsmechanismus reicht nicht hin, die unterschiedlichen Erwartungen von Investoren und Sparern vollständig zu koordinieren.** Ein gestiegenes Sparen erfährt der einzelne Investor oder Unternehmer als einen Nachfragerückgang, dem — möglicherweise — in der Zukunft eine erhöhte Nachfrage nach seinen Produkten entspricht; er hat heute darüber aber keine sicheren Erwartungen. Stattdessen spürt er heute eine geringere Kapazitätsauslastung und wird sich daran, falls er keine optimistischen Zukunftserwartungen hat, durch Kapazitätsabbau und Entlassung von Arbeitskräften anpassen. Verhalten sich alle Investoren und Unternehmer so, rutscht die Wirtschaft in eine Krise.

Es ist daher müßig, die Ursachen für den Konjunktureinbruch dann in gesunkenen Absatzerwartungen, geringeren Gewinnerwartungen oder zu großen Kapazitäten zu suchen, wie es in verschiedenen Konjunkturtheorien exakt modelliert wird. **Für uns entscheidend ist, daß der Preis- und Zinsmechanismus die getrennt getroffenen Entscheidungen von Investoren und Sparern nicht so koordiniert, daß das Entstehen von konjunktureller Arbeitslosigkeit vermieden wird.**

Nun versucht der Staat, durch ein breites Instrumentarium den auftretenden Krisen entgegenzusteuern und insbesondere durch eine Stimulierung der Nachfrage in Rezessions- und Depressionsphasen die konjunkturelle Arbeitslosigkeit abzubauen. Mittel hierzu sind Investitionszulagen, Lohnkostenzuschüsse, Subventionen, staatliche Investitions- und Konsumtionsausgaben, Steuersenkungen, Erhöhung der Abschreibungen u.a.m. Allgemein kann man sagen, daß der Staat in einer Rezessions- oder Depressionsphase der Wirtschaft versucht, die Lücke zwischen Sparen der privaten Haushalte und Investieren von Investoren und Unternehmern durch ein kompensierendes Verhalten auszugleichen: Er wird seine Ausgaben erhöhen und seine Einnahmen senken – und damit Schulden machen (die er in einer Boomphase abzubauen versucht, indem er seine Einnahmen erhöht und seine Ausgaben kürzt, mithin dann also das zu sparen versucht, was die privaten Haushalte zu wenig sparen). Die Frage ist, ob es dem Staat gelingt, durch diese Politik die konjunkturelle Entwicklung der Wirtschaft zu verstetigen oder eine bestehende konjunkturelle Arbeitslosigkeit abzubauen. Schauen wir uns das etwas näher an.

Um uns nicht in Details zu verlieren, unterscheiden wir nicht nach einzelnen Maßnahmen des Staates, sondern nur danach, ob der Staat **direkt** die Nachfrage verändert oder ob er **indirekt** die Nachfrage dadurch verändert, daß er privaten Haushalten oder Unternehmern Anreize gibt, ihre Nachfrage auszudehnen. Auch interessieren uns hier nicht weitergehende Auswirkungen auf Zahlungsbilanz, Produktionsstruktur usw., sondern lediglich die Auswirkungen einer direkten oder indirekten Nachfrageerhöhung auf die Beschäftigung. Kann eine konjunkturelle Arbeitslosigkeit durch eine vom Staat verursachte allgemeine Nachfrageerhöhung abgebaut werden?

Auf diese Frage gibt es analog zu der Aussage: „Es gibt immer ein Lohnniveau, bei dem Vollbeschäftigung herrscht", die einfache Antwort: „Es gibt immer eine Nachfrage, bei der Vollbeschäftigung herrscht". Doch so offensichtlich richtig diese Formulierung ist, so inhaltsleer ist sie auch. Um unsere Frage befriedigender beantworten zu können, müssen wir genauer analysieren, wie eine Nachfrageerhöhung auf die Arbeitsnachfrage wirkt.

Angenommen, der Staat investiert oder konsumiert mehr, d.h. er entfaltet direkt mehr Nachfrage. Bezüglich der Auswirkung auf die Beschäftigung müssen wir zwei Fälle unterscheiden:
- die Nachfrageerhöhung ist dauerhaft, d.h. der Staat gibt Jahr für Jahr einen bestimmten Betrag mehr aus;
- die Nachfrageerhöhung ist nur von momentaner Dauer, d.h. der Staat fährt einige Zeit nach seiner Nachfrageerhöhung sein Ausgabevolumen auf den vorherigen Stand zurück.

Im ersten Fall steigt die Gesamtnachfrage um den Betrag der erhöhten Staatsausgaben. Diese erhöhte Nachfrage vergrößert den Absatz der Unternehmungen; diese fragen verstärkt Arbeitskräfte nach; die Arbeitslosigkeit verringert sich; bei den Arbeitskräften entsteht ein erhöhtes Einkommen; dieses drückt sich in einer erhöhten Konsumgüternachfrage aus; diese vergrößert wiederum den Absatz der Unternehmungen und so fort. Es entsteht durch diesen Prozeß eine Volkseinkommenserhöhung, die um ein Vielfaches größer ist als die ursprüngliche Nachfrageerhöhung des Staates. Man bezeichnet diese Auswirkung auch als **Multiplikatorprozeß**.

Allerdings muß der Staat die Nachfrageerhöhung irgendwie finanzieren. Er kann das zum einen dadurch tun, daß er die Steuern erhöht; dies hat den wünschenswerten Effekt, daß das Staatsbudget ausgeglichen bleibt. Dies hat aber den nachteiligen Effekt, daß das Einkommen der Steuerzahler um den Betrag der Nachfrageerhöhung des Staates sinkt, so daß ein negativer Multiplikatorprozeß abläuft, der den positiven Multiplikatorprozeß der erhöhten Staatsnachfrage gerade kompensiert. Als Netto-Effekt verbleibt lediglich die ursprüngliche Nachfrageerhöhung des Staates.

Der Staat kann seine gestiegene Nachfrage zum anderen dadurch finanzieren, daß er Schulden macht. Ist genügend Geld vorhanden, so daß durch den erhöhten Kreditbedarf des Staates die Zinsen nicht steigen, steigt das Volkseinkommen durch den positiven Multiplikatorprozeß um ein Vielfaches. Steigen aber die Zinsen, so verteuern sich dadurch die Investitionen der Privaten; die private Investitionsnachfrage geht zurück. Der Netto-Effekt der Staatsnachfrageerhöhung wird geringer; im Extremfall bleibt das Volkseinkommen unverändert, und der Staat verdrängt mit seiner Nachfrage nur die Nachfrage der Privaten. Allerdings ist eine Depression gerade dadurch gekennzeichnet, daß Geld im Überfluß vorhanden ist – d.h. daß Geld sozusagen „arbeitslos" ist –, daß der eigentliche Engpaßfaktor die Bereitschaft ist, Nachfrage zu entfalten; insofern werden die Zinsen nicht oder nur in geringem Maße steigen; darüber hinaus kann in dieser Situation einem eventuellen Zinsanstieg durch eine Geldmengenerhöhung der Bundesbank begegnet werden. **Durch eine dauerhafte Nachfrageerhöhung des Staates in der Depression kann demnach die Arbeitslosigkeit teilweise abgebaut werden. Der Preis für diese Politik ist allerdings in Form eines Finanzierungsproblems zu zahlen.**

Betrachten wir den zweiten Fall. Hier ist die Nachfrageerhöhung des Staates nur kurzfristiger Natur. Dies bedeutet, daß der oben beschriebene Multiplikatorprozeß sich dann wieder umkehrt, wenn der Staat sein Ausgabevolumen auf den alten Stand zurückfährt. Längerfristig wäre der Netto-Effekt demnach null. Hat diese Politik also gar keinen Sinn? Sie hat dann einen Sinn, wenn der kurzfristige Multiplikatorprozeß dazu führt, daß die privaten Unternehmungen angeregt werden, verstärkt zu investieren, womit sie das Volkseinkommen weiter erhöhen.

Die Ausgabenerhöhung des Staates bewirkt in diesem Fall eine Initialzündung, die zu einem Aufschwung in den Wirtschaftsaktivitäten führt. Der Aufschwung kann sich dann von selbst tragen und mündet gegebenenfalls in eine Boomphase der Wirtschaft ein. In dieser Boomphase kann der Staat dann die Steuern erhöhen, seine ursprüngliche Finanzierungslücke schließen und damit sein Budget wieder ausgleichen. Das ist der Sinn der sogenannten **antizyklischen Konjunkturpolitik**: Der Staat verschuldet sich in der Depression und regt durch seine erhöhte Nachfrage die Konjunktur an; der Staat gibt im Boom entsprechend weniger aus, gleicht sein Budget aus und mindert dadurch die im Boom überbordende private Nachfrage. Der Staat wirkt als Stabilisator der konjunkturellen Entwicklung. Unterstützt werden kann die antizyklische Konjunkturpolitik durch eine entsprechend abgestimmte Geldpolitik. All dies läuft auf eine Verstetigung der Beschäftigung hinaus.

Versuchen wir abschließend, skizzenhaft eine kritische Würdigung der Politik der Nachfragestimulierung zu geben:
– Eine dauerhafte Nachfrageerhöhung des Staates führt zu Finanzierungsproblemen und längerfristig zu einer Umstrukturierung der gesamtwirtschaftlichen Nachfrage zugunsten der staatlichen Güternachfrage auf Kosten der privaten Güternachfrage.
– Eine kurzfristige Nachfrageerhöhung des Staates kann die Initialzündung für einen Konjunkturaufschwung und mithin für einen Abbau der konjunkturell bedingten Arbeitslosigkeit ab-

geben; **Voraussetzung hierfür ist aber, daß die Gewinn- und Absatzerwartungen der privaten Investoren und Unternehmer positiv beeinflußt werden.** Richten sich diese an längerfristigen Erwartungen aus, so verpufft die erhöhte Staatsnachfrage, und die konjunkturelle Arbeitslosigkeit bleibt bestehen.
- Die antizyklische Konjunkturpolitik kann unter Umständen in eine „Stop- und Go-Politik" ausarten, die in Depressionen zu spät und zu viel Nachfrage entfaltet und in Boomphasen wiederum zu spät und zu viel Nachfrage vernichtet, so daß längerfristig eine steigende Arbeitslosigkeit sowie eine sich verstärkende Inflation auftreten.
- Aufgrund von Nachfrageerhöhungen geschaffene Kapazitäten müssen durch eine stetige Nachfrage auch ausgelastet werden, soll die Beschäftigungswirkung nicht verpuffen. Die Auslastung von Kapazitäten durch eine stetige Nachfrage gelingt nun besonders gut im Rüstungssektor. Denn in diesem Sektor wird zum einen die Nachfrage nach Panzern, Flugzeugen usw. durch politische Entscheidungen bestimmt und – falls die Geldmittel ausreichen – auch verstetigt; zum anderen können die Kapazitäten der Rüstungsunternehmungen aufgrund des eingebauten Verschleißes der produzierten Güter fortwährend ausgelastet werden. So makaber es klingt: Die Rüstungsindustrie ist ein beschäftigungsstabilisierendes Element in einer Volkswirtschaft.
- Werden die Gewinn- und Absatzerwartungen der privaten Unternehmer nicht positiv beeinflußt, so werden diese auf Nachfrageerhöhungen lediglich durch Lagerabbau und mit Sonderschichten reagieren. Die Beschäftigungsmöglichkeiten der Stammbelegschaft werden hierdurch noch sicherer, während die Randbelegschaften weiterhin von der konjunkturellen Arbeitslosigkeit betroffen sind. Werden die Gewinn- und Absatzerwartungen der Unternehmer hingegen positiv beeinflußt, so werden zusätzliche Arbeitskräfte längerfristig eingestellt; gesucht werden dann aber Arbeitskräfte, die den Kriterien genügen, die die Arbeitsnachfrager an längerfristig Beschäftigte stellen; dies bedeutet, daß die strukturalisierte Arbeitslosigkeit – wenn überhaupt – nur in geringem Ausmaß abgebaut wird.
- Ein Abbau der Arbeitslosigkeit ist gekoppelt an die vermehrte Bereitstellung von Arbeitsplätzen. Geht man von der Annahme aus, daß die Unternehmer längerfristig gerade so viele Arbeitsplätze bereitstellen, daß sie auch in einer „normalen" Rezession oder Depression nicht abgebaut werden müssen, dann wird von den Unternehmern das Auf und Ab der wirtschaftli-

chen Entwicklung von vornherein einkalkuliert; aus diesen Unternehmererwartungen folgt also eine längerfristig erwartete konjunkturelle Arbeitslosigkeit. Das Arbeitskräftereservoir wird dann als Puffer betrachtet, um Nachfragespitzen – die beispielsweise durch eine Nachfrageerhöhung des Staates entstehen – durch die Bereitstellung von weniger kapitalintensiven Arbeitsplätzen in Stamm- oder Zweigbetrieben aufzufangen. Ein Teil der sogenannten strukturellen Arbeitslosigkeit ist dann auch konjunkturell bedingt; **ein Teil der Arbeitskräfte trägt vollständig die Anpassungskosten von Unternehmungen in einer unsicheren Welt!** Dies ist mithin ein systematischer Defekt einer Marktwirtschaft und kann durch eine allgemeine Nachfragestimulierung des Staates nicht beseitigt werden.

2.7 „Senkung des Arbeitslosengeldes"

Das Arbeitslosengeld **als Maßnahme zur Beseitigung von Arbeitslosigkeit** zu senken – wer dies vorschlägt, bedarf dazu einer souveränen Distanz (manche würden sagen: Ignoranz) gegenüber dem, was bei uns seit über hundert Jahren als sozialer Fortschritt verstanden und Schritt für Schritt, trotz Unterbrechungen und Rückschlägen, verwirklicht worden ist. Es verwundert deshalb nicht, daß dieser Vorschlag von solchen Vertretern der ökonomischen Profession propagiert wird, die soziale Tatbestände und Notwendigkeiten prinzipiell nur als „Störungen" der ökonomischen Prozesse, des Wirkens einer „freien Marktwirtschaft", ansehen und verstehen können.

In jüngerer Zeit wurde dieser Vorschlag in den traditionell sozialpolitisch wenig entwickelten Vereinigten Staaten von Milton Friedman, einem Ökonomen und Nobelpreisträger (!), kampfeslustig vertreten; seitdem werden auch in der Bundesrepublik in Fachbüchern und Fachzeitschriften Fragen wie „Arbeitslose – gibt's die?" verstärkt diskutiert und von manchen Theoretikern und Politikern dahingehend beantwortet, es gebe nur „freiwillige" Arbeitslosigkeit. Da staunt nicht nur der Laie.

Sozialpolitisch erscheint der Vorschlag nicht diskutabel; deshalb gehen wir auf die Fülle von Gegenargumenten aus diesem Bereich nicht näher ein. Wir werden aber versuchen, die eng-ökonomische Argumentation knapp darzustellen und mit der in diesem Buch entwickelten Sichtweise zu vergleichen.

Ausgangspunkt bildet hier wieder die Überlegung, daß auf Märkten angebotene und nachgefragte Güter-, aber auch Arbeitskraft-,„Mengen" über variable Preise koordiniert werden. So kann ein Angebotsüberhang an Gütern durch Herabsetzung ihrer Preise abgebaut werden; der Ladenhüter findet zum halbierten Preis schließlich doch seinen Käufer.

Arbeitslosigkeit auf dem Arbeitsmarkt signalisiert entsprechend einen zu hohen Preis der Arbeitskraft; senkt man ihn, d.h. den Lohn, wird das Lager an unbeschäftigten Arbeitskräften (= die Arbeitslosigkeit) durch steigende Nachfrage abgebaut. (Sie kennen diese Zusammenhänge bereits aus dem Abschnitt „Den Lohn senken" in diesem Kapitel.) In dieser Argumentation hat nun das Arbeitslosengeld dieselbe Wirkung wie Mindestlohnregelungen. Würde der Lohnsatz, so heißt es, auf das Niveau des bisherigen Arbeitslosengeldes oder gar darunter absinken – wie er es angesichts des Angebotsüberhangs auf dem Arbeitsmarkt müßte –, so würden ihn die Arbeitskräfte nicht mehr akzeptieren und statt dessen die Arbeitslosigkeit und das Arbeitslosengeld vorziehen. Warum sollten sie arbeiten, wenn sie als Arbeitslose genau soviel oder gar mehr Einkommen erzielen können?

Würde man hingegen das Arbeitslosengeld senken, verringerte sich damit gleichzeitig der Mindestlohn, den die Arbeitsanbieter zu akzeptieren bereit wären. Und bei sinkenden Löhnen würde nach der Marktlogik die Nachfrage nach Arbeitskräften gerade ansteigen. Das Arbeitslosengeld, auch wenn es als soziale Errungenschaft angesehen werden mag, stellt also letzten Endes einen Eingriff in den Marktmechanismus dar; es behindert den preisgesteuerten Ausgleich von Angebot und Nachfrage und erzeugt deshalb selbst das, was es zu kurieren vorgibt: die Arbeitslosigkeit. Man muß das Arbeitslosengeld senken, im Extremfall bis auf null, damit es nicht wie eine Mindestlohnregelung wirkt, damit der Lohn sinken kann, damit die Arbeitsnachfrage ansteigt, damit die Arbeitslosigkeit beseitigt wird.

Man kann sich die Logik des Argumentes, eine Senkung des Arbeitslosengeldes beseitige die Unterbeschäftigung, auch folgendermaßen verdeutlichen. Eine Senkung des Arbeitslosengeldes **verteuert** aus der Sicht des Arbeitsanbieters das Unbeschäftigtsein; dies erhöht seinen Zwang, eine Beschäftigung zu suchen – und unter Umständen schlechte Arbeitsbedingungen und einen niedrigen Lohn zu akzeptieren.

Man kann dann zynisch und mit theoretischem Anstrich so formulieren: „Es gibt immer eine Höhe des Arbeitslosengeldes derart, daß Vollbeschäftigung herrscht." Man kann ergänzen: „Die zur Vollbeschäftigung führende Höhe des Arbeitslosengeldes kann bei null liegen oder sogar in eine Strafsteuer ausarten, die fällig wird, wenn man arbeitslos wird – vielleicht mit einer ‚sozialen Komponente' garniert: Die Steuer fällt erst an, wenn man länger als drei Monate arbeitslos ist."

Dieses Argument betont also ausschließlich die Markträumungsfunktion des Lohnes; alle anderen Funktionen – vor allem die Einkommenserzielungs- und die Motivationsfunktion – werden ausgeblendet. Nicht beschäftigt zu sein, wird als die Schuld des Einzelnen begriffen, der daher durch erhöhten Druck wieder zum Arbeiten gebracht werden muß. Im Extrem wird der Einzelne vor die Alternative gestellt: Arbeite oder verhungere.

Wie beurteilen Sie die Forderung, das Arbeitslosengeld so lange zu senken, bis Vollbeschäftigung herrscht? Wir halten dieser Theorie drei Argumente entgegen, die Sie alle schon aus den bisherigen Ausführungen kennen:

(1) Der Arbeitsmarkt ist nicht, wie Friedman und seine Anhänger von den Realitäten unbeirrt unterstellen, ein Markt wie jeder andere. Wir haben das durch die Besonderheiten des Arbeitsvertrages zu belegen versucht. Aus ihm folgt, daß Unternehmungen als hierarchische Organisationen strukturiert werden, die über relativ starre Lohndifferenzen (Lohn- und Arbeitsplatzhierarchie) abgesichert werden. Sinkende Lohnsätze sind deshalb – wenn überhaupt – nur für Einstiegspositionen vorstellbar. Arbeitsplätze auf Einstiegspositionen können aber nicht beliebig vermehrt werden, weil sie in bestimmten Relationen zu den weiteren Arbeitsplätzen in der Arbeitsplatzpyramide stehen.

Der Lohn, man muß es wieder und wieder sagen, ist **weitgehend starr und nicht flexibel**; es ist schlichtweg illusionär anzunehmen, er könne die Markträumungsfunktion erfüllen. Die Unternehmungen passen sich, bei relativ starren Löhnen, durch Variation ihrer Einstellstandards, Kurzarbeit und Überstunden sowie durch Auf- und Abbau von Randbelegschaften an unterschiedliche Absatzmarktsituationen an. Der durch die Senkung des Arbeitslosengeldes ausgelöste Zwang, sofort eine neue Beschäftigung anzunehmen, führt aufgrund dieser Tatbestände nicht zu einer Vollbeschäftigung.

(2) Lohnsenkungen erhöhen nicht automatisch die Arbeitsnachfrage, sondern nur dann, wenn die Absatz- und Gewinnerwartungen steigen. Depressionen und Rezessionen sind aber gerade durch zu geringe gesamtwirtschaftliche Güternachfrage gekennzeichnet. Wenn die Unternehmungen keine positiven Absatz- und Gewinnerwartungen haben, kann der Lohn sinken und sinken, ohne daß zusätzliche Arbeitskräfte eingestellt werden; ihre Arbeitsleistung würde unter diesen Umständen ja nur dazu führen, daß Absatzgüter auf Halde produziert werden. Würde man die Arbeitsanbieter durch Senkung des Arbeitslosengeldes verstärkt zu

einer Beschäftigung um jeden Preis zwingen, so hätte dies allenfalls nur geringe Beschäftigungswirkungen.

(3) Sinkende Löhne, besonders am unteren Ende der Lohnskala, führen dazu, daß Menschen in wirtschaftliche Not geraten. Die historische Erfahrung hat gezeigt, daß dadurch das Arbeitsangebot noch vergrößert wird; dann müssen weitere Familienmitglieder dazuverdienen, um den Familien einen auskömmlichen Lebensunterhalt zu verschaffen. Dieser Zwang wird umso stärker, je weiter der Lohn absinkt; am Beginn der Industrialisierungsphase müßten Kinder in großer Zahl mitarbeiten. Sinkende Löhne – und der Zwang, bei Senkung des Arbeitslosengeldes sofort eine neue Beschäftigung zu suchen – könnten deshalb sehr wohl dazu führen, daß die Arbeitslosigkeit nicht abgebaut wird, sondern im Gegenteil noch zunimmt.

Der Vorschlag, als Maßnahme zur Bekämpfung von Arbeitslosigkeit das Arbeitslosengeld zu senken, ist unseres Erachtens nicht nur sozialpolitisch unverantwortlich, sondern auch mit ökonomischen Gründen nicht zu rechtfertigen. Denn es wird dabei übersehen, daß die Senkung des Arbeitslosengeldes **drastisch** ausfallen muß und den sozialen Konsens einer Wirtschaftsgesellschaft zerstören kann.

Und: Wenn Arbeitslosigkeit mit Notwendigkeit in unserem Wirtschaftssystem in geringerem oder stärkerem Maße auftritt, steht es dann nicht einer Wirtschaftsgesellschaft gut an, wenn sie insgesamt die Kosten der Arbeitslosigkeit trägt und sie nicht einzelnen oder Gruppen von Arbeitnehmern vollständig aufbürdet?

2.8 „Die Gastarbeiter nach Hause schicken"

Sie kennen dieses Argument bereits aus unserer Diskussion der Bedeutung von Ausländerbeschäftigung für die Arbeitslosigkeit im zweiten Kapitel. Bevor wir uns einige Details ansehen, wollen wir das Grundmuster, die Gestaltungsvorstellung hinter diesem Argument, hervorheben. Es lautet schlicht: Nachteilige Folgen unserer Handlungen wollen wir nicht selbst tragen, sondern auf andere abwälzen.

Die Struktur unserer Wirtschaft, die Organisation unseres Arbeitsmarktes, bestimmen allein wir Deutsche – und wir haben auch die ausländischen Arbeitnehmer in unser Land geholt. Es ist uns bekannt, daß diese Wirtschafts- und Arbeitsmarktorganisation Arbeitslosigkeit nicht vermeiden kann; (mit dem Warum haben wir uns ausgiebig auseinandergesetzt). Aber nun wird verkündet: Arbeitslos werden, das sollen nur die Anderen. Mit derselben Berechtigung könnten wir übrigens fordern, nur die Rothaarigen sollten arbeitslos werden, oder nur diejenigen, die Blutgruppe Null haben, oder die, die nicht unserer Meinung sind ... Man kann immer ein geeignetes „Wir" erzeugen, demgegenüber die Anderen die Außenseiter, die Unzugehörigen oder Fremden, sind, denen „wir" Nachteile aufbürden.

Das hier vorgestellte Argument haben sich unlängst anläßlich einer Meinungsumfrage fast zwei Drittel aller befragten Deutschen zu eigen gemacht. Sie haben damit die Grenze zwischen „Etablierten und Außenseitern" (nach einem treffenden Ausdruck des Soziologen Norbert Elias) zwischen deutschen und ausländischen Inländern gezogen; eine Abgrenzung mit deutlich nationalistischer Färbung. Und das, obwohl – wie wir gezeigt haben – ausländische Arbeitnehmer nicht nur nicht schuld an der Arbeitslosigkeit sind, sondern ihren deutschen Kollegen in großem Umfange zu Vorteilen, d.h. zu Positionen in zutrittsbeschränkten Arbeitsmärkten, verholfen haben, während sie selbst auf die verlassenen, für Deutsche häufig unattraktiven Arbeitsplätze des externen Segments nachgerückt sind!

Wir haben dies aber nicht hingeschrieben, um die Vertreter der Meinung, man solle die Gastarbeiter nach Hause schicken, abzuqualifizieren. Aus verbreiteter Arbeitsplatzunsicherheit entstehen auch Maßnahmenvorschläge, die in ihrer „Mir-ist-das-Hemd-näher-als-der-Rock"-Mentalität verständlich sind. Wer nicht unmittelbar von Arbeitsplatzangst bedroht ist, mag sich leicht erhaben fühlen, zeigt damit aber im Grunde nur sein Unverständnis für die Nöte anderer. Sehen wir uns die Stichhaltigkeit des Argumentes daher näher an.

(1) Die Abschiebung ausländischer Arbeitnehmer in ihre Heimatländer ist politisch kaum durchzusetzen. Alle Mitgliedsländer der EG haben sich vertraglich gebunden, innerhalb ihres Vertragsraumes die Freizügigkeit der Arbeitsplatzwahl zu garantieren. Keinem Engländer, Franzosen, Italiener oder anderen EG-Ausländer können wir verbieten, in der Bundesrepublik einen Arbeitsplatz zu suchen – umgekehrt haben wir denselben Rechtsanspruch, wenn wir im EG-Ausland arbeiten wollen. Ungehinderte Arbeitsplatzwahl ist ein wesentliches Element der europäischen Integration und darf nicht allein unter arbeitsmarktpolitischen Gesichtspunkten bewertet werden. Dasselbe gilt für ausländische Arbeitnehmer aus Nicht-EG-Ländern, mit deren Regierungen Übereinkommen über Arbeitsmöglichkeiten in der Bundesrepublik getroffen wurden. Es würden z.B. höchst unerwünschte außen- und sicherheitspolitische Nebenfolgen zu gewärtigen sein, wenn wir etwa türkische oder jugoslawische Arbeitnehmer in der Bundesre-

publik nicht mehr dulden wollten. Das Problem der Beschäftigung ausländischer Arbeitnehmer ist ein wichtiger Bestandteil bundesrepublikanischer Außen- und sogar Sicherheitspolitik und allein arbeitsmarktpolitisch nicht ausreichend zu würdigen.

(2) Unter dem Blickwinkel des Arbeitsmarktausgleichs sind für die Ausländerbeschäftigung nicht globale, sondern strukturelle Aspekte besonders bedeutsam.

— Ausländische Arbeitnehmer sind stärker von der Arbeitslosigkeit betroffen als ihre deutschen Kollegen. Sie tragen demnach bereits eine überproportionale Anpassungslast durch Arbeitslosigkeit.
— Die Segmentation des Arbeitsmarktes hat zur Abschottung zutrittsbeschränkter, bevorzugter Arbeitsmärkte gegenüber dem externen, durch niedrigere Löhne, geringere Aufstiegschancen und größere Arbeitsplatzunsicherheit benachteiligten, Arbeitsmarkt geführt. Die Ausländerbeschäftigung hat es deutschen Arbeitnehmern in beachtlichem Umfange ermöglicht, vom externen Segment in zutrittsbeschränkte Arbeitsmärkte überzuwechseln. Ausländer sind im externen Segment stark überproportional beschäftigt.
— Die Ausländerbeschäftigung konzentriert sich besonders in einigen Wirtschaftszweigen, in denen Arbeitsbedingungen vorherrschen, die von Deutschen als unattraktiv eingeschätzt werden. Ein Ersatz ausländischer durch inländische Arbeitnehmer erschiene deshalb nur möglich, wenn die Löhne und Arbeitsbedingungen in diesen Wirtschaftszweigen erheblich verbessert würden. Selbst wenn man dies für realistisch hält — das Ergebnis wären steigende Preise der Güter und Dienstleistungen, die hier erzeugt werden. Soweit sie im Inland abgesetzt werden — und das ist überwiegend der Fall (Bau, Verkehr, Gaststätten) —, müßten die inländischen Konsumenten diese höheren Preise bezahlen. Will man diese Folgewirkungen wirklich in Kauf nehmen?
— Eine Verknappung des Arbeitskräfteangebotes im Inland und besonders der Wegfall des „anpassungsbereiten" ausländischen Arbeitskraftangebotes würden noch mehr Unternehmungen als bisher dazu veranlassen, Auslandsinvestitionen gegenüber inländischen Kapazitätserweiterungen vorzuziehen. Damit würden gleichzeitig die bisher von Inländern besetzten komplementären Arbeitsplätze für Stammbelegschaften stark verringert werden. Haben die Befürworter der Maßnahme „Die Gastarbeiter nach Hause schicken" auch diese Nebenfolge ihres Vorschlages bedacht?

(3) Als Resümee ergibt sich: Die Abschiebung ausländischer Arbeitnehmer in ihre Heimatländer ist weder politisch praktikabel noch ökonomisch sinnvoll, und sie ist sozialpolitisch bedenklich. Ein vertretbarer Mittelweg kann darin gesehen werden, die Zuwanderung weiterer ausländischer Arbeitnehmer zu begrenzen — arbeitsmarktpolitisch vertretbar, wenn auch von nationalem Egoismus nicht frei. Dies ist praktizierte Politik seit dem Anwerbestopp (1973) für Arbeitnehmer aus Nicht-EG-Ländern (wodurch wieder einmal die schwächste Gruppe benachteiligt wird).

3. Zusammenfassung

Aus der Vielzahl von Maßnahmenvorschlägen gegen Arbeitslosigkeit haben wir im vorigen Abschnitt die wichtigsten dargestellt — unabhängig davon, ob sie praktiziert oder aber nur stark diskutiert werden. Weitere Maßnahmen hätten u.U. angesprochen, die Probleme bestimmter Arbeitskräftegruppen stärker betont und die Situation von Unternehmungen verschiedener Wirtschaftszweige eingehender analysiert werden können.

Uns ging und geht es aber nicht darum, nach enzyklopädischer Vollständigkeit zu streben, sondern darum, aus dem Wust der Details die Grundmuster, die immer wiederkehrenden Hauptlinien der Argumentationen, hervorzuheben und sie mit den Wirkungszusammenhängen, die wir besonders im ersten, ergänzend auch im zweiten Kapitel herausgearbeitet haben, zu vergleichen. Genauso werden wir in dieser Zusammenfassung der Maßnahmen gegen Arbeitslosigkeit vorgehen.

Als Ausgangspunkt dient uns die banale Feststellung, daß Arbeitslosigkeit der Ausdruck eines Ungleichgewichtes auf dem Arbeitsmarkt ist; das mengenmäßige Arbeitskräfteangebot übersteigt die Arbeitskräftenachfrage. In einer marktwirtschaftlichen Ordnung stellt idealerweise der Preis, auf dem Arbeitsmarkt also der Lohn, das Koordinationsinstrument für den Ausgleich von Angebot und Nachfrage dar.

Für unsere Zusammenfassung folgt daraus, daß Politiken gegen Arbeitslosigkeit grundsätzlich **drei Ansatzpunkte** (einzeln oder kombiniert) haben können: **den Lohn, das Arbeitsangebot und die Arbeitsnachfrage.** Entsprechend lassen sich alle diskutierten Maßnahmenvorschläge danach ordnen, ob mit ihnen der Lohn (1), das Arbeitsangebot (2) oder die Arbeitsnachfrage (3) beeinflußt werden soll.

(1) Die Erfolgsaussichten von **lohnsenkenden Maßnahmen** haben wir unter 2.1 („Den Lohn senken") und 2.7 („Senkung des Arbeitslosengeldes") behandelt; letztere kann als Absenkung oder

Beseitigung eines Mindestlohnes, einer Lohnuntergrenze, oder als Zwang, sofort eine Beschäftigung zu suchen, interpretiert werden. Drei Argumente wurden besonders hervorgehoben:
- Eine Lohnsenkung kann die gesamtwirtschaftliche Güternachfrage und damit die Preise so sinken lassen, daß der Reallohn unverändert bleibt und damit die Beschäftigung.
- Bei stagnierendem Güterabsatz ·und pessimistischen Absatz- und Gewinnerwartungen laufen Lohnsenkungen ins Leere; auch zu sinkenden Löhnen stellt niemand Arbeitskräfte ein, wenn die daraus resultierende Güterproduktion gemäß den Erwartungen nicht abgesetzt werden kann.
- Die Möglichkeiten des Staates, auf die Lohngestaltung Einfluß zu nehmen, sind in doppelter Weise eng begrenzt; sie beschränken sich im wesentlichen auf Appelle und andere Formen der Beeinflussung der öffentlichen Meinung. Lohnverhandlungen sind vielmehr Sache der Tarifparteien und durch das Institut der Tarifautonomie der direkten staatlichen Einmischung entzogen. Das ist das eine. Zum anderen sollte man zur Kenntnis nehmen — bedauernd oder zustimmend, das bleibt jedem überlassen —, daß der Lohn seine Koordinationsfunktion weitgehend zugunsten von Stabilisierungs-, Informations- und Motivationsfunktionen verloren hat. Seine Flexibilität ist nur noch gering; für Stammbelegschaften ist die Lohnstruktur sogar notwendig weitgehend starr. Die Unternehmungen passen sich in einer unsicheren Umwelt u.a. durch Auf- und Abbau von Randbelegschaften an die jeweilige Entwicklung an — und nicht durch Lohnvariationen.

Fällt der Lohnmechanismus als Koordinationsinstrument aus oder reicht seine Funktionsfähigkeit nicht aus, verbleiben als Ansatzpunkte die Beeinflussung der Angebots- und der Nachfragemenge.

(2) **Die Steuerung des Angebotsumfangs** haben wir in den Abschnitten 2.2 („Die Ausbildung verbessern, umschulen und die Mobilität erhöhen"), 2.5 („Kürzung der Arbeitszeit") und 2.8 („Die Gastarbeiter nach Hause schicken") behandelt. Hier sind vielfältige und differenzierte Eingriffsmöglichkeiten erkennbar geworden. Mit Ausbildung, Umschulung und Mobilitätserhöhung zielt man vor allem auf strukturelle Ungleichgewichte; das Arbeitsangebot soll besser an die Erfordernisse der Nachfrage angepaßt werden. Soweit Arbeitskräfte in Ausbildungs- oder Umschulungsmaßnahmen eingebunden sind, führt dies für die Dauer der Maßnahmen auch zu einer Angebotsverknappung.

Kürzungen der Arbeitszeiten fallen in der Form von Lebensarbeitszeitverkürzungen in die Verantwortung des Staates und reduzieren den Umfang des Arbeitsangebotes direkt. Tages-, Wochen- und Jahresarbeitszeitverkürzungen sind wieder Sache der Tarifparteien, senken das Arbeitsvolumen (nicht unmittelbar die Zahl der Arbeitsanbieter) und können deshalb – eher indirekt – zu einer Erhöhung der Arbeitskräftenachfrage führen.

Der Maßnahmenvorschlag, Gastarbeiter nach Hause zu schicken, ist ohne Umschweife an der Verringerung des Arbeitsangebotes orientiert. Er ist in der Wirkung der Ausdehnung der Bildungsphase, der Vorziehung der Altersgrenze, der Devise „Frauen zurück an den Herd" vergleichbar, wälzt allerdings die Anpassungskosten von Inländern auf ausländische Arbeitnehmer ab.

Allen diesen Maßnahmen ist gemeinsam, daß sie keine zusätzlichen Arbeitsplätze schaffen, sondern den Mangel an Arbeitsplätzen auf die eine oder andere Weise neu verteilen, so daß einerseits die Struktur der Arbeitslosigkeit verändert, andererseits bestimmte Personengruppen aus dem Status der Erwerbstätigkeit ausgeschlossen werden, womit gleichzeitig mit sinkender Erwerbstätigenzahl auch die Zahl der Arbeitslosen abnimmt. Allein die Arbeitszeitverkürzung in der Verantwortung der Tarifparteien könnte u.U. mehr Beschäftigung bedeuten; die Frage der Aufteilung der entstehenden Kosten haben wir anhand der Möglichkeiten „Arbeitszeitverkürzung mit und ohne Lohnausgleich" diskutiert.

Soweit es mit allen diesen Maßnahmen nicht gelingt, die Unternehmungen an den Kosten der Reduzierung von Arbeitslosigkeit zu beteiligen (tarifliche Arbeitszeitverkürzungen mit Lohnausgleich), müssen entweder die abhängig Beschäftigten oder aber die Steuerzahler für diese Kosten geradestehen.

(3) Ein Eckpfeiler unserer Wirtschaftsordnung, der von keiner der etablierten Parteien in Zweifel gezogen wird, ist das private Verfügungsrecht über Produktionsmittel, d.h. die Verfügung über das in Unternehmungen angelegte Kapital. Deshalb setzen arbeitsmarktpolitische Maßnahmen, die auf **Nachfrageerhöhung nach Arbeitskräften** zielen und soweit sie Unternehmungen betreffen, stets nur **indirekt** an; allein die **staatliche** Nachfrage nach Arbeitskräften kann **direkt** erhöht werden.

Wir haben derartige Maßnahmen in den vorangegangenen Abschnitten 2.3 („Gezielt Arbeitsplätze schaffen"), 2.4 („Der Staat als Ersatzbeschäftiger") und 2.6 („Die Güternachfrage stimulieren") untersucht.

Ausgehend von der Erkenntnis, daß die Arbeitsnachfrage eine **abgeleitete Nachfrage**, eine Resultante aus Produktionsplänen ist, die aufgrund der Güternachfrage festgelegt werden, kann eine Politik der gesamtwirtschaftlichen Güternachfragestimulierung verfolgt werden. Die hierbei auftretenden Probleme der Finanzierung zusätzlicher Güternachfrage, ihre Auswirkungen auf das Staatsbudget, wurden dargestellt. Die Indirektheit dieser Maßnahme bezüglich ihrer Wirkung auf die Verminderung von Arbeitslosigkeit folgt daraus, daß sie auf die Verbesserung der Gewinn- und Absatzerwartungen der Unternehmungen gerichtet ist, wovon man sich Erweiterungsinvestitionen und mithin zusätzliche Arbeitsplätze verspricht.

Wirtschaftsförderungsmaßnahmen sind im Prinzip Kostensubventionen für Unternehmungen; sie sollen Investitionskosten senken. Die Crux dieser Maßnahmen besteht darin, daß sie
— erstens in der Regel Absatz- und Gewinnerwartungen nicht erhöhen, mithin nicht unbedingt zusätzliche Arbeitsplätze schaffen können;
— zweitens so ungezielt sind, daß sie den Strukturwandel z.T. behindern, daß sie im politischen Prozeß einem „Erweiterungszwang" unterliegen (mehr als die Hälfte des Bundesgebietes wird derzeit von Förderungsprogrammen überdeckt) und daß sie zum „Überleben" von Unternehmungen, vor allem in Problemregionen, sogar Rationalisierungen fördern;
— drittens, wie jede Subventionierung, einen Gewöhnungseffekt erzeugen, der es nahezu unmöglich macht, Förderungsmaßnahmen, nachdem sie einmal eingeführt sind, wieder abzubauen.

„Der Staat als Ersatzbeschäftiger" kann direkt, durch Ausweitung des öffentlichen Dienstes, zum Abbau der Arbeitslosigkeit beitragen; genügend sinnvolle Staatsaufgaben gibt es in Fülle. Nur entstehen dadurch zusätzliche Finanzierungsprobleme, die derzeit im Zentrum des Parteienstreits über Staatsquote, Staatsanteil etc. stehen. Nicht zuletzt deshalb wird in letzter Zeit die Einrichtung von ABM-geförderten Arbeitsplätzen im Bereich öffentlicher Dienste zunehmend wichtiger; aus Mitteln der Arbeitslosenversicherung und Sonderprogrammen des Bundes und der Länder werden befristete Arbeitsplätze finanziert – z.T. mit direkter Entlastungswirkung für die Haushalte der Gebietskörperschaften.

Kann man aus all dem ein knappes Fazit ziehen? Trotz der Gefahren unangemessener Vergröberung halten wir für möglich, folgendes festzustellen: Mindestens temporäre Arbeitslosigkeit ist ein notwendiges Nebenergebnis der Organisation unserer Wirtschaftsordnung und des Arbeitsmarktes; die Kosten der Arbeitslosigkeit sollten deshalb von der Gesellschaft insgesamt getragen werden. Alle Gegenmaßnahmen sind mehr oder weniger nützlich, reichen aber zur dauerhaften Beseitigung der Arbeitslosigkeit nicht aus. Vielleicht sollte man deshalb anders fragen: Warum überhaupt Vollbeschäftigung um (fast) jeden Preis?

4. Kapitel: Blickfelderweiterung: Einige Gedanken zur Historie, Gegenwart und möglichen Zukunft des Arbeitsmarkts

Nach unseren theoretischen Ausführungen über die Funktionsweise des Arbeitsmarkts, der Diskussion der zur Begründung von Arbeitslosigkeit vorgebrachten Argumente sowie der Überprüfung der heute praktizierten Maßnahmen zur Bekämpfung von Arbeitslosigkeit wollen wir uns im letzten Kapitel dieses Buches einige weitergehende Gedanken zur Historie, Gegenwart und möglichen Zukunft des Arbeitsmarkts machen. Denn so wichtig und nützlich es ist, sich mit der Stichhaltigkeit **aktueller** Theorien und Argumente sowie mit den Wirkungsmöglichkeiten **gegenwärtiger** Politikinstrumente sorgfältig auseinanderzusetzen, so dringlich notwendig ist es auch, darüber nicht kurzsichtig zu werden.

Setzen wir deshalb nun die Fernbrille auf, schauen wir zurück in die Historie, sehen wir um uns und über die Grenzen des Arbeitsmarkts hinaus, blicken wir insbesondere auch in die absehbare Zukunft (die nicht nur bis zum nächsten Wahltermin reicht)!

Wir werden uns mit zwei Grundproblemen des Arbeitsmarkts beschäftigen:
– Der Beeinträchtigung der natürlichen Umwelt durch den Abbau von erschöpfbaren Rohstoffen wie Kohle, Erdöl, Mineralien usw. als Folge der Industrialisierung.
– Der Veränderung der gesellschaftlichen Umwelt durch Arbeitsteilung und Spezialisierung.

Zunächst gehen wir auf die tieferen Gründe für die geringen Wirkungsmöglichkeiten der gegenwärtigen Politikinstrumente ein; wir diskutieren dann einige wesentliche Probleme einer marktwirtschaftlichen Organisation; schließlich beschäftigen wir uns mit der Frage, ob eine Vollbeschäftigungspolitik um jeden Preis überhaupt akzeptabel ist.

1. Kurieren an Symptomen

Wir haben im vorigen Kapitel gesehen, daß die vorgestellten arbeitsmarkt- und wirtschaftspolitischen Maßnahmen die Arbeitslosigkeit zwar mildern, sie aber nicht beseitigen können. Die möglichen Gründe hierfür haben wir ausführlich in den beiden ersten Kapiteln dieses Buches erörtert. In diesem Abschnitt wollen wir uns in recht allgemeiner Form noch einmal überlegen, warum die arbeitsmarkt- und wirtschaftspolitischen Maßnahmen nicht hinreichend sind, um das Arbeitslosigkeitsproblem ein für allemal in den Ordner für erledigte Fälle abheften zu können.

In unserem Wirtschaftssystem wird von den drei Unternehmungsfunktionen (Güter zu produzieren, Arbeitsplätze bereitzustellen, Kapitalanlagemöglichkeiten zu schaffen) die letztere betont; die beiden anderen Funktionen sind mehr oder weniger Mittel zu diesem Zweck. Dies bedeutet, daß die Bereitstellung von Arbeitsplätzen in unserem Wirtschaftssystem vor allem davon abhängt, wie hoch die Gewinnerwartung einer Kapitalanlage in Arbeitsplätzen relativ zu anderen Kapitalanlagemöglichkeiten ist. Ist diese Gewinnerwartung niedrig, so werden potentielle Investoren ihr Kapital horten, es in Anleihen anlegen, ins Ausland transferieren oder teilweise konsumieren; ist diese Gewinnerwartung hoch, so werden die Alternativanlagen unattraktiv, und die Investition in Arbeitsplätze wird bevorzugt. Arbeitsnachfrage und die Bereitstellung von Arbeitsplätzen richten sich also nicht danach, ob Arbeit insgesamt oder bestimmte Arbeitsarten nach irgendwelchen Kriterien als nützlich oder notwendig erachtet werden, sondern danach, ob man mit den Arbeitsprodukten einen hinreichenden Gewinn erzielen kann; die Arbeitsnachfrage ist mithin eine aus der Güternachfrage **abgeleitete Nachfrage**.

So platt uns diese Überlegung erscheinen mag, so geeignet ist sie, um die Möglichkeiten und Grenzen von arbeitsmarkt- und wirtschaftspolitischen Maßnahmen einschätzen zu können. Denn aus dieser Sicht lautet das Bewertungskriterium für Maßnahmen zur Bekämpfung von Arbeitslosigkeit:
– In welchem Ausmaß werden aus der Sicht der Investoren durch derartige Maßnahmen die Kapitalanlagemöglichkeiten in Arbeitsplätze relativ zu alternativen Anlagen attraktiver?

Für die wirtschaftspolitischen Instanzen stellt sich das Problem:
– Welche Maßnahmen gibt es, in welchem Umfang erfüllen sie das obige Kriterium und welche Nebenwirkungen haben sie?

Wir haben die wichtigsten dieser Maßnahmen diskutiert und zu begründen versucht, in welchem Maß sie zur Bekämpfung von Arbeitslosigkeit geeignet sind. Die Quintessenz unserer Diskussion war, daß alle Maßnahmen die Gewinnerwartungen der Unternehmer und Investoren nur auf indirektem Weg beeinflussen. So senkt eine Lohnsenkung zwar die Kosten der Beschäftigung, senkt aber gleichzeitig auch die Güternachfrage mit der Folge, daß die Gewinnerwartungen unter Umständen nicht besser werden. Ausbildungsverbesserungen, Qualifikationsveränderungen der Arbeitskräfte durch Umschulen oder Lohnkostenzuschüsse regen von der

Kostenseite her eine höhere Beschäftigung an; doch kommt dies nicht zum Tragen, wenn nicht gleichzeitig die Absatz- und Gewinnerwartungen der Unternehmer besser werden — und das muß bei diesen Maßnahmen nicht unbedingt der Fall sein. Eine Kürzung der Arbeitszeit als arbeitsmarktpolitische Maßnahme erhöht zwar den Bedarf an Arbeitskräften, verteuert aber auch gleichzeitig deren Einstellung; diese Maßnahme verteilt teilweise die Arbeitslosigkeit auf eine größere Anzahl von Arbeitskräften und wird die Gewinnerwartungen tendenziell senken. (Gleichwohl ist diese Maßnahme aus anderen Gründen nützlich.)

Auch eine Senkung der Arbeitslosenunterstützung sowie ein Abbau der Gastarbeiterbeschäftigung berühren nicht direkt die Absatz- und Gewinnerwartungen der Unternehmer — ganz abgesehen davon, was man ansonsten von diesen Maßnahmen hält. Eine allgemeine Nachfragestimulierung hingegen kann die Absatz- und Gewinnerwartungen positiv beeinflussen, sofern erwartet wird, daß die Erhöhung der Nachfrage von Dauer ist: Der Preis für diese Politik ist allerdings unter Umständen in Form einer Inflation und Staatsverschuldung zu zahlen. Tritt der Staat als Ersatzbeschäftiger auf, so entzieht er die Arbeitsnachfrage dem Gewinnkalkül (Verteidigung, soziale Dienste usw.); das Problem hierbei ist, daß diese Nachfrage dauerhaft finanziert werden muß.

Wir erkennen, daß alle diese Maßnahmen nur dann wirken, wenn sie die Gewinn- und Absatzerwartungen der Unternehmer positiv beeinflussen und mithin eine Kapitalanlage in Arbeitsplätzen attraktiv machen (oder indem sie die Bereitstellung von Arbeitsplätzen vom Gewinnkalkül unabhängig machen; diesen Punkt werden wir weiter unten in einem breiteren Zusammenhang noch diskutieren).

Die Gewinn- und Absatzerwartungen der Unternehmer und Investoren werden aber aufgrund von langfristigen Überlegungen bestimmt, die sich nur teilweise auf solche Elemente beziehen, die von der Arbeitsmarkt- und Wirtschaftspolitik als Maßnahmen genutzt werden können. Die Arbeitsmarkt- und Wirtschaftspolitik kuriert mehr an Symptomen, als daß sie die erwartungsrelevanten Größen direkt beeinflussen kann. Darüber hinaus besteht eine fundamentale Asymmetrie: Positive Gewinn- und Absatzerwartungen kann man relativ leicht negativ beeinflussen; negative Gewinn- und Absatzerwartungen hingegen kann man nur schwer positiv beeinflussen. Daraus resultiert das Dilemma der Arbeitslosigkeitsbekämpfung:
- Sie muß negative Gewinn- und Absatzerwartungen der Unternehmer und Investoren mit Maßnahmen positiv zu beeinflus-

sen versuchen, die nur teilweise erwartungsrelevante Größen betreffen.

Dies ist kein Offenbarungseid; dies ist aber der Hinweis auf die **prinzipielle Schwierigkeit einer Bekämpfung der Arbeitslosigkeit in einem Wirtschaftssystem, das die Bereitstellung von Arbeitsplätzen davon abhängig macht, ob man mit diesen Arbeitsplätzen einen hinreichenden Gewinn erzielen kann oder nicht, für das also die Unternehmungsfunktion der Bereitstellung von Arbeitsplätzen zu angemessenen Arbeitsbedingungen letztlich als Mittel zur Gewinnerzielung dient.**

Es gibt viele Theoretiker der Volkswirtschaftslehre, die diese Sichtweise nicht teilen. Für diese Theoretiker sind die Unternehmer und Investoren risikofreudige Leute, die mit ungebrochenen optimistischen Gewinn- und Absatzerwartungen auf freien Märkten rastlos tätig sind und, geleitet durch korrekte Preissignale, ihren eigenen Wohlstand und damit gleichzeitig den der Gesellschaft mehren. Naturgemäß haben diese Theoretiker dann Schwierigkeiten, Arbeitslose überhaupt auszumachen. „Was ist das denn, wo kommen die denn her? Da kann es doch nur zwei Möglichkeiten geben:
- Die sind freiwillig arbeitslos, fordern zu hohe Löhne, sind zu anspruchsvoll, zu faul und zu schlecht ausgebildet – wahrscheinlich alles gleichzeitig.
- Der Tatendrang der Unternehmer und Investoren wird behindert durch Sozialgesetzgebung, Arbeitszeitverordnungen, Handlungen des Staates, der Gewerkschaften, der Ölscheichs u.a.m., Geldpolitik usw. – überhaupt ist alles zu beengt geworden.

Mehr Freiheit für den mündigen Bürger, dann läuft alles wieder."

In der Vorstellungswelt dieser Theoretiker kann es nur marktexterne Ursachen für Arbeitslosigkeit geben, denn – so die zwingende Logik – sonst gäbe es ja in einer Marktwirtschaft keine. Wir wollen diese Sichtweise inhaltlich und bezüglich ihrer sozialen Auswirkungen hier nicht kritisieren; wir wollen aber darauf hinweisen, daß ihre Annahmen und theoretischen Begründungen nicht stimmen. Wir haben in unserem Kapitel über die Funktionsweise des Arbeitsmarktes ausführlich gezeigt, daß vor allem
- die Löhne immer weniger die Koordinationsfunktion erfüllen und stattdessen Informations-, Anreiz- und Einkommensaufgaben lösen;
- die Arbeitsmärkte teilweise in ihrer Funktion durch hierarchische Kontrollverfahren ersetzt sind;
- viele Arbeitsplätze zutrittsbeschränkt sind, d.h. die Arbeits-

platzbesetzungsverfahren werden seitens der Unternehmer und unternehmensinternen Arbeiterschaft sozusagen privatisiert und damit dem anonymen, öffentlichen Markt entzogen.

Man mag dies bedauern und sagen: „Aber wäre dem nicht so — und dem dürfte auch nicht so sein —, dann ..." Aber was ist das für eine Theorie, die sich hinter „wenn" und „aber" gegen die Wirklichkeit verbarrikadiert? Wir haben stattdessen hier versucht, die Ursachen für die Arbeitslosigkeit in einem breiteren Modell zu analysieren; dadurch wird deutlich, warum verschiedene Gruppen von Arbeitsanbietern von der Arbeitslosigkeit verstärkt betroffen sind; dadurch wird aber leider auch deutlicher, daß den arbeitsmarkt- und wirtschaftspolitischen Maßnahmen zur Bekämpfung der Arbeitslosigkeit enge Grenzen gesetzt sind.

2. Probleme einer marktwirtschaftlichen Organisation

Viele Wissenschaftler sagen, der Markt sei das beste Organisationsverfahren, das es gibt. Der Markt gebe genügend Anreize, um effizient zu produzieren; er bestrafe diejenigen, die ineffektiv wirtschaften und damit volkswirtschaftliche Ressourcen vergeuden, indem er sie in Konkurs treibt; er verarbeite in unvorstellbarem Ausmaß Informationen und bündele sie in allgemein zugänglichen Preisen; er ermögliche über Preise die Verhaltensabstimmung von Millionen von Käufern und Verkäufern, ohne daß eine zentrale Stelle Anweisungen zu geben brauchte; er ermögliche über Preisveränderungen eine flexible und schnelle Anpassung an Umweltveränderungen wie technologischer Fortschritt, schlechte oder geringe Ernten, Geschmacksveränderungen usw. usw.; er sei überhaupt das einzige Organisationsverfahren, das in einer unsicheren und risikoreichen Welt voll funktionsfähig ist.

Wir wollen auf diese Punkte im einzelnen nicht eingehen; das meiste ist nur teilweise richtig, aber: Es ist die halbe Wahrheit. Es gibt einige Tatbestände, die die Leistungen des Marktes relativieren und teilweise auch in ihr Gegenteil verkehren können: So kann eine effektive Marktorganisation zu Entfremdung, Ausbeutung und ungleichmäßiger Einkommens- und Vermögensverteilung führen. Die bei unserer Problemstellung wichtigsten Gesichtspunkte für eine Bewertung der Leistungen des Marktes sind die folgenden:

(1) Nicht alle Güter können so mit Eigentums- und Verfügungsrechten belegt werden, daß sie marktmäßig effizient produziert werden können.

(2) Eine marktliche Organisation zeitigt erhebliche Dysfunktionalitäten, wenn mit nicht-regenerierbaren (nicht-erneuerungs-

fähigen) Ressourcen gewirtschaftet wird.

(3) In einer realen Marktwirtschaft entziehen sich viele Produzenten dem Preismechanismus dadurch, daß sie auf andere Organisationsformen ausweichen.

Diskutieren wir diese Gesichtspunkte etwas ausführlicher.

Zu (1): Nicht alle Güter können so mit Eigentums- und Verfügungsrechten belegt werden, daß sie marktmäßig effizient produziert werden können.

Voraussetzung für einen Markttausch ist die eigentums- und verfügungsrechtliche Zuweisung der Güter auf die einzelnen Tauschpartner. Jeder Tauschpartner muß über diejenigen Güter eigentumsrechtlich abgesichert verfügen können, die er tauschen will. Das bedeutet, daß er vollständige Kontrolle über diese Güter insofern besitzt, als er andere Menschen von dem Besitz oder Konsum dieser Güter ausschließen kann. Ein Tauschpartner wird Güter nur dann zu einem angemessenen Preis im Austausch für eigene Güter oder Geld erwerben, wenn er andere Menschen von dem Konsum oder Besitz dieser Güter ausschließen kann. **Am Markt werden also tatsächlich Rechte getauscht, über Güter in einer bestimmten Qualität und Quantität verfügen zu können.**

Machen wir uns diesen Sachverhalt an einem Beispiel klar. Thomas, der viel mehr Geld hat als die Autoren, überlegt sich, ob er sich ein teures japanisches Sportrennrad für 1.000 Mark kauft. Angenommen, er ist sich ganz sicher, daß ihm das Fahrrad während der Arbeitszeit nicht gestohlen wird und daß auch kein anderer auf den Gedanken kommt, das Fahrrad mal kurz ohne Erlaubnis auszuleihen; er entscheidet sich für den Kauf. Nehmen wir nun an, daß das Rad während der Arbeitszeit von Thomas zwar nicht gestohlen wird, jeweils aber von anderen Fahrradkennern ausgeliehen und nach der Benutzung irgendwo abgestellt wird. Der Tagesablauf von Thomas verändert sich daraufhin wie folgt: Arbeit bis zum Mittagessen und dann Fahrradsuche bis in den frühen Abend. Glauben Sie, daß das Rad für Thomas immer noch 1.000 Mark wert ist? Sicherlich nicht; aber da Thomas ein gutmütiger Mensch ist, hat es für ihn immer noch einen positiven Gebrauchswert. Nun nehmen wir an, daß die Wahrscheinlichkeit groß ist, daß das Rad gestohlen werden kann. Thomas ist beunruhigt und arbeitet nun nicht mehr ganz so intensiv – und richtig, eines Tages ist das Rad weg und auch nicht mehr auffindbar. Bei steigender Wahrscheinlichkeit für den Fahrraddiebstahl sinkt der Wert des Rads aus der Sicht von Thomas, bis der Wert null ist, wenn das Rad endgültig weg ist.

Was lernen wir hieraus? Der Wert eines Gutes hängt auch davon ab, mit welcher Sicherheit und mit welchen Kosten man andere vom Gebrauch des eigenen Gutes ausschließen kann. Ist die Sicherheit gering oder sind die Ausschließungskosten hoch, so wird man – um in unserem Beispiel zu bleiben – nur in geringem Umfang teure Fahrräder kaufen; umgekehrt wird ein Produzent in einer solchen Situation nur vergleichsweise wenige Fahrräder verkaufen können. Das heißt, daß in einer Marktwirtschaft Güter nur dann in größerem Umfang produziert und nachgefragt werden, wenn ein Rechtssystem besteht, das die Verfügung über Güter seitens privater Anbieter und Nachfrager zweifelsfrei regelt.

Formulieren wir diesen Gesichtspunkt etwas allgemeiner: **In einer Marktwirtschaft werden nur solche Güter in größerem Umfang produziert, die sich exakt mit Eigentums- und Verfügungsrechten belegen lassen, so daß sie gewinnbringend produziert und effizient genutzt werden können.** Und diese Güter werden in der Tat effizient produziert. Aber nicht alle Güter lassen sich mit privaten Eigentums- und Verfügungsrechten belegen oder – falls das möglich ist – unter Umständen nur zu solchen Kosten, daß sie den Wert dieser Güter übersteigen. Beispiele sind: Straßennutzung, saubere und ruhige Umwelt, Lebenssinn, Gerechtigkeit, Lebensfreude usw. Die „Produktion" dieser Güter entzieht sich dem Marktmechanismus. Mehr noch: Da die anderen Güter kostengünstig in großen Mengen produziert werden können, fällt die „Produktion" dieser Güter vergleichsweise stark ab. **Der Markt als effizientes Teilsystem einer Gesellschaft verzerrt die Güterstruktur insofern, als Güter mit schlecht definierten Eigentums- und Verfügungsrechten vergleichsweise in zu geringem Umfang produziert werden.**

Darüber hinaus werden durch Eigentums- und Verfügungsrechte ganzheitliche Tätigkeiten in viele Teiltätigkeiten zerlegt, mit denen dann arbeitsteilig effizient gewirtschaftet wird. So muß der Mensch am Arbeitsplatz nur ganz bestimmte Handlungen verrichten und wird auch nur in dieser Eigenschaft nachgefragt. Tendenziell abgewertet werden dadurch Arbeitsfreude und Arbeitsmotivation. (Durch systematische „Arbeitsplatzrotation", „Anreicherung" und „Erweiterung" von Arbeitsaufgaben, Kleingruppenarbeit u.a.m. versucht man heute, dieser Tendenz entgegenzuwirken; wir gehen weiter unten auf diesen Aspekt noch ein.)

Zu (2): Eine marktliche Organisation zeitigt erhebliche Dysfunktionalitäten, wenn mit nicht-regenerierbaren Ressourcen gewirtschaftet wird.

Die Tatsache, daß viele Ressourcen nicht-regenerierbar und mit der Produktion unwiederbringlich verloren sind (Beispiele: Kohle,

Erdöl, Gold und viele andere Rohstoffe), ist zunächst einmal ein physikalisch-chemisches Phänomen und mithin vollständig unabhängig von der jeweiligen Wirtschaftsorganisation. Nun sagen viele Wirtschaftswissenschaftler, der Marktmechanismus sei die mit Abstand beste Organisationsform, um mit dem Problem der erschöpfbaren Ressourcen fertigzuwerden, da die Marktpreise ideale Knappheitsanzeiger abgeben, die durch ein Ansteigen den Wirtschaftssubjekten signalisieren, daß mit den knapper werdenden Ressourcen effektiver gewirtschaftet werden muß. Dies mag tendenziell so sein; doch muß man zwei Einwände gegen diese Sicht erheben:

— Da nicht-regenerierbare Ressourcen ein für allemal in der Produktion verbraucht werden, müßten ihre Preise bei längerfristiger Betrachtung immens hoch sein, um Zeit zu gewinnen, alternative Technologien, die unabhängig von solchen Ressourcen sind, zu entwickeln; dies ist aber nicht der Fall. Tatsächlich beutet der Mensch seit der industriellen Revolution die Natur in unvorstellbarem Ausmaß aus. Wäre die Natur eine Person und Eigentümer ihrer Ressourcen, sie würde als Ressourcenanbieter am Markt Preise fordern, die manchen Wissenschaftlern die Schamröte ins Gesicht treiben müßte. Doch so wird sie im Namen des Marktes von den Menschen bestohlen, wie einst Pizarro die Inkas um ihr Gold betrog, indem er Glasperlen zum Tausch gab. **Der Markt für erschöpfbare Ressourcen ist ungleichgewichtig, da die Natur keine Eigentumsrechte an ihren Gütern geltend machen kann.**

— Die heutige Menschheit bestimmt nach ihren eigenen Wünschen und befangen in ihren eigenen sozialen und ökonomischen Zwängen die Nachfrage nach nicht-regenerierbaren Ressourcen; zukünftige Menschengenerationen sind heute naturgemäß nicht vertreten, und eine Nachfrage nach erschöpfbaren Ressourcen in „freier Entscheidung" bei Abwesenheit von sozialen und ökonomischen Zwängen findet nicht statt. **Das Nichtvertretensein von zukünftigen Generationen und das Vorhandensein von sozialen und ökonomischen Zwängen sind für eine marktliche Nutzung von nicht-regenerierbaren Ressourcen besonders fatal.**

Zu (3): In einer realen Marktwirtschaft entziehen sich viele Produzenten dem Preismechanismus dadurch, daß sie auf andere Organisationsformen ausweichen.

Die reale Marktwirtschaft ist gekennzeichnet durch zutrittsbeschränkte Märkte und hierarchische Organisationsformen; Zutrittsbeschränkungen und privatisierte Organisationsformen werden benutzt, um sich dem Wettbewerbsdruck teilweise zu entziehen. Der ideale Markt der Lehrbücher existiert nicht, der reale Markt funktioniert nicht wie der ideale Markt. **Der Begriff Markt dient oft nur als Fetischbezeichnung für ein Wirtschaftssystem, das hierarchische Strukturen besitzt und andere Ergebnisse zeitigt als der ideale Markt** (wir haben dies ausführlich diskutiert).

3. Vollbeschäftigung um jeden Preis?

3.1 Einige Fragen

Ist es wirklich gut, wegen ein paar kurzfristiger Arbeitsplätze in der Bauindustrie Kernkraftwerke zu bauen? Ist es wirklich gut, hart zu arbeiten, um Autos zu bauen, die von 0–100 Km/h unter 10 Sekunden benötigen? Ist es wirklich gut, nicht-regenerierbare Ressourcen zu verbrauchen, um mit lautem Motor schnell über das Wasser gleiten zu können? Ist es wirklich gut, im eigenen Land eine hocheffektive Vollbeschäftigung sicherzustellen, wenn mehr als die Hälfte der Menschheit an Hunger darbt? Ist Vollbeschäftigung denn ein Ziel an sich?

Solche und ähnliche Fragen werden heute verstärkt gestellt. Es wird zunehmend bestritten, daß Vollbeschäftigung um jeden Preis erreicht oder aufrechterhalten werden soll. Dies klingt zunächst recht asozial, ist doch gerade die Verpflichtung des Staates, als ein vorrangiges Ziel die Vollbeschäftigung sicherzustellen, eine große Errungenschaft der Arbeiterbewegung. Denn Arbeitslosigkeit war im Regelfall verbunden mit materieller Armut und psychischer Verwahrlosung. Daher kann nicht gemeint sein, in vergangene Zeiten zurückzukehren, wenn man das Vollbeschäftigungskonzept infragestellt.

Gemeint ist aber, daß es heute immer höhere Kosten verursacht, wenn man Vollbeschäftigung aufrechterhalten oder wiederherstellen will. Neben den bereits angesprochenen Kosten wie Anstieg der Inflationsrate, höhere Staatsverschuldung, mehr Bürokratie usw. geraten immer mehr andere Kostenkategorien ins Blickfeld, die man früher kaum bemerkt oder unterschätzt hat. So werden, um Arbeitsplätze zu erhalten,
- Kernkraftwerke gebaut, mit deren Energieerzeugung dann u.U. längerfristig Arbeitsplätze wieder wegrationalisiert werden;
- nicht-regenerierbare Ressourcen verbraucht, um Überflußgüter zu produzieren;
- Waren aus unterentwickelten Ländern mit Importsperren belegt.

Allgemein drückt sich ein Unbehagen darüber aus, daß in den industrialisierten Ländern hocheffektive Arbeitsplätze bestehen und

erhalten werden, während gleichzeitig mehr als die Hälfte der
Menschheit weniger als das Existenzminimum erwirtschaftet, daß
die Arbeitskräfte in den unterentwickelten Ländern sozusagen die
industrielle Reservearmee für die entwickelten Länder abgeben
(daß die Arbeitsmärkte also auch weltweit segmentiert sind!) und
daß „Güter" wie Lebenssinn, Freude, Liebe in immer geringerem
Maße „produziert" werden. Viele beginnen sich zu fragen, ob sie
Vollbeschäftigung um diesen Preis wirklich wollen.

3.2 Wie sich Arbeit quantitativ und qualitativ entwickelte

Auf uns in naher Zukunft zukommende Probleme des Arbeitsmarktes und der Arbeitslosigkeit kann man nicht richtig verstehen, wenn man sich keine Gedanken über das Entstehen des Arbeitsmarktes, die Ausdifferenzierung einiger weniger Tätigkeiten in eine heute kaum übersehbare Anzahl von Arbeitsarten und Berufen im Zuge der Arbeitsteilung und Spezialisierung sowie die Entwicklung der Organisation von Arbeitstätigkeiten innerhalb von Unternehmungen macht. Lösungsmöglichkeiten für Probleme der Arbeitslosigkeit wiederum kann man nicht richtig diskutieren, wenn man nicht auch die Zusammenhänge mit der gesellschaftlichen und natürlichen Umwelt mitbedenkt. Daher müssen wir im folgenden etwas weiter ausholen.

Wie kommt es, daß heute so viele Menschen leben – 5 Milliarden (Md.) gegenüber ca. 5 Millionen (Mill.) vor 10.000 Jahren –, die alle überleben wollen, die alle arbeiten wollen oder müssen? Wie kommt es, daß Arbeit in diesen 10.000 Jahren um vieles produktiver geworden ist? Mit diesen beiden Fragen wollen wir uns nun beschäftigen.

Alle Organismen müssen arbeiten, um zu leben; d.h. sie müssen sich Energie zuführen. Diese Energie bezog der Mensch seit seiner Entstehung vor ungefähr 2 Mill. von Jahren bis etwa zum Jahre 10.000 v.Chr., indem er Pflanzen und Tiere verzehrte. Als Jäger und Sammler mit primitivem Werkzeug ausgestattet, benutzte der Mensch die biologischen Umwandler Pflanzen und Tiere, um zu überleben, d.h. insbesondere Nahrung und Wärme zu produzieren. Bei dieser Produktionsweise findet die Ausdehnung der Menschen dort ihre Grenze, wo die Reproduktionskraft (Wiederherstellfähigkeit) der Natur aufhört. Man hat ausgerechnet, daß bei einem bestimmten Kalorienbedarf und einer bestimmten Reproduktionskraft weltweit vielleicht maximal 20 Mill. Menschen als Jäger und Sammler existieren könnten; tatsächlich schätzt man die Anzahl der Menschen um 10.000 v.Chr. auf etwa 5 Mill., die weit verstreut die Erde bevölkerten.

Ab 10.000 v.Chr. veränderte sich für die Menschen allmählich die Energiebasis. In der sogenannten Neolithischen Revolution wurden aus Jägern und Sammlern Ackerbauer und Viehzüchter. Der Boden als zu kontrollierender Produktionsfaktor gewann beherrschende Bedeutung. Pflanzen dienten zur Nahrung und als Brennstoff; Tiere dienten zur Nahrung, aber auch zur Erzeugung mechanischer Energie; auch andere Menschen wurden benutzt, um mechanische Energie zu erzeugen. Sklaverei und Ausbeutung des Menschen durch den Menschen entstanden. Der die Bevölkerungsentwicklung begrenzende Faktor war nun der kontrollierbare Boden und nicht mehr die unkontrollierte Reproduktionskraft der Natur. Die Bevölkerung stieg stark an, und das Wissen um agrarische Produktionsmethoden verteilte sich über den Erdball. Am Ende dieser agrarischen Phase um 1750 n.Chr. zählte die Weltbevölkerung etwa 750 Mill. Menschen.

Zu diesem Zeitpunkt fand die zweite bedeutende Revolution hinsichtlich der Energiebasis statt: die sogenannte industrielle Revolution. Sie verwandelte die Ackerbauer und Viehzüchter in Arbeiter, die „mechanische Sklaven", also Maschinen, bedienen, in denen sich unbelebte Energie verkörpert. Damit verbreitete sich die Energiebasis in unvorstellbarem Ausmaß: Rohstoffe wurden als Energie genutzt und in die verschiedensten Produkte umgewandelt, angefangen von Kohle bis zur heutigen Kernenergie. Damit verschob sich aber auch die Energiebasis von regenerierbaren zu nicht-regenerierbaren Ressourcen, mit allen Folgen, auf die wir noch zu sprechen kommen. Die Weltbevölkerung vervielfachte sich; heute haben wir etwa 5 Mrd. Menschen.

Was bedeutet diese Entwicklung für unsere Problemstellung? Wir glauben: eine ganze Menge (sonst hätten wir dies hier auch nicht erzählt). Wenden wir uns den Konsequenzen zu.

3.3 Arbeitsmarkt und Beschäftigungsprobleme entstehen

Die Jäger und Sammler waren in Horden und Stämmen organisiert, die aufgrund ihrer Produktionsmethode weit entfernt voneinander lebten. Daraus folgt schon, daß ein Arbeitsmarkt nicht existierte; es gab bei geringer Arbeitsteilung und Leben am Existenzminimum aber auch kein Beschäftigungsproblem: Wer arbeiten konnte, ob jung oder alt, männlich oder weiblich, der mußte arbeiten. Jedes Stammesmitglied erfüllte arbeitsteilig bestimmte Funktionen, die kooperativ von Angesicht zu Angesicht organisiert wurden. Arbeitsart, Arbeitsumfang und Arbeitsertrag wurden gemeinsam aufgeteilt. Das Leben war von Jugend an ein Arbeitsleben. Die Älteren gaben ihre Erfahrungen und ihr Wissen an die Jüngeren über Tätigkeitsdemonstrationen weiter. Technischer Fortschritt war so gut wie nicht vorhanden.

An diesem Zustand änderte sich erst mit der Neolithischen Revolution etwas; dann aber sehr viel und ziemlich schnell. In klimatisch begünstigten Gebieten entstanden Ackerbau und Viehzucht; durch das Ansteigen der Bevölkerung wurde der fruchtbare Boden knapp; es entstanden durch Kriege oder Vereinbarungen staatsähnliche Gebilde. Sprache, Schrift und Ackerbaugeräte wurden entwickelt; exakte eigentumsrechtliche Regelungen wurden durchgesetzt. Es entstanden aber auch Arbeitsmärkte, auf denen der Mensch als Arbeitskraft gehandelt wird. Wie das?

Arbeiteten in der voragrarischen Zeit die Jäger und Sammler solange, bis sie genug Nahrung und Kleidung hatten, und ruhten sich dann aus, und war es ihnen unmöglich, Sklaven zu kontrollieren und nutzbringend für sich selbst arbeiten zu lassen, so änderte sich das, als feste Wohnsitze bezogen wurden und fruchtbarer Boden knapp wurde. Nun konnte man einigen Menschen den Boden wegnehmen und sie auf eigenem Boden für sich selbst arbeiten lassen; man konnte mehr aus dem Boden herausholen, als man dem Bodenarbeiter gab. Den Überschuß konnte man konsumieren, konnte ihn benutzen, um Handwerker für sich arbeiten zu lassen, oder ihn gegen andere Dinge tauschen. Menschen wurden als Arbeitskräfte mit Eigentumsrechten belegt und marktmäßig gehandelt. Die Sklaverei entstand. **Die Verfügung über den knappen Faktor Boden durch einen Teil der Menschen und die Vorenthaltung des Bodens gegenüber dem anderen Teil der Menschen war demnach die notwendige Voraussetzung für das Entstehen von Arbeitsmärkten.**

Ausgeprägt finden wir den Menschenhandel in der Antike, in der ganze Völker unterworfen und abgabepflichtig gemacht wurden. Sklaven wurden wie Sachen gehandelt, Tagelöhner für kurzfristige Dienste entlohnt. Arbeitsteilung bezog sich auf die drei Sektoren: landwirtschaftliche Produktion, Textilerzeugung und Bauwesen, die die Elementarbedürfnisse und (für manche) Luxusbedürfnisse befriedigten. Handel war beschäftigungsmäßig gesehen von geringer Bedeutung, entwickelte sich aber später zu einem dynamischen Faktor.

Beschäftigungsprobleme entstanden naturgemäß immer dann, wenn der Bodenertrag nicht ausreichte, die Bevölkerung zu versorgen. Die Folge waren Auswanderungen oder das Führen von Kriegen, um neue Bodenerträge sicherzustellen. Die bei größer werdender Bevölkerungsdichte häufiger auftretenden Epidemien lösten die Beschäftigungsprobleme oft auf schreckliche Art und Weise.

In der Hochphase der agrarischen Wirtschaft, im Feudalismus, entwickelte sich ein Herr-Knecht-Verhältnis; nun gab es Leibeigene, die für ihre Herren entweder direkt arbeiten oder Teile ihres Arbeitsertrags an ihre Herren abliefern mußten.

Der Leibeigene war nicht wie der Sklave sächlicher Besitz seines Herrn; dessen Rechte am Leibeigenen waren nach moralischen und religiösen Konventionen eingeschränkt. Diese Konventionen waren in Machtkämpfen einem ständigen Wandel unterworfen.

Nach einem langen Entwicklungsprozeß wurde mit der industriellen Revolution Kapital (d.h. das Verfügen über Geldkapital) der knappe Faktor und löste den Boden als wichtigsten Produktionsfaktor ab. **Arbeit wurde „frei" und rechtlich ausgerichtet auf das Kapital. Ein „freier" Arbeitsmarkt entstand; Arbeit wurde in Unternehmungen organisiert.**

Die Bevölkerung stieg stark an; Städte wuchsen beträchtlich; Großfamilien wurden zerschlagen. Der sekundäre, d.h. industrielle, Sektor entwickelte sich auf Kosten des primären, d.h. landwirtschaftlichen, Sektors; im Zuge der Zeit dehnte sich der tertiäre, d.h. Dienstleistungs-, Sektor immer weiter aus. Massenarbeitslosigkeit, Hunger und Verelendung traten auf; Kinderarbeit und 16-Stunden-Arbeitstage waren an der Tagesordnung. Menschen wanderten aus (allein zwischen 1850 und 1930 trugen über 50 Mill. Europäer die technische Revolution mit all ihren Begleiterscheinungen und Folgen in die ganze Welt).

Um ihre Lage zu verbessern, organisierten die Arbeiter allmählich gemeinsame Aktionen. Indem den Unternehmen eine einige und solidarische Arbeiterschaft gegenübertrat, sollte und konnte z.T. verhindert werden, daß die einzelnen Arbeitskräfte gegeneinander ausgespielt wurden. Neben spontanen und sporadischen Aktionen bildeten sich allmählich Arbeiterorganisationen heraus, anfangs Unterstützungskassen, Bildungsvereine etc., später aber immer mehr gewerkschaftsähnliche Zusammenschlüsse. Deren erste Forderungen waren u.a. die Festsetzung eines Mindestlohns, Arbeitszeitverkürzung, Beschäftigung aller Arbeitslosen durch den Staat, kostenlose Schulbildung, Einführung progressiver Einkommensteuern (also auch sozial- und allgemeinpolitische Forderungen). Nach und nach wurden die Gewerkschaften (stellvertretend für alle Arbeitnehmer) an Stelle der einzelnen Arbeitnehmer zum Verhandlungspartner für die Unternehmen (Tarifverträge).

Über eine Differenzierung der Arbeit in verschiedene Arbeitstätigkeiten, die Belegung dieser Tätigkeiten mit bestimmten Eigentumsrechten, eine Organisation der Arbeitsteilung innerhalb von Unternehmungen, vielfältige technologische Entwicklungen sowie durch Kämpfe zwischen Kapital und Arbeit entstand ein Wirtschaftssystem, das in kürzester Zeit soviel Energie in Form nicht-regenerierbarer Ressourcen in einem Jahr verbraucht, wie die Sonne in 100.000 Jahren produzierte. Es entstand ein Arbeitsmarkt, der auf dieses System ausgerichtet ist.

3.4 Alternativmodelle werden diskutiert

Diese theoretischen Überlegungen und Zusammenfassungen einiger Aspekte unserer vorherigen Ausführungen machen verständlich – besonders wenn Sie die skizzierten Entwicklungslinien in die Zukunft hinein verlängern –, warum von vielen Menschen heutzutage die folgenden Forderungen gestellt werden:
- Hinwendung zu mehr ganzheitlichen Tätigkeiten, mehr Lebenssinn, mehr zwischenmenschliche Beziehungen, mehr Lebensfreude, Abwendung von anonymen Organisationsmechanismen, mehr Selbstbestimmung.
- Produktion in Eigenarbeit mit einfachen Techniken, weniger Produktion von Luxusgütern, allgemeines Einsparen von erschöpfbaren Ressourcen.
- Aufbau eines frei organisierten Sektors als Gegengewicht zu den hierarchisierten Unternehmungen.

Es geht also darum, einen lebenswerten Kompromiß zwischen effizienter Technik, Ressourcenabbau und sinnvoller Arbeit zu finden, der die heute noch vorherrschende kurzsichtige Alternative „hohes Wachstum oder hohe Arbeitslosigkeit" ersetzt.

Gegenwärtig wird eine Fülle von Alternativmodellen, die sich mit solchen Problemen beschäftigen, diskutiert; diese stehen unter Themen wie „Anders Leben – Anders Wirtschaften", „Zukunft der Arbeit", „Wege aus der Wohlstandsfalle", „Duale Wirtschaft", „Sekundärökonomie" u.ä. Ziel dieser Modelle ist es, alternative Entwürfe von Wirtschaftsorganisationen zu formulieren, die sowohl die Zerstörung der sozialen als auch der natürlichen Umwelt vermeiden sollen.

Während sich die Modelle in den vorgeschlagenen Lösungswegen oftmals stark unterscheiden, sind sie doch bezüglich des Hinweises auf die heutigen Gefahrenherde ziemlich ähnlich. Die folgenden zwei Punkte werden betont:
- Die zunehmende Arbeitsteilung und Spezialisierung führt zur Zerstörung der sozialen Umwelt und zur Sinnentleerung des Lebens.
- Das beschleunigte Wirtschaftswachstum führt durch Abbau erschöpfbarer Ressourcen und durch Umweltverschmutzung zu einer Zerstörung der natürlichen Umwelt.

Hinsichtlich des ersten Punktes werden grundsätzlich zwei Vorschläge diskutiert. Zum einen wird vorgeschlagen, die Großindustrie durch ein System von relativ autonomen kleinen Gruppen zu ersetzen, die in überschaubarem Rahmen mit einer vergleichsweise arbeitsintensiven Technik wirtschaften. Arbeitsteilung und Spezialisierung sollen dadurch auf ein vernünftiges Maß zurückgeschraubt werden. Dies ist sicherlich ein extremer Vorschlag. Ein realistischerer Vorschlag will den großindustriellen Sektor beibehalten, ihn aber auf die Produktion geeigneter Produkte beschränken, und stattdessen einen dualen (zweiten) Sektor als Gegengewicht aufbauen, in dem unter Eigenverantwortung und nach eigenen Zielen Güter produziert werden, die in erster Linie für den Eigenbedarf gedacht sind. Voraussetzung hierfür ist eine drastische Arbeitszeitsenkung im industriellen Sektor, so daß das Ausmaß der dort stattfindenden Entfremdung verringert wird.

Hinsichtlich des zweiten Punktes wird vorgeschlagen, die kapitalintensiven Technologien schrittweise durch Technologien zu ersetzen, die zum einen arbeitsintensiver sind und zum anderen verstärkt solche Ressourcen verbrauchen, die regenerierbar oder in großem Umfang verfügbar sind. Diese Ersetzung von kapitalintensiven Technologien durch arbeitsintensive und umweltfreundliche Technologien führt dann auch zu einem Abbau von Arbeitslosigkeit.

Solche Entwürfe werden heutzutage verstärkt diskutiert. Diese Diskussionen sind selbst wieder ein Zeichen dafür, daß die Menschen sensibler werden für Fragen einer Erhaltung der sozialen und der natürlichen Umwelt.

Andererseits gibt es immer noch genügend Wissenschaftler, die darauf vertrauen, daß der Mensch in der Geschichte immer Erfindungen gemacht und Entwicklungen eingeleitet hat, die sich anbahnende Katastrophen zu vermeiden halfen. Diese Menschen vertrauen auf den Markt, der durch geeignete Preissignale unerwünschte Entwicklungen sanktionieren und Anreize für Erfindungen und umweltfreundliche Güterproduktionen geben soll, so daß die Wirtschaft aufgrund ihrer eigenen Kreativität ohne größere Gefahren zwischen der Scylla sozialer Krisen und der Charybdis einer ökologischen Katastrophe hindurchsegelt. Die Lösung aller Probleme sehen diese Menschen in der Weiterentwicklung der Umwelttechnologie sowie in dem Verfügbarmachen neuer Energien. Ein erhöhtes Wachstum sei sogar die Voraussetzung für eine Aufrechterhaltung des Wohlstandes. Aber ist dies so richtig? Wir halten es für kurzsichtig und gefährlich.

Wir haben gesehen, daß die nicht-regenerierbaren Ressourcen immer knapper werden und daß die Kosten des Wachstums in

Form sozialer Konflikte, Entfremdung und Sinnentleerung des Daseins stark ansteigen. Ein steigendes Wachstum müßte einhergehen mit einer Umkehrung dieses Trends. Dies scheint aber unmöglich.

Es verbleiben nur zwei grundsätzliche Möglichkeiten. Entweder werden die Technologie und der Ressourcenverbrauch so verändert, daß die Menschheit wieder – wie in der Jäger- und Sammlerzeit – im Rahmen des ökologischen Kreislaufs produziert und lediglich von den Zinsen des „ökologischen Kapitals" lebt; die Verfolgung dieser Lösung würde einhergehen mit einer drastischen Verringerung des Lebensstandards und einer Verringerung der quantitativen Energiebasis für die Menschheit – auf gut deutsch: es könnten auf der Erde viel weniger Menschen leben –; wir wollen diese Lösung daher nicht weiter betrachten. Oder die Menschheit entzieht sich langsam, aber konsequent dem Wachstumszwang und stellt die Produktion auf Technologien um, die wenig nicht-regenerierbare Ressourcen verbrauchen und vergleichsweise arbeitsintensiv sind. Auch bei dieser Lösung wird der Lebensstandard sinken, allerdings allmählich und ohne katastrophale Entwicklungen herbeizuführen. Aber mit dieser Lösungsmöglichkeit gewinnt man Zeit, Technologien zu entwickeln, die auf einem akzeptablen Niveau ein längerfristiges Überleben der Menschen sichern.

Für die Arbeit bedeutet dies, daß
— Arbeit in weit geringerem Maße wegrationalisiert wird als früher, da Energie und Rohstoffe laufend teurer werden;
— Arbeit in größerem Maße selbstbestimmt ist als früher, da Arbeitsteilung und Spezialisierung unter autoritär-hierarchischer Kontrolle teilweise ersetzt wird durch Tätigkeiten, die an keinen festen, mit Kapital überausgestatteten Arbeitsplatz gebunden sind;
— Arbeit in größerem Maße vollbeschäftigt ist als früher, da es ein Kontinuum an Tätigkeiten gibt, die mit arbeitsintensiven Techniken unabhängig von Gewinnkalkülen durchgeführt werden können.

Dies sind heute noch Wunschbilder einer besseren Zukunft; es sind aber Notwendigkeiten für eine Wirtschaftsgesellschaft, die in einer ökologischen und sozialen Krise überleben will. Es kommt jetzt darauf an, diese Notwendigkeiten einzusehen statt sie zu leugnen, Alternativen mit zu entwerfen und mit zu diskutieren statt sie zu belächeln und Wege herauszufinden, wie sie gemeinsam schrittweise verwirklicht werden können.

Literaturhinweise

Wir geben Ihnen nachfolgend einige wenige Hinweise auf Bücher, die wir selbst benutzt haben und die Ihnen einige Ergänzungen und Vertiefungen zum Thema „Arbeitsmarkt und Arbeitslosigkeit" liefern können. Bis auf die drei erstgenannten Titel enthalten sie kaum „Fachchinesisch".

Unsere Ausführungen über Theorie und Beschreibung von Arbeitsmarktsegmentation stützen sich besonders auf die folgenden Publikationen:

Biehler, H., W. Brandes, F. Buttler, K. Gerlach und *P. Liepmann*: Arbeitsmarktstrukturen und -prozesse. Zur Funktionsweise ausgewählter Arbeitsmärkte. Tübingen 1980 (im Erscheinen).

Biehler, H., und *W. Brandes*: Arbeitsmarktsegmentation in der Bundesrepublik Deutschland – Theorie und Empirie des dreigeteilten Arbeitsmarktes. Frankfurt/Main–New York 1980 (im Erscheinen).

Der gespaltene Arbeitsmarkt. Probleme der Arbeitsmarktsegmentation. Hrsg. von W. Sengenberger. Frankfurt/Main–New York 1978.

Einen detaillierten Überblick über Maßnahmen und Instrumente der Arbeitsmarktpolitik sowie umfangreiches aktuelles Zahlenmaterial enthält:

Bundesanstalt für Arbeit (J. Kühl, A.G. Paul, D. Blunk): Überlegungen II zu einer vorausschauenden Arbeitsmarktpolitik. Nürnberg 1978. (Dieser Band ist im Buchhandel nicht erhältlich, sondern kann nur direkt bei der Bundesanstalt für Arbeit, Regensburger Straße, 8500 Nürnberg, bestellt werden.)

Speziell mit der Arbeitszeitproblematik setzt sich das folgende Buch engagiert auseinander:

Arbeitskampf um Arbeitszeit. Kritisches Gewerkschaftsjahrbuch 1979/80. Hrsg. von O. Jacobi, E. Schmidt und W. Müller-Jentsch. Berlin 1979.

Eine über die Arbeitsmarktthematik hinausgehende Perspektive wird – theoretisch anspruchsvoll, aber lesbar – in den beiden folgenden Büchern verfolgt:

Arrow, K.: Wo Organisation endet. Wiesbaden 1979.

Weise, P., und Mitarbeiter: Neue Mikroökonomie. Würzburg–Wien 1979.

Die im letzten Kapitel unseres Buches behandelte Problematik wird derzeit viel diskutiert. Im engeren Sinne arbeitsmarkt- und wirtschaftspolitische Überlegungen enthalten:

Kohl, H.: Arbeit für alle. Zukunftsbezogene Arbeitspolitik im Interesse der Arbeitnehmer. Köln 1979.

Strategien gegen Arbeitslosigkeit. Analysen zur wirtschaftlichen Fehlentwicklung und wirtschaftspolitische Handlungsvorschläge. Hrsg. von K.G. Zinn. Frankfurt–Köln 1977.

Allgemeinere Anregungen zu Fragen des Zusammenhangs von Ökologie-Wirtschaft-Arbeit und daraus ableitbaren Konsequenzen für unsere Zukunft liefern die Hefte 8, 10 und 15 der Reihe „Technologie und Politik" (rororo, Reinbek bei Hamburg) mit dem Untertitel „Zukunft der Arbeit", Folgen 1–3.

GPSR Compliance
The European Union's (EU) General Product Safety Regulation (GPSR) is a set of rules that requires consumer products to be safe and our obligations to ensure this.

If you have any concerns about our products, you can contact us on

ProductSafety@springernature.com

In case Publisher is established outside the EU, the EU authorized representative is.

Springer Nature Customer Service Center GmbH
Europaplatz 3
69115 Heidelberg, Germany

www.ingramcontent.com/pod-product-compliance
Lightning Source LLC
LaVergne TN
LVHW011938070526
838202LV00054B/4711